Des criminels, des victimes et nous

Du même auteur :

Cinq profils. Enquêtes criminelles, Essai, e-dite, 2000.
S'il te plaît, dessine-moi un tueur, Roman, e-dite, 2001.
Nom de code Fétiche, Roman, e-dite, 2002.

www.editions-jclattes.fr

Pierre Leclair

DES CRIMINELS, DES VICTIMES ET NOUS

Essai

JC Lattès
17 rue Jacob 75006 Paris

Ce livre est dédié à toutes celles et à tous ceux qui furent un jour victimes d'un crime...

À qui la Société n'a pu rendre justice

Et qui la réclament en vain.

« Ils ont tué le rêveur
pour voir
de quoi étaient faits
ses rêves »

« Pourquoi m'as-tu peint avec un seul œil ?
Parce que de l'un tu regardes le monde
Et de l'autre tu regardes au fond de toi. »

Amedeo MODIGLIANI (1894-1920)

AVERTISSEMENT

Ce texte n'est pas une œuvre de fiction, mais un essai.

Je vous invite à réfléchir à ce qu'il est convenu d'appeler dans le Code pénal « Atteintes Graves à la personne humaine » et que l'on nomme plus communément en milieu policier les « crimes de sang ».

Ce travail s'appuie sur une pratique et une recherche.

Il se veut aussi un témoignage, et, comme dans tout témoignage, il y est question d'un rapport à la vérité. « Vérité » tout court, en tant que quête permanente.

Mais aussi « ma part de vérité », relative, évolutive et insatisfaite, née de bientôt vingt années d'expérience dans différentes Directions de la Police nationale.

Je n'ai jamais cessé d'être en contact, sous différents angles, avec le crime, ses origines et ses manifestations dans le champ social.

J'ai été et suis encore « témoin/acteur » des stratégies mises en œuvre par la société pour le combattre, rendre justice à ses victimes, mettre hors d'état de nuire puis tenter de réinsérer ses auteurs.

Pour étayer mon discours, je ferai chaque fois appel à

des cas concrets, facilitant ainsi l'accès à certains lecteurs peu familiarisés avec les concepts psychocriminologiques.

Je tiens à préciser que toutes les précautions ont été prises pour que le principe de confidentialité et celui du secret de l'instruction judiciaire soient respectés de façon scrupuleuse.

Il ne sera donc traité ni évoqué d'affaires criminelles faisant l'objet d'une enquête ou d'une procédure en cours. Les exemples apportés devront être considérés comme des archétypes réalistes destinés à illustrer le propos théorique et rien d'autre.

PROLOGUE

Quand le crime, surtout un certain type de crime, se produit, la société entière vibre. Les sentiments, les émotions l'envahissent et l'entraînent dans une sorte de danse macabre démente, de mortelle farandole où se mêlent les acteurs de la folie meurtrière.

Car la mise à mort d'un être humain par un autre ne tolère pas de spectateur ; elle n'a que des acteurs.

Acteur bien sûr, l'auteur du crime, qu'il ait agi au nom de l'amour, de la haine ou même de la pitié, ou que son acte soit l'œuvre de son délire. Ses sentiments, ses motivations le retranchent de la vie sociale et lui confèrent un statut d'étrangeté en même temps qu'une stature terrifiante. Semblables à celles de Lady Macbeth, ses mains sont souillées à jamais. Mais que savons-nous de ses sentiments, de ses émotions, de sa jouissance et de ses remords ? En vérité pas grand-chose. Un moment, la justice va braquer son projecteur sur cet homme qui a tué sa compagne ou sur cette femme meurtrière de ses enfants... Elle tentera, avec les moyens dont elle dispose, de démêler l'écheveau embrouillé de ses motivations, de « mettre à plat », en quelques jours, toute son existence. Il lui faudra parfois tenter de comprendre l'incompréhensible.

Puis, elle rendra son verdict, du mieux qu'elle pourra, avec le sentiment de son imperfection et la nuit tombera ensuite sur cet homme ou sur cette femme, enfermé pour de longues années dans une prison centrale ou dans un hôpital psychiatrique. Il sortira de nos mémoires à moins que, comme Patrick Henry, il ne surgisse du néant pour dresser à nouveau devant nous, à l'occasion d'une misérable histoire de trafic de stupéfiants, le spectre du meurtre d'un enfant commis à Troyes il y a bien des années et d'une guillotine, qui, pour certains, n'a pas accompli alors son œuvre de salubrité sociale.

C'est à travers les histoires et les drames personnels de Gontran le pédophile, de Martine, meurtrière de son mari, de Blanche, l'infanticide, de Radovan le tueur de sa maîtresse, de Jean que la passion du jeu a conduit au crime, d'Aurélien assassin de son rival et de bien d'autres, que nous tenterons de comprendre la réalité de leurs crimes et de leurs sentiments.

Acteur, aussi, la victime.

On ne devient victime que du fait ou par la volonté d'un agresseur. Pour certaines, le destin s'est abattu sur elles avec la brutalité d'un coup de tonnerre. Hélène rentrait tranquillement chez elle, lorsque la main de Guy Georges l'a saisie à la gorge et l'a entraînée dans son appartement où il l'a violée et laissée sans vie. Geneviève remisait, comme elle le faisait chaque soir, sa voiture dans son garage lorsqu'une avalanche de coups de couteau s'est abattue sur son dos, son crâne puis son visage, jusqu'à ce qu'elle s'effondre dans une mare de sang. Cécile a eu plus de chance, si l'on peut dire. Son tortionnaire, qui l'a enlevée tandis qu'elle mettait à jour la comptabilité de son entreprise, s'est « contenté » de la violer, de l'humilier et de lui asséner douze coups de couteau avant de s'enfuir, dérangé par un promeneur. C'est à cette intervention inopinée qu'elle a dû de rester en vie ! Et Mamadou, ce petit garçon de neuf ans qui, tel le Petit Chaperon rouge, était parti quérir un peu de beurre chez l'épicier voisin et que l'on n'a retrouvé que plusieurs mois plus tard, le crâne fracassé à quelques centaines de mètres du domicile familial... Qu'avaient-ils fait, tous, pour mériter une telle fin ?

A priori, rien, bien sûr ! Mais plus la victimologie se penche sur leur sort, plus elle approfondit et analyse la trajectoire qui a conduit les victimes à leur destin, moins elle peut éviter de se poser la question de leur position en tant que sujet de leur propre histoire. Bien entendu, elle ne confond jamais les rôles ! Il y a bien d'une part le violeur et de l'autre la violée, le meurtrier et sa victime, l'agresseur et l'agressé, et jamais, il n'est question d'inverser la charge de culpabilité que représente l'action de tuer !

Mais que penser de Gérard, tué par sa femme qu'il martyrisait depuis des années ? De François, ce toxicomane grandement dépendant qui finit assassiné par sa propre mère à bout de terreur devant la menace qu'il faisait planer sur elle et sur ses autres enfants ? De Margharita, violée, torturée, humiliée par les bourreaux de Pinochet et qui, depuis, porte comme un fardeau insupportable la paradoxale culpabilité d'avoir été victime, au point que sa vie se résume à une infernale suite de répétitions ?

Tous ont été, à un moment ou à un autre, les acteurs de leur propre destin et, lorsqu'ils survivent, il est indispensable qu'ils comprennent quel a été leur rôle dans ce qu'il leur est arrivé.

Et « nous » ?

Nous qui n'avons connaissance du drame qui s'est joué quelque part, loin ou près, que par notre quotidien ou notre écran de télévision. N'est-il pas un peu abusif de nous attribuer à nous aussi une position d'acteurs ?

« Nous », c'est moi, c'est toi, c'est lui, c'est elle... C'est l'agriculteur de l'Aveyron, le PDG lorrain, le fonctionnaire parisien ou la mère de famille bordelaise... Et le crime dont on « nous » parle s'est produit à Troyes, Metz, Lépanges-sur-Vologne ou Perpignan ; parfois à des centaines de kilomètres de « nous ». Alors, en quoi pouvons-nous être acteurs d'une pièce dont, il y a quelques minutes, nous ne connaissions absolument rien ?

Mais justement, voilà ! il y a quelques minutes nous ne savions rien et maintenant nous savons ! Et à partir de cet instant, par le jeu tout simple des projections et des identifications, nous cessons d'être de simples spectateurs. Et l'orchestre de nos sentiments et de nos émotions nous entraîne vers une implication plus ou moins importante. Nous devenons un kaléidoscope complexe, une palette de sentiments aux nuances infinies. La colère nous submerge, la pitié nous met les larmes aux yeux ou bien, au contraire, nous feignons l'indifférence.

Le meurtre ou l'enlèvement de ce petit enfant ne rencontre-t-il pas le parent que nous sommes ou le bébé que nous fûmes ? La torture à laquelle on a soumis ce vieillard ne fait-elle pas écho à nos sentiments filiaux ou à la simple identification à la personne âgée que nous sommes ou que nous deviendrons un jour ?

Pitié, colère, dégoût, indignation, chagrin, mépris... Toute la gamme se décline. Et même, parfois, une sombre jubilation. Des sentiments contradictoires ou inavouables coexistent souvent en chacun d'entre nous.

La jeune Marianne a rencontré le couteau de son assassin un après-midi de novembre. La cruauté de ce qu'elle a subi a rempli d'émotion la France entière, et l'horreur, l'indignation et la compassion se sont exprimées haut et fort. Les médias ont fait leur travail, publiant en bonne place des photos de la jeune victime d'autant plus volontiers qu'il lui arrivait de poser pour des magazines de mode. Et sa beauté, sa grâce et son élégance sont venues se surimposer à l'indignation éprouvée face à l'horreur de son destin. Mais si elle avait été vieille et moche, son trépas eût-il été moins cruel et son sort moins digne de compassion ? Ne nous disons-nous pas, dans le tréfonds de nous-mêmes, que cet assassin, au lieu de martyriser ce jeune et joli corps de femme-enfant, aurait été mieux inspiré de l'aimer et de le faire jouir ? Et que, enfin, si on avait été à sa place...

Bien sûr, penser cela est scandaleux et l'exprimer plus encore ! Mais notre inconscient, disait René Major, est un travailleur qui travaille sans maître. Il n'a que faire des convenances, de la bienséance, du socialement et moralement correct. Il est capable d'accueillir tout aussi bien, et dans le même mouvement, la pitié pour les malheureuses victimes du célèbre Landru, et d'héberger des pensées égrillardes sur une supposée surpuissance sexuelle de ce dernier, allant jusqu'à imaginer la jouissance de ces femmes avant que le feu ne réduise leurs corps en cendres. Le feu n'a-t-il pas toujours été associé à la passion ? Ne dit-on pas qu'elle nous consume, ou que nous brûlons d'amour comme de fièvre ? Et il n'y a qu'un pas à franchir pour que leur mort soit fantasmée comme conséquence obligée de leur jouissance et que la « petite mort » de leurs orgasmes trouve son aboutissement logique dans leur trépas, confusion ultime d'Éros et de Thanatos.

Ce sont là, bien sûr, pensées intimes et chacun a le droit de les bercer dans le secret de son huis clos particulier. Nul n'est fondé à en demander compte. La puissance des organismes de communication est devenue effrayante et le « prêt à penser » déboule avec une force inconnue jusque-là. On nous informe du crime et, dans le même mouvement, on nous fournit l'arsenal des sentiments qu'il y a lieu d'éprouver. Le champ social devient alors une gigantesque caisse de résonance, une colossale chambre d'écho où des arrière-pensées politiques sont présentes et transparentes. On cherche à nous enthousiasmer, nous terroriser, nous indigner ou nous apitoyer sur commande, nous fournissant « en kit » des émotions que nous n'aurions plus qu'à assembler, avec l'illusion que ce sont les nôtres. Nous devenons alors

« l'opinion publique », celle qu'il ne faut pas heurter car elle vote et est garante de « l'ordre public ».

Au nom d'un possible trouble, d'une possible perturbation de ce pivot du fonctionnement social, les valeurs les plus fondamentales sont parfois mises à mal. Une question, dans le fond stupide, nous est souvent posée : « Une injustice est-elle préférable à un désordre ? » Façon comme une autre de dépoussiérer le vieux dilemme de Ponce Pilate.

Comme si une injustice n'était pas, en soi, déjà un désordre !

Sentiments dominants accompagnant et suivant le crime, nimbant le vécu collectif, infléchissant le cours de la justice, lignes de force du fonctionnement de la société, l'étude des sentiments et des émotions « consubstantielles » au crime sera le « fil rouge » nous accompagnant tout au long de cet ouvrage.

Le propos de ce livre est donc là. Il nous invite à parcourir et explorer ce réseau subtil et immatériel des sentiments, de ceux du criminel aux nôtres, en passant par ceux des victimes – tout ce par quoi nous sommes liés les uns aux autres lorsqu'un acte criminel est commis dans notre société.

Entre les criminels, les victimes et nous – c'est-à-dire ce « tout un chacun » qui compose le lien social – le crime installe quelque chose d'indicible mais d'effroyablement puissant. C'est cet indicible qui rendit si difficile la réhabilitation de Seznec, fit vivre un véritable calvaire à Christine Villemain et s'oppose toujours à ce que justice soit rendue à Omar Rhaddad, qui faillit faire lapider les avocats de Richard Roman à La Motte du Caire, et conduisit de façon hâtive Christian Ranucci sous le couperet.

C'est cet indicible qui fait que, face au crime, la société devient folle.

1

« SI TU VEUX FAIRE CE BOULOT, P'TIT GARS, FAUDRA QU'T'AIMES LA SOLITUDE ! »

Il y aura bientôt vingt ans que j'ai pris la décision de quitter le milieu hospitalier, où j'exerçais en tant que psychologue et psychothérapeute, pour rejoindre les rangs de la Police nationale.

Ce fut un choix considérable, dont j'ai mis du temps à mesurer toutes les conséquences, que ce soit dans ma vie professionnelle ou privée. L'écriture de ce livre m'incite à un retour sur moi-même et sur cette expérience à ce jour sans équivalent au sein de la police française.

Dans tous les postes que j'ai occupés, la lutte contre le crime, le respect dû aux victimes et la mise hors d'état de nuire des meurtriers et assassins ont été les raisons d'être de mon activité, que ce soit à travers le recrutement et la formation des policiers, l'activité de renseignement ou, plus directement, la création du premier poste de psychologue en police judiciaire.

Jamais je n'ai éprouvé de plaisir au spectacle d'un homme enchaîné, même si cela signifiait le succès d'une enquête longue et difficile et c'est toujours avec un malaise certain que j'ai vu des personnes que mon activité avait contribué à arrêter, s'éloigner, menottées, vers le cabinet du juge d'instruction. C'est là une des contradictions auxquelles il me faut faire face dans ce métier que j'ai choisi et qui ont fait dire à certains que je n'étais pas vraiment fait pour ça !...

On l'aurait cru tout droit sorti d'un roman de Chandler, de Chester Himes ou de Michael Connelly, enfin, un de ces flics inquiétants et glauques, « l'air dangereux et fragiles à la fois[1] », caractériels et de mauvaise foi, alcooliques et teigneux, malheureux et tenaces, efficaces comme des dogues...

C'était un matin de septembre et je faisais une entrée inquiète et prudente à la sous-direction des Affaires criminelles de la Direction centrale de la police judiciaire. Mission périlleuse. J'allais créer au sein de la Police nationale le premier poste de psychologue, dont la tâche consisterait à apporter une aide aux enquêteurs dans les affaires criminelles. Il fallait y aller mollo, à pas de loup.

Bernard Gravet, le directeur central, m'avait conseillé la prudence. D'abord prendre contact, aller vers les services, expliquer, expliquer sans relâche ce que je venais faire. Convaincre ou séduire, peu importait : je devais me faire accepter... Intéresser sans inquiéter. Donner toutes les chances à cette « greffe » pour qu'elle prenne.

J'y avais mis tout mon cœur et déployé toutes mes qualités de conviction. Tantôt, j'avais le sentiment d'être écouté et même entendu, d'autres fois de prêcher dans le désert. Cela allait de la simple réticence au rejet sans nuances, pas forcément poli.

Bref, c'était un commandant de police de l'OCTRIS[2], les « stups » de la PJ. Avachi dans son fauteuil, une tignasse

1. Michael Connelly : *Le Dernier Coyote*, roman (Seuil Policiers).
2. OCTRIS : Office central pour la répression du trafic illicite de stupéfiants.

blonde ébouriffée qui n'avait pas vu le coiffeur depuis un peu trop longtemps, pas plus que sa barbe le rasoir. Des fringues impossibles : une chemise à carreaux ouverte sur un torse aux poils gris, au milieu desquels brillait une alliance en or attachée à une chaîne. Un gilet noir déboutonné. Un jean crasseux déchiré aux genoux, des santiags éculées.

Il n'avait pas cessé de tirer sur son clope durant tout mon baratin. Il ne m'avait pas interrompu non plus, mais, de temps à autre, je sentais son regard me jauger comme un maquignon sur un foirail.

Les autres, les enquêteurs, avaient été plus directs. Plus brutaux aussi. Très tôt j'avais perçu une répartition dans leurs attitudes qui ne devait pas varier beaucoup d'un groupe à l'autre : 20 % d'entre eux étaient intéressés d'emblée par ma démarche. Ils avaient lu des choses et beaucoup réfléchi sur l'évolution de la criminalité et les apports possibles des sciences humaines. Ils étaient d'accord pour jouer le jeu et ouvrir leurs dossiers. Leur enthousiasme faisait chaud au cœur, mais il allait me falloir beaucoup de tact pour ne pas les décevoir et leur faire admettre que je balbutiais et que, de toute façon, je ne serais jamais capable de leur sortir un coupable d'un chapeau haut de forme.

La même proportion s'était montrée hostile, arrogante, à la limite de la politesse. Sous une forme plus ou moins drôle, ceux-là m'avaient fait comprendre que je n'avais rien à foutre à la PJ, ni dans la police de façon générale. C'était un « métier d'homme, pas fait pour les pédés de mon espèce ».

C'est surtout dans des services parisiens hautement spécialisés, ancrés sur leurs certitudes, que j'ai rencontré ce genre de policiers à l'ego hypertrophié, dont la rigidité psychologique et le manque d'ouverture d'esprit interdisaient toute remise en question et tout apport nouveau. Leur opposition était globale, viscérale autant qu'idéologique.

Elle se formulait en termes de rivalité, de pouvoir, d'une façon primaire. Le « psy » était perçu d'une façon négative, à la fois comme une espèce de parasite inefficace et inutile et comme un « ver dans le fruit », un ennemi de classe tout droit issu d'un imaginaire bloqué autour des années 70. Il ne fallait pas que je me fasse la moindre illusion. Quoi que j'entreprenne, la planche me serait savonnée et ils m'attendraient au tournant.

Le reste – c'est-à-dire environ 60 % – m'apparaissait comme un « ventre mou », ni favorable, ni hostile *a priori*. Une masse malléable qui évoluerait dans le sens où soufflerait le vent... Pour l'heure, j'arrivais porté par un soutien sans équivoque de la Direction centrale ; on me faisait donc bonne figure. Mais il était évident que, si la situation venait à changer, je ne pourrais pas compter sur beaucoup d'aide de leur part.

Quand ma petite conférence fut terminée, chacun retourna à ses moutons. Je ne sais pourquoi, je me suis attardé un instant et je l'ai regardé, lui. Il m'a fait signe de fermer la porte et de m'asseoir. Puis il a sorti une bouteille de scotch, deux verres, versé une dose respectable et m'a dit :

– Si tu veux faire ce boulot, p'tit gars, faudra qu't'aimes la solitude.

J'ai sursauté. P'tit gars ! J'avais pourtant soufflé mes cinquante bougies et j'avais passé près de vingt ans dans la police avant d'arriver en PJ. Cela m'avait un tantinet tanné le cuir et redressé le poil ! Et ce type, en face de moi, avec sa dégaine, mi-clodo, mi-truand, n'avait pas l'air beaucoup plus âgé que moi !

Je me suis assis, j'ai posé mes pieds sur le plateau du bureau, bourré ma pipe, siroté son scotch et je l'ai écouté.

Il était à quelques mois de la retraite et il m'a raconté sa carrière.

Alors, j'ai compris que c'était vrai. Qu'avec ma barbe grise et mon front qui se dégarnissait, j'étais vraiment, pour la PJ, un « p'tit gars » et que j'avais tout à apprendre du métier de policier de terrain... et que ce ne serait pas de la tarte !...

Et ce gros flic un peu aigri, usé jusqu'à la corde, alcoolique et sans doute violent, venait de me donner la plus précieuse leçon que j'aie reçue en vingt ans : il m'avait inculqué le sens d'une humilité profonde qui ne me quitterait plus et qui serait mon atout le plus sûr. Chaque fois que cette humilité me ferait défaut, l'échec serait assuré.

Pour le reste, je veux dire l'amour de la solitude, j'allais vite comprendre ce qu'il voulait dire.

D'abord, il a fallu travailler, acquérir toute la formation juridique et procédurale qui me manquait. Et pour cela, rejoindre sans fausse honte les bancs de la faculté.

Sans doute étais-je le plus vieil étudiant dans l'amphi de cet Institut de criminologie, celui à qui les autres disaient « vous » quand ils ne le prenaient pas pour le prof et à qui les jeunes dealers des alentours demandaient gentiment : « Papy, tu veux du teuch ? »

Ignorant comme je l'étais en matière de droit pénal spécial, il me fallut explorer les arcanes du Code pénal et me fourrer dans la tête, avec leur vocabulaire d'un autre temps, l'essentiel des principes et des dispositions sur lesquels se fonde l'activité de police judiciaire.

Et puis, ce fut le premier dossier.

Perpignan... sa gare, son Dali. Et les cadavres massacrés de Moktaria Chaïb et de Marie-Hélène Gonzalez, Tatiana Andujar disparue... et une équipe de flics épuisée et exaspérée, tournant en rond comme des frelons prisonniers dans un bocal.

Je débarquai là-dedans sous l'aile du Directeur central Bernard Gravet et de Louis Kerbeuf, alors Sous-directeur des affaires criminelles (le « SDAC », comme ils l'appellent). Une bonne volonté de circonstance assortie d'un « Si ça ne fait pas de bien, ça ne peut pas faire de mal... De toute façon, on n'a rien. Et puis on ne pourra pas nous reprocher de ne pas avoir tout essayé... » J'avais le sentiment d'être la dernière étape avant qu'ils n'aillent déposer un cierge à Lourdes !

C'est ma première implication dans une enquête et ma première confrontation avec un dossier criminel. Et comme souvent, cela commence par une montagne de papiers. Enfermé dans un bureau, je dois m'imprégner des faits et du climat dans lequel ils se sont déroulés, suivre pas à pas le déroulement des investigations. Écouter aussi tout ce qui n'est jamais écrit dans un dossier. Passer des soirées, des nuits parfois, dans une salle enfumée, imbibé d'alcool et recru de fatigue pour débattre à l'infini de tel ou tel point litigieux. Et, peu à peu, sentir prendre corps en moi ces trois histoires, ces trois vies de jeunes femmes, chacune plus ou moins malheureuse et inquiète de son présent et de son futur, et chacune seule avec le mystère de son destin.

Tatiana... Où est-elle à présent ? A-t-elle, comme les deux autres, rencontré le couteau de son assassin ? Ou bien, pour une raison ou une autre, a-t-elle décidé de disparaître, de s'évanouir sans laisser de trace ?

Moktaria, quel genre de monstre a-t-elle bien pu croiser, une nuit de novembre, pour qu'il la prenne entre ses griffes et nous la rende sous la forme de cette épouvantable « nature morte » ?

Et Marie-Hélène ? Qui a massacré d'une façon aussi sauvage son corps fait pour l'amour et la vie ? Qui a eu l'horrible courage de la mutiler ainsi, peut-être dans l'espoir ridicule de rendre plus difficile son identification ? Elle fut presque immédiate, malgré l'insoutenable spectacle de cette charogne baudelairienne qu'un passant découvrit un après-midi de juin, enveloppée dans un tapis usé.

Et ce contraste effrayant entre ces photographies des jeunes filles, témoins du bonheur et de la joie de vivre et ces planches de l'identité judiciaire et du laboratoire de médecine légale...

Dans cette multitude d'émotions et de sentiments, dominent l'impression d'impuissance et d'infériorité et ce cauchemar à l'idée que, tandis que je piétine, *lui*, il rôde dans la ville et qu'il va, peut-être, tuer à nouveau...

Mes collègues forment un groupe constitué. Ils sont rompus à cet exercice et leur collectivité même les met à l'abri d'une implication trop forte. Aucun ne se sent seul en charge de l'enquête ; ils sont intégrés à une pyramide hiérarchique qui, même si elle leur semble parfois pesante, les protège de façon efficace.

De mon côté, j'ai le plus grand mal à communiquer avec eux. C'est venu très vite, malgré la gentillesse de Guy, le directeur d'enquête, et cela n'a fait qu'empirer.

Nous étions en novembre. Il y avait juste un an que Moktaria était morte. Un soir, vers 22 heures, je suis sorti de mon hôtel et je me suis rendu à la gare de Perpignan. La petite rue Courteline est la première à droite lorsqu'on tourne le dos à l'édifice et c'est sans doute elle qu'a empruntée la jeune fille cette nuit-là pour regagner sa chambre à la cité universitaire...

J'ai marché sur ce que je pensais être ses traces, jusqu'à la rue Nungesser et Coli, où l'on a retrouvé son cadavre, à l'écoute de tout ce que ce trajet pouvait éveiller en moi. J'avais froid. Peur aussi, d'une peur irrationnelle. Et le sentiment confus d'approcher quelque chose.

À mesure que je me rapprochais du lieu du crime, je ressentais une sorte de bourdonnement dans les oreilles et une hypersensibilité aux odeurs, aux couleurs, aux sons... Tout cela, bien sûr, était le fruit de mon imagination et de mon extrême concentration, mais j'étais toutefois en train de vivre quelque chose de nouveau pour moi, le sentiment de devenir, pour un instant, une sorte de plaque ultraréceptive. Mais rien n'est venu me faire progresser d'un pas dans ma recherche.

Lorsque je suis revenu à la PJ, le lendemain matin, quelque chose, pourtant, avait changé. J'ai posé à nouveau les photos devant moi, celles des jeunes filles vivantes et celles de leurs cadavres et d'un seul coup, l'horreur de tout cela m'est tombée dessus, sous la forme d'une sorte d'hallucination à la fois visuelle et olfactive : le bureau s'est mis à empester l'odeur de cadavre en décomposition. Rien à voir, bien sûr, avec les deux gamines, enterrées depuis longtemps. J'y ai sans doute substitué le souvenir très pénible d'une autopsie à laquelle j'avais assisté il y a bien des années – et aussi l'odeur du cadavre de ma grand-mère dans mon enfance. Je me suis trouvé à deux doigts de la nausée et mes yeux se sont emplis de larmes sous l'effort que je faisais pour ne pas vomir. Dans le même temps, j'ai eu le sentiment que les photos s'animaient, se transformaient, comme douées d'une existence propre. Le tout n'a duré qu'un instant. Je suis sorti prendre l'air et j'ai bourré ma pipe. Personne ne s'est aperçu de rien ; pourtant je ne devais pas être bien fringant ni très beau à regarder ! Le lendemain, je suis revenu sur le lieu de découverte du cadavre de Marie-Hélène, près de la Porte d'Espagne, et le même phénomène s'est reproduit, un peu moins net.

Cette nuit-là, j'ai fait un cauchemar qui se répéterait par la suite chaque fois que je serais impliqué dans une affaire criminelle.

D'abord, le sol devient de plus en plus mouvant sous mes pas et, peu à peu, je m'enfonce. Une mâchoire d'acier se referme sur ma cheville, progressant toujours et m'immobilisant. Impression d'impuissance et d'épouvante. Impossibilité de crier et d'appeler à l'aide. Au moment où le piège de métal va atteindre mon aine, je me réveille en sursaut, baigné de sueur. C'est une expérience très déplaisante, mais positive : mon esprit travaille et « gère » le stress de cette façon-là.

Plus tard, je devins capable d'avoir du chagrin et de me révolter.

J'ai tenté de parler de cette expérience avec Guy, l'un des flics les plus sensibles que je connaisse. Il m'a écouté avec attention, sans m'interrompre, puis a essayé de me répondre et de me rassurer. Mais j'ai vite compris qu'il resterait toujours au bord de cette histoire et que je le gênais.

Après cette violente décharge émotionnelle, je me suis senti moins prisonnier de l'angoisse et, peu à peu, j'ai pu effectuer une analyse de ces deux crimes. Elle valait ce qu'elle valait, mais j'étais parvenu à la formuler dans la plénitude de mes moyens et avec une perception des dossiers d'une netteté absolue.

Quand j'ai voulu l'exposer à mes collègues, j'ai très vite compris que j'étais à côté de la plaque. Moi, je savais quoi leur dire ; eux ne savaient quoi en faire. On attendait de moi une explication rationnelle, des pistes concrètes à explorer : « Faites ci... faites ça... Allez dans ce sens... » Et je ne leur apportais qu'une *interprétation* de ces deux crimes. Les aider à mieux comprendre ce qui avait pu se passer, *les sentiments* qui accompagnaient ces crimes – et un profil relativement flou de leurs auteurs. Je ne pouvais leur dire que « Tout se passe comme si... ».

C'est alors que j'ai pris conscience du fait que je n'y arriverais jamais tout seul. Nos différences étaient trop grandes et la communication avait beaucoup trop de mal à passer.

La seule solution, celle que j'ai proposée alors et que la Direction générale de la gendarmerie a adoptée depuis est bien celle de la constitution de binômes. Une équipe composée d'un psychologue ayant reçu une formation suffisante en droit pénal spécial et en techniques procédurales, associé à un policier chevronné, rompu aux enquêtes criminelles et formé en psychologie clinique, est la seule formule permettant à une approche psychocriminologique de se montrer concrète et efficace.

En quittant les policiers de Perpignan, j'ai senti que ceux qui avaient placé de l'espoir en moi étaient déçus.

Ceux qui n'en attendaient rien et pensaient que ma présence était inutile étaient confortés dans leur opinion.

J'ai regagné Paris avec le sentiment douloureux de m'être investi dans une tâche comme jamais auparavant et, dans le même temps, de ne pas avoir su répondre aux questions qu'on me posait ni aux attentes de l'équipe d'enquête.

Peu après, ils m'ont téléphoné. Mon passage avait laissé des traces et ils semblaient avoir évolué dans leur perception de ces dossiers. Et puis le temps a passé et d'autres crimes sont venus peser sur leurs épaules et déposer sur les cadavres profanés de Moktaria et de Marie-Hélène une fine patine qui ressemble bien à un début d'oubli...

Mon analyse a-t-elle été utile ou non à cette enquête ? Je ne sais pas. Toujours est-il que le ou les auteurs de ces abominations sont toujours en liberté et que je porte cet échec en moi en permanence, comme un reproche immérité peut-être, mais têtu.

C'est à ce moment-là que j'ai commencé à comprendre ce que voulait me dire le vieux flic de l'OCTRIS, là-bas, à Nanterre... Plus que l'horreur, le dégoût, la peur pour moi-même et pour les miens, ce qui a dominé dans ma vie de psychocriminologue – ou de « profileur » comme on voudra bien m'appeler, peu importe – c'est le sentiment effroyable d'une absolue solitude.

Et cela ne s'est jamais démenti, ni lors du meurtre du petit Hocine à Alès, ou des assassinats de Marianne et Sophie à Valenciennes, de Cécile et Joseph à Paris ni lors de la disparition de Sylvie à Bordeaux ou de Natacha à Nantes, de Catherine à Nîmes ou de Sylviane et Laurence à Créteil.

Plus de trente fois, j'ai eu à me plonger, le cœur à vif, dans des affaires criminelles, rencontrant parfois la raison d'État et l'actualité politique la plus brûlante (meurtre du préfet de Haute-Corse) ou d'autres, tombées dans l'oubli une fois l'encre des journaux séchée.

Puis une révolution de palais bouscula l'organigramme

de la PJ et porta au pouvoir Roger Marion, l'un des opposants les plus déclarés (et les plus obtus) à tout ce que pouvait représenter mon travail. Fatigué et passablement découragé d'être en butte à un harcèlement constant et de toujours pousser vers le haut ce rocher de plus en plus lourd qui me retombait chaque fois dessus, me blessant chaque fois plus durement, je suis parti sans fracas, sur la pointe des pieds. Un peu amer, mais très las et vaguement soulagé, avec le sentiment d'émerger d'une apnée qui n'en finissait pas...

J'ai rédigé alors mon premier livre : *Cinq Profils – Enquêtes Criminelles*, simple tentative pour survivre et tourner une page, laisser au moins un témoignage...

Au moment où j'écris ces lignes, personne n'a été pressenti à la DCPJ, pour reprendre le fardeau là où je l'ai déposé. Cela viendra sans doute. Les esprits évoluent, la Chancellerie y travaille et un logiciel d'analyse criminelle vient d'être mis en place.

À celui ou celle, quel qu'il soit, qui aura à conduire ce projet à terme, la parole la plus sage et la plus utile que je pourrai offrir comme viatique sera celle du vieux flic des stups de Nanterre :

– Si tu veux faire ce boulot-là, p'tit gars, faudra qu't'aimes la solitude !

2

CRIMINELS... NÉCESSAIREMENT CRIMINELS ?

Le crime est-il inscrit dans la condition humaine de façon définitive et inéluctable ?

Au-delà des mythes qui nous façonnent et dans lesquels le sang coule à flots, sommes-nous destinés, de par notre humanité même, de par notre nature plus que par nos cultures, à jalonner notre existence collective de monceaux de cadavres ? Et tout cet édifice de pensée appelé « humanisme » ne serait-il là que pour masquer un peu cette effroyable réalité ?

Chaque bébé qui vient au monde pousse ses premiers vagissements dans les bras de ses parents émus, entouré de la compétence affectueuse de ceux qui ont aidé à sa naissance.

Petit être ridé et grimaçant, encore essoufflé de l'effort qu'il a dû faire, il s'extrait du corps de sa mère tout gluant de ses humeurs, tout pétri de son amour... Un pédiatre va l'examiner sur toutes les coutures et lui faire exécuter une drôle de gymnastique. On appelle ça le « Test APGAR ». Son but est de vérifier que tout fonctionne : les réflexes et les éléments de motricité. Une menotte se referme sur un doigt avec une force telle que tout le poids du corps ne lui fait pas lâcher prise. D'elles-mêmes, les petites jambes esquissent les mouvements de la marche et de l'enjambement. Les minuscules lèvres entreprennent l'appel de la succion. Les voies respiratoires sauront se défendre contre l'invasion des poumons par un liquide dans un réflexe d'apnée.

Ce petit bonhomme est à lui seul toute la mémoire de l'Humanité, même s'il n'a rien appris de ceux qui l'entourent. Aucun éducateur, aucun pédagogue n'est venu lui enseigner les rudiments de la survie. Mais il sait...

Et ce qu'il montre nous rappelle que nous venons d'assister à la venue au monde d'un spécimen de l'espèce de prédateurs la plus redoutable que la planète ait jamais portée !

Douée d'une capacité d'adaptation hors du commun, elle a su, en peu de temps, éliminer de son territoire (la planète) la quasi-totalité de ses rivaux et asservir les espèces qui pouvaient lui être utiles. Cultivant une sélection naturelle impitoyable, éliminant de ses rangs les plus faibles et les moins conformes, l'Humanité, lancée dans son histoire comme un météore, n'est parvenue à son stade actuel qu'au prix d'un carnage permanent. Certes, elle n'est pas la seule et l'observation du règne animal suffit pour se convaincre que, là aussi, la mise à mort est permanente : partout le plus fort élimine le plus faible. Mais l'espèce humaine, elle, n'a plus beaucoup de prédateurs. Seuls, les virus représentent encore pour elle un certain danger, un défi qu'elle saura peut-être relever, comme toujours, en les éradiquant ou les domestiquant.

C'est sans doute une banalité de l'écrire, mais il semble bien que le plus grand danger encouru par l'Homme, depuis qu'il domine la planète, vienne de ses propres entreprises. Ne dirait-on pas que, de guerre en croisade, d'anathèmes en inquisitions, malgré ou à cause des prêtres, philosophes et gourous, quelque chose, au sein même de l'Homme, l'attire vers sa propre perte en une spirale vertigineuse ?

Et ce petit bébé, autour duquel le « cercle de famille » s'attendrit, paupières humides, vient au monde porté par un flot de sang...

3

SANG VERSÉ – D'UN BON USAGE DU CRIME POUR LA TRANQUILLITÉ DE L'ESPRIT

L'Homme, dit-on, serait la seule espèce capable d'éprouver du plaisir dans le fait de donner la mort. C'est peut-être vrai et une multitude d'activités humaines, comme la tauromachie ou la chasse à courre, jadis les jeux du cirque romain, viennent à l'appui de cette thèse.

Mais s'il est capable de jouir de la mort d'autrui au spectacle d'une exécution capitale, il est toutefois difficile à un individu normalement constitué de transgresser, même au nom d'une jouissance, le tabou de l'homicide. Le sang ne se verse pas si facilement : s'y opposent des terreurs irraisonnées et le poids d'un interdit millénaire. Comme on le dit de la Loi, on ne saurait toucher à la Vie, sous toutes ses formes, que d'une main tremblante.

La notion de crime de sang ne s'applique qu'à l'Humanité.

Il n'en va pas de même du fait de donner la mort, y compris au sein de la même espèce. L'adage latin *Lupi non inter se devorant*[1] est une parfaite absurdité scientifique. Elle n'a de sens que métaphorique. Toutes les espèces animales éliminent leurs membres en situation de faiblesse ou ceux avec lesquels elles ont un contentieux sexuel ou territorial. Mais il ne viendrait jamais à personne l'idée de qualifier de « crime » la mise à mort d'un animal par un autre – pas même au bon La Fontaine, dans « Le loup et l'agneau ». Et jusqu'à une époque toute récente, le sort que réservait l'Homme à l'animal n'était l'objet d'aucune recommandation judiciaire. Il n'y a que peu de temps que la cruauté envers les animaux est réprimée et encore ne s'agit-il que d'une contravention, parfois d'un délit, prévus par le Code pénal (articles 521-1 et 521-2). L'espèce humaine conserve, sur le monde animal, un droit de vie et de mort absolu et non criminalisé. Toute remise en cause de ce principe se voit attribuer le qualificatif infamant d'« anthropomorphisme » et reléguer dans le monde de l'infantile et du pusillanime. Forte de son statut d'espèce dominante, l'Humanité exerce sur les animaux un pouvoir absolu. Loi de la nature, dirons-nous ? Si l'on veut... Mais les gigantesques bûchers allumés, au nom de la sécurité du contenu de nos assiettes, de la sanctuarisation de nos cantines scolaires et d'une course insensée au profit, dans les campagnes de Grande-Bretagne et d'ailleurs, ne sont pas sans laisser une impression de malaise. Une sorte de sentiment d'excès, de démesure, voire de sacrilège.

Quel est le rapport de l'espèce humaine à la Vie ? L'Homme ne devrait-il pas prendre la mesure de la responsabilité que lui confère son niveau plus élevé de conscience ? N'est-il pas, de fait, comptable de toutes les manifestations de vie sur la planète où il cohabite avec les autres espèces ? Leur existence et le respect qu'on leur porte ne sont-ils pas, en outre, les conditions mêmes de sa survie ?

Toute mon expérience de psychocriminologue tend à

---

1. « Les loups ne se dévorent pas entre eux ».

me faire penser que la multiplication et la montée en puissance des discours moralisateurs dominants et « politiquement corrects » ne conduisent pas à une diminution de la cruauté. Les comportements criminels individuels et collectifs restent stables. Ils se manifestent même d'une façon de plus en plus cynique et de plus en plus violente.

Bien sûr, dans l'exemple cité ci-dessus, ce ne sont que des vaches et des moutons qui sont ainsi immolés pour conjurer notre sainte trouille, mais plus je suis amené à me pencher sur les différentes formes que prend le crime, plus cette idée s'impose à moi comme une évidence : le respect de la Vie ne doit ni se marchander ni se relativiser. Une société capable, au nom d'un système économique délirant, de procéder à de tels massacres, ou d'assouvir son voyeurisme sadique en martyrisant, en bas de soie, un animal dans une arène sous des clameurs hystériques, est également capable de sécréter des générations de tueurs psychopathes ou de rééditer à l'infini les rafles du Vel'd'Hiv ou de Santiago du Chili. Et qu'on ne vienne pas me parler de culture, de tradition ou d'autres fariboles !

En 1952, dans un ouvrage intitulé *Les Animaux dénaturés*, Vercors, l'auteur du *Silence de la mer*, amorçait une réflexion sur les limites de la définition de l'Humanité, précisément à partir de la criminalisation de l'acte de tuer[1].

En contrepoint, les théories nazies postulant l'existence d'une humanité inférieure relativisaient beaucoup le

1. Dans *Les animaux dénaturés*, l'auteur imagine l'existence d'une espèce nommée « tropies » dont on débat pour savoir s'il s'agit d'animaux ou d'une ethnie humaine particulière. L'enjeu est leur asservissement ou leur insertion dans la société avec une existence juridique pleine et entière. Le héros décide d'avoir un rapport sexuel avec l'une de ces « tropies » et de lui faire un enfant qu'il assassine ensuite. Il pose alors au législateur un dilemme auquel celui-ci ne peut se soustraire. Soit il a tué un être humain et il doit être jugé comme meurtrier, soit il a simplement abattu un animal... Le droit devra passer et, par là même, trancher de l'appartenance ou non des « tropies » à l'espèce humaine. Il s'agit là d'un thème proche de la célèbre *Controverse de Valladolid* où il s'agissait de statuer sur le fait de savoir si les « sauvages » d'Amérique du Sud avaient ou non une âme immortelle, donc de décider de la façon dont ils devaient être juridiquement traités.

poids criminel de la mise à mort de l'homme par l'homme, ravalant certaines « races » au rang de l'animal dont il était possible de disposer à loisir, jusqu'à les exterminer en les qualifiant de nuisibles.

Le crime de sang, d'où découlent les concepts juridiques de « meurtre » et d'« assassinat », nous éloigne donc d'une représentation *naturelle*, pour nous ouvrir vers des notions de « culture », de « philosophie » ou de « religion ». Tant que l'étude du monde animal ne viendra pas nous contredire, il semble bien que l'être humain soit seul, sinon à posséder une conscience de sa mort prochaine, du moins à y apporter une dimension sociale, c'est-à-dire morale et culturelle. Il n'y a donc pas lieu de s'étonner du fait que les groupes humains « dénaturent » cet acte, ordinaire dans les autres espèces, et le recouvrent de discours divers propres à le socialiser.

Le texte le plus connu, en matière de moralisation des comportements humains, est le Décalogue. Ce n'est sans doute pas le plus ancien, mais c'est le plus célèbre et celui qui a imprimé sa marque de la façon la plus forte et la plus durable sur la conscience et l'inconscient des Occidentaux.

L'interdit de tuer y est explicite et sans équivoque, mais c'est loin d'être le premier des dix commandements !

Dans la forme la plus courante de ce texte, issu du Deutéronome (Cinquième Livre de la Loi dans la Bible), l'interdiction de l'homicide n'arrive qu'en *sixième position.* Viennent d'abord les obligations envers Dieu : 1 – Je suis le Seigneur ton Dieu. Tu n'auras d'autre Dieu que moi, 2 – Tu ne feras pas de dieu à ton image, 3 – Tu n'abuseras pas de mon nom, 4 – Tu sanctifieras le jour du Seigneur – puis le tabou de l'inceste, 5 – Honore ton père et ta mère. L'interdiction de l'adultère (7) et le vol (8) viennent ensuite.

On constate donc que l'interdit de tuer se situe à un niveau certes élevé mais relatif dans l'échelle des valeurs sacralisant la vie humaine. Si l'on suit cet ordre de priorité, il apparaît possible d'en disposer au nom de principes définis comme supérieurs. Ainsi, au cours des siècles, assistera-t-on à des mises à mort décriminalisées au nom d'intérêts dits majeurs, repérés et admis comme tels par la collectivité.

D'abord au nom de « Dieu » ou de ce qui en tient lieu à travers des immolations sacrificielles pour obtenir des bénéfices matériels ou moraux. Ainsi l'épisode d'Abraham et d'Isaac, ou la légende d'Iphigénie. Ces châtiments punissent aussi propos et comportements dits « blasphématoires ».

Quand, par la suite, le christianisme évolua dans le sens d'une symbolisation des sacrifices à travers l'eucharistie, les tribunaux ecclésiastiques s'adaptèrent en transférant le pouvoir de châtiment suprême au « bras séculier ». Pour se tirer de ce mauvais pas, on définit pour la société un « droit de glaive » que, par une pirouette casuistique, on distinguait d'un impossible « droit de tuer ». Le pouvoir religieux refilait le délicat mistigri de l'atteinte à la vie humaine à la société civile, pour punir le blasphème, le sacrilège et toutes les formes de l'hérésie.

Sous l'Ancien Régime, où le pouvoir royal procédait du droit divin, les notions de sacrilège (atteinte aux devoirs envers Dieu) et de lèse-majesté (et tout ce qui en découlait) ne faisaient qu'un. C'est sous l'influence de la philosophie des Lumières que les XVIIIe et XIXe siècles en viennent à distinguer de façon claire pouvoir religieux et pouvoir laïc. Voltaire prend des risques personnels inouïs lors des affaires Sirven (1762), Calas (1765) et du chevalier de La Barre (1766). Ses écrits influent de façon déterminante sur les mentalités et conduisent, au lendemain de la Révolution française, à une disparition de l'homicide légal pour raisons religieuses ou idéologiques.

Pour autant, la société ne cessera pas de disposer de la vie de l'homme puisque la « raison d'État » sous toutes ses formes[1] prendra le relais. Que ce soit dans un souci

1. Jusques et y compris des raisons économiques fondées sur la recherche du profit matériel. Elles ne s'avouent que rarement pour ce qu'elles sont, dissimulées le plus souvent derrière des considérations éthiques qui ne trompent personne – même pas ceux qui les énoncent ! Opérer une diabolisation médiatique d'un adversaire et envisager sereinement de

d'exercer la vengeance individuelle au niveau collectif ou de préserver l'ordre public et la propriété privée, la mort continuera à faire son œuvre. Sans parler des hécatombes légalisées en temps de guerre.

Peu à peu le « châtiment suprême » cessera d'être appliqué pour punir les atteintes aux biens et sera réservé aux agressions graves contre les personnes. Depuis 1981, la société française, comme soixante-huit autres États dans le monde, ne se reconnaît plus, en temps de paix, le droit de disposer de l'existence individuelle pour quelque raison que ce soit, même la plus grave et la plus scandaleuse.

Dans le présent essai, il ne sera pas question des actes incriminés par les articles 211, 212 et 213 du Code pénal, issus de la Loi n° 64-1326 du 26 décembre 1964, traitant du génocide et des différentes formes de crime contre l'humanité. Notre travail portera sur les actes réprimés par :

– les articles 222-1 et suivants, relatifs au meurtre ;

– l'article 221-3 : « Le meurtre commis avec préméditation constitue un assassinat » ;

– l'article 221-4 mentionnant les circonstances aggravantes ;

– l'article 221-5, relatif à l'empoisonnement.

De même, nous serons amenés à nous intéresser aux actes incriminés par l'article 221-6 (atteintes involontaires à la vie) et aux articles 222-1 à 222-33 traitant des atteintes à l'intégrité physique et psychique des personnes.

Enfin, nous incluons dans notre étude les actes réprimés par les articles 222-1 à 222-15 relatifs aux tortures, actes de barbarie et violences.

Il ne saurait être question de mener cette réflexion sur la criminalité de sang, sans nous pencher sur les articles 122-1 (« N'est pas pénalement responsable la personne

---

le tuer en accordant un effroyable « permis » à des tueurs à gages semble bien insuffisant pour dissimuler l'appétit que l'on a de son pétrole !

qui était atteinte, au moment des faits, d'un trouble psychique ou neuropsychique ayant aboli son discernement ou le contrôle de ses actes. La personne qui était atteinte au moment des faits d'un trouble psychique ou neuropsychique ayant altéré son discernement ou entravé le contrôle de ses actes demeure punissable ; toutefois la juridiction tient compte de cette circonstance lorsqu'elle détermine la peine et en fixe le régime ») et 122-2 : (« N'est pas responsable la personne qui a agi sous l'emprise d'une force ou d'une contrainte à laquelle elle n'a pu résister »).

Il s'agit ici d'une approche psychocriminologique. Dépassant une lecture psychologique pure par le souci d'apporter à la compréhension du crime de sang une dimension plus globale, elle le situe dans son originalité parmi le vaste éventail des comportements criminels.

L'expression « crime de sang » ne doit pas être considérée au sens étroit du terme. Le mot « sang » est ici une métaphore et ne désigne pas seulement le fait de répandre ce liquide vital.

Comme l'indique le choix des articles du Code pénal ci-dessus, le champ de cette étude s'étend d'une façon très large à l'ensemble des comportements attentatoires à la personne humaine, dans son corps ou dans sa dignité – que l'issue en soit fatale ou non.

4

LES DIEUX SONT-ILS DES « BOIT-SANS-SOIF » ?

Une lecture, même superficielle, des grands courants mythologiques suffit pour se convaincre que le meurtre et l'assassinat sont des éléments structurants dans la plupart de nos sociétés. C'est souvent à partir de la chute d'une tête de roi que s'ouvre une phase nouvelle de la vie d'une communauté.

Toutefois, la plus grande partie des homicides a pour cadre la sphère familiale étroite, dite « nucléaire ». Certains sont de l'ordre du drame et concluent des relations interpersonnelles extrêmes qui ne trouvent de « solution » que dans le meurtre, paroxysme de la passion.

Élimination du rival, meurtre de l'amant par l'amante, de l'épouse par l'époux, ou inversement, conflits d'intérêts, de territoires, cupidité, etc.– des pans entiers des littératures se sont bâtis autour d'eux, comme en témoignent le théâtre de Shakespeare ou les drames romantiques. C'est une petite musique, lyrique, banale et émouvante. Des « contes de la folie ordinaire », pour paraphraser Bukowski, où le ridicule se mêle au macabre dans de grandes envolées de sentiments. Ce sont les Atrides, vague histoire de fesses magnifiée par la malédiction de dieux lubriques, Roméo et Juliette, spleen de deux adolescents en révolte contre les censures familiales, Chimène et Rodrigue, dissertant sur le thème « qu'il est joli garçon, l'assassin de Papa ! » (Georges Fourest). Rien de très différent, dans le fond, des histoires soi-disant destinées aux enfants – contes de Perrault, de Grimm ou d'autres – où se décline la dramatisation des rapports parents-enfants.

Mais d'autres mythes nous proposent une tout autre image de nous-mêmes et de notre destin. Ceux-là nous parlent des conditions de l'existence, de la vie et de la mort, et de rien d'autre. Ils sont au-delà de l'amour et de la haine, de la puissance ou de l'intérêt. Ils posent la question de la possibilité d'exister en tant que personne physique ou en tant que sujet, non pas dans un rapport à l'autre, mais dans un rapport au monde. Et l'on perçoit très vite que le meurtre ou la torture sont, dans ces cas-là, un acte fondateur, inévitable, inexorable, inscrit dans le destin des individus du fait même de leur humanité.

Leur forme la plus archaïque, la plus précoce, dans ces mythes fondateurs est celle de la mise à mort du frère par le frère. Ce n'est que bien plus tard que Freud, s'appuyant sur la tragédie œdipienne, mettra en évidence le rôle-clef de la scène primitive et de son importance dans la structuration de l'inconscient, restituant ainsi sa place au meurtre symbolique du parent de sexe opposé.

Représentation-écran, peut être. Il n'en reste pas moins que l'une des conséquences les plus directes de l'accès à la connaissance par le fruit de l'arbre du Bien et du Mal est le meurtre d'Abel par Caïn, premier d'une longue série qui passera par Bellérophon, Antigone et Romulus. Dans tous ces récits, celui qui tue et sa victime sont chair de la même chair, sang du même sang, porteurs de la même histoire...

Mon expérience me porte à croire qu'il n'y a pas d'autre forme de meurtre que *dans le miroir*. Le stéréotype du « crime passionnel », pur résultat superficiel d'une colère ou d'une frustration, fruit de l'ivresse ou d'une perte momentanée du contrôle de soi, ne résiste jamais à une analyse approfondie.

Même si l'ivresse peut couvrir l'acte criminel du manteau de Noé, offrir au criminel un commode « Je l'ai pas fait exprès », il faut toujours s'interroger sur les raisons qui ont amené cet individu à se mettre dans cet état-là et sur le poids du discours de son inconscient dans le choix de sa victime et de son passage à l'acte. Et ce qui vaut pour l'ivrogne meurtrier est tout aussi valable pour le chauffard perdant le contrôle de sa voiture, même si la victime lui est la plupart du temps inconnue.

Il n'est pas dans mon propos d'intervenir, dans ces pages, sur la détermination des responsabilités en matière pénale ni sur la qualification judiciaire des actes, mais sur leur signification dans l'économie libidinale de leurs auteurs.

Dire qu'il n'y a de meurtre que dans le miroir revient à donner au crime de sang une dimension narcissique le rapprochant de la psychose. Or, là est le paradoxe : je pense, en accord avec le législateur, que l'absence d'empathie et de culpabilité des psychotiques en fait les seuls individus authentiquement irresponsables. Les autres atteintes à la vie d'un homme par un autre homme sont toutes, à des degrés divers, le meurtre du frère humain par un autre frère humain, frère dans la condition et frère dans la conscience irrévocable de l'être.

L'un des avocats de l'assassin toulousain multirécidiviste Patrice Alègre l'a expliqué avec une gravité qui impose le respect. Un animateur de télévision avide de sensationnel lui posait cette question faussement naïve : « Comment pouvez-vous défendre de tels monstres ?! Ils n'ont plus rien d'humain ! » La réponse fut longue à venir, mais elle fut sans équivoque : « J'ai défendu Patrice Alègre en dépit de tout ce que vous dites. Il en avait le droit. Je l'ai défendu parce qu'il est mon frère en humanité... »

Lorsqu'on a passé une grande partie de son existence adulte dans le fauteuil du psychanalyste après en avoir fréquenté le divan, toujours à l'écoute du discours de l'inconscient, le jugement se charge de bien des nuances.

Interrogeons nos rêves, nos fantasmes, tout ce que le refoulement ne parvient pas toujours à maintenir dans l'oubli. Ces situations parfois insoutenables que notre fantasmagorie ramène à la conscience comme une frange d'écume sur le bord d'une plage, ne sont-elles pas bien les nôtres, sans échappatoire possible ? Ne devons-nous pas admettre que nous recelons, enfouie en nous-mêmes, la capacité de construire des scénarios criminels tout aussi épouvantables que ces crimes que nous montrons du doigt avec horreur et indignation ?

Certes, nous ne passons pas à l'acte. C'est que les discours que nous avons reçus de nos parents et l'affection dont ils nous ont entourés ont été « suffisamment bons », comme dit Winnicott, pour nous permettre de l'éviter. Cette notion, le psychanalyste anglais l'utilise pour se dégager des images toutes faites de parents dits « mauvais », responsables par principe de toutes les difficultés de leurs enfants, et de « bons parents », incontestables par définition et dont on ne perçoit pas toujours quelle quantité d'angoisse ils imposent à leurs enfants.

« Suffisamment bon », le parent est à même d'apporter à l'enfant la sécurité dont il a impérieusement besoin, mais aussi de lui garantir un espace de liberté, une « marge de manœuvre » par laquelle passera son accès à l'autonomie. Faute de quoi, toute vie en société deviendrait impossible et l'univers serait peuplé d'individus soumis à leurs besoins physiques et à leurs pulsions, incapables de la moindre organisation collective dépassant celle de la horde.

Certains, néanmoins, pour des raisons qui nous échappent longtemps, ne parviennent pas à intégrer ces messages fondamentaux et représentent pour leurs semblables un danger permanent. Il nous faut, évidemment nous en protéger et tenter de les mettre hors d'état de nuire, mais nous ne pouvons éviter de rencontrer parfois notre image dans le miroir qu'ils nous tendent.

Meurtrier, victime, chaque fois il y a mort d'homme. Et chaque fois, en même temps que l'un des deux a rencontré son destin, il y a eu, symboliquement, mort de l'un comme de l'autre...

5

« JE SUIS TOMBÉ PAR TERRE, C'EST LA FAUTE À VOLTAIRE... »

La question de la culpabilité

La culpabilité est sans doute le sentiment le plus étroitement associé à la notion de crime, de sang.

Culpabilité de l'auteur, bien sûr, et il faut la déterminer avec exactitude, s'assurer de sa réalité, mais aussi l'aider à l'assumer et à vivre avec, après avoir, comme le veut le droit, « individualisé la peine » en fonction des éléments qui l'aggravent ou l'atténuent. Mais y aurait-il aussi une culpabilité de la société dans la dérive criminelle de certains de ses membres, et que penser de l'attitude de ces criminels qui font reposer la responsabilité de leurs actes sur leurs victimes ? Que penser de ce sentiment paradoxal éprouvé par certaines d'entre elles, incapables, du fond de leur dépression, d'échapper à ce que l'on a appelé la « culpabilité du survivant » ?

Il ne faudrait pas déduire de ce qui a été dit au chapitre précédent une confusion des rôles, ni une sorte de dilution des responsabilités tendant à renvoyer dos à dos l'assassin et sa victime.

Le fait est, pourtant, que les propos de certains criminologues semblent faire porter par les victimes une responsabilité fondamentale dans leur destin. Une « morale » étriquée, et heureusement disparue, ne s'en faisait-elle pas écho, quand des gens « bien-pensants » disaient de la victime d'un viol : « Elle l'a bien cherché... », ou : « Cela n'arrive pas aux honnêtes femmes... » et autres « Il n'y a pas de fumée sans feu » ?

Une perception erronée de la théorie psychanalytique a semblé ajouter à cette confusion. Certes, l'inconscient est rétif à toute normativité et les notions de responsabilité légale et de conventions sociales s'effacent, en psychanalyse, devant une tout autre dimension de la culpabilité. Nous en sommes témoins tous les jours lorsqu'une victime, réchappée d'un accident ou épargnée par un assassin multirécidiviste, tombe dans ce qu'il est convenu d'appeler la « dépression du survivant », et se pose à l'infini la question : « Pourquoi eux et pas moi ? » Cette culpabilisation sans discernement, véritable caricature de la psychanalyse, on la retrouve aussi dans l'attitude de certains thérapeutes malhabiles ayant à traiter des troubles familiaux.

Certes aussi, le rôle des parents est souvent primordial dans les difficultés que rencontre leur enfant et il est du devoir du spécialiste de leur en faire mesurer l'importance et l'étendue. Mais ce rôle est tout aussi capital dans ce qui va bien pour lui.

Je suis souvent atterré de constater l'avalanche de culpabilité qui se déverse sur les parents (la mère, surtout), et qui, comme le disait Beccaria[1], « ajoute du malheur au malheur ». Elle devient telle qu'aucun mouvement psychologique n'est plus possible et que les troubles, au lieu de

1. Cesare Bonesana, marquis de Beccaria, économiste et juriste italien (1738-1794) auteur de *Des délits et des peines* (1764).

s'atténuer, empirent. Ces personnes ne donnent plus à leur souffrance sa juste place et claquent avec fracas la porte du cabinet du thérapeute, ressenti comme un persécuteur. Or, il est impératif pour chacun de percevoir avec clarté son rôle et sa position dans ce qui s'est joué. À un moment ou à un autre, ces patients, atteints dans leur chair ou dans leurs sentiments, ne pourront sans doute pas faire l'économie de regarder en face ce qu'il en est de leur position de sujet dans le drame qu'ils ont vécu. Ce sera, pour eux, une épreuve douloureuse, et il leur faudra passer par bien des étapes pour parvenir à en sortir plus forts, tant il est vrai que, comme l'écrivait Nietzsche, « Tout ce qui ne nous tue pas nous renforce... »

Il n'est que trop tentant pour certains meurtriers de renverser les rôles et de faire porter la culpabilité de l'acte sur le comportement de la victime (« C'est pas ma faute, elle m'a provoqué... Elle l'a bien cherché... ») ou sur le fonctionnement social (« C'est la faute à ce que j'ai subi quand je suis allé en prison... »). Le meurtrier se transforme en victime et exprime ainsi une *identification à l'agresseur* : « J'ai été maltraité, il est donc légitime que je maltraite à mon tour... » Ce serait, en quelque sorte, un comportement normal, inscrit dans le destin, et la société – responsable par définition – ne saurait le criminaliser.

6

UNE ROUE QUI TOURNERAIT SANS FIN

La compulsion de répétition

Sommes-nous condamnés à reproduire et à répéter à l'infini les situations traumatisantes dont nous fûmes victimes lors des épisodes précoces de notre enfance ? Peut-on expliquer le viol infligé par le viol subi ? Le mauvais traitement par les sévices endurés ?

Plus généralement, pouvons-nous et devons-nous excuser autant que tenter de comprendre ? La responsabilité et la liberté de l'individu ne seraient-elles que des leurres ? Et notre existence l'exécution d'une « programmation » rigide et intraitable ?

La compulsion répétitive existe bien en chacun de nous. Parfois, nous pouvons la dépister sans trop de mal, mais il arrive aussi qu'elle ne se trouve pas là où on la cherche.

Cette idée que nous devrions répéter toute la vie ce que nous aurions subi dans notre enfance est une perversion du jugement rencontrée surtout quand il s'agit d'enfants maltraités. De mauvais traitements subis par le criminel dans son plus jeune âge constituent, pour ses défenseurs, l'un des plus sérieux arguments pour tenter d'obtenir l'indulgence du tribunal.

Pourtant, et tous les spécialistes de ce problème le savent, seule une minorité d'enfants maltraités deviennent des adultes maltraitants. L'origine des comportements déviants ayant conduit au crime est la plupart du temps tout autre, et le mécanisme d'identification à l'agresseur antérieur n'y tient souvent qu'une place minime.

Et pourtant, ce que les psychanalystes appellent « compulsion de répétition » existe bien. Mais les événements traumatisants de l'enfance ne surgissent pas toujours d'une façon identique dans des drames comparables.

Dans les années 70, Margharita vivait au Chili.

Fille d'un père médecin et d'une mère professeur d'espagnol, tous deux très engagés dans les mouvements progressistes, elle vécut toute son enfance dans l'insouciance et l'aisance matérielle. L'alliance des partis de gauche porta au pouvoir Salvador Allende et ses parents occupèrent des responsabilités gouvernementales les mettant très en vue sur la scène politique. Quand Pinochet et sa junte s'emparèrent du pouvoir en 1973, ils furent parmi les premiers à être arrêtés et conduits dans les sinistres locaux de la Police militaire, dans la banlieue cossue de Santiago. Sans doute périrent-ils sous les tortures, car on ne les revit jamais, et aucune enquête, par la suite, ne parvint à faire la lumière sur leur sort. Margharita avait quatorze ans.

Appréhendée en même temps que ses parents et emprisonnée dans une caserne de la Garde civile, elle servit au « repos du guerrier ». Violée, torturée, avilie, humiliée, elle ne dut qu'à sa présence d'esprit et à la négligence de ses bourreaux de pouvoir s'échapper et demander asile à une institution religieuse voisine. Le chaos était tel, à ce moment-là, qu'on ne la rechercha même pas. Elle avait de la famille en France, et par l'entremise de l'ambassade, elle put traverser la frontière bolivienne, gagner La Paz, et, de là, s'envoler pour Paris.

C'est en 1994 que je la reçus en consultation au Centre médico-psychologique. Elle avait alors trente-cinq ans et travaillait comme interprète dans un organisme international.

Vêtue de noir de la tête aux pieds, le visage tragique, ses longs cheveux ramenés en bandeau, elle ne faisait aucun effort de séduction ni même de simple coquetterie. Tout en elle clamait une souffrance intérieure, conséquence de ce drame vieux de vingt ans, et arborée comme une sorte de bannière ou de carte de visite...

Elle, qui avait dû être jolie, était devenue laide. Margharita avançait masquée derrière son drame comme un personnage de la tragédie antique, repoussant à l'avance toute tentative d'approche un tant soit peu sexualisée.

Et de quoi se plaignait-elle ? Eh bien, justement, de harcèlement sexuel ! À plusieurs reprises, elle avait dû quitter son emploi pour cette raison, allant même jusqu'à intenter un procès à un jeune collègue qu'elle accusait de tentative de viol dans une salle d'archives.

Dans un premier temps, j'ai cru à des affabulations hystériques, mais les événements qu'elle rapportait n'étaient en aucune façon imaginaires : Margharita, laide, disgracieuse, mal fagotée, revêche, exerçait bel et bien sur les mâles de son entourage une fascination sexuelle d'une intensité difficile à comprendre au premier abord.

Il fallait l'entendre et l'écouter. Durant les premières séances, elle ne put me parler que de son drame, de la disparition de ses parents, mais surtout de *son* viol et elle insistait sur ce possessif.

Tout se passait comme si, peu à peu, cet épisode épouvantable de son adolescence avait perdu son poids de terreur pour se charger d'un érotisme dont elle-même n'était évidemment pas consciente, disparaissant derrière ce personnage d'éternelle victime, incapable d'aborder autrui sur un autre mode, son inconscient remettant sans cesse en scène l'événement traumatisant. Et les hommes qui recevaient ce discours, piégés eux-mêmes dans les méandres de leur propre sexualité, y entendaient une obscure demande d'avoir à répéter cette « scène-écran » et d'occuper ce rôle de bourreau dont on leur servait la victime comme sur un plateau. Incapables de résister à cette violence, ni d'imaginer ce qui se jouait, ils pénétraient dans la névrose post-traumatique de la jeune femme, sans comprendre le déferlement d'angoisse qu'ils provoquaient.

La route fut longue pour Margharita, avant qu'elle parvienne à admettre qu'elle ne se résumait pas à son drame et que le monde entier ne fonctionnait pas par rapport à lui. Qu'elle y occupait une place que nul ne lui contestait – celle d'une victime « à part entière » – et qu'il y avait eu des bourreaux, oui, ailleurs, dans un autre pays et un autre temps, mais qu'il ne lui était nullement nécessaire de répéter à l'infini son calvaire, et qu'elle devait renoncer à une jouissance masochiste pour avoir le droit d'exister, de vivre, d'aimer et d'être aimée.

Violée, avilie, torturée, humiliée, Margharita n'a pourtant jamais fait de mal qu'à elle-même. Dans sa névrose, il y avait bien une compulsion de répétition, mais jamais sur le mode de l'identification à l'agresseur, du moins dans les passages à l'acte envers autrui. Incapable de s'approprier son histoire, c'est contre elle-même qu'elle répétait à l'infini son calvaire, dans l'espoir toujours déçu de trouver une réponse lui permettant d'échapper à cette spirale.

Tous ceux qui se sont penchés sur le destin de survivants de situations extrêmes savent combien l'appareil psychique des individus a du mal à en « métaboliser » les conséquences. Aussi prisonniers de leur passé qu'une guêpe dans un bocal, ils se heurtent sans cesse contre ses parois, oscillant, sans jamais y trouver bonheur ou paix, entre la position d'agresseur et celle de victime.

Travaillant à partir de la psychose infantile, Bettelheim, dans *La Forteresse vide* réfléchit à cette tragique incompétence de l'appareil psychique à « faire quelque chose » de drames aussi fondamentaux qu'une carence précoce de soins maternels, qu'il associe à l'enfermement dans un camp ou à un traumatisme majeur, et traque les origines de cette violence démesurée, effrayante au point de murer celui qui en est porteur dans une tombe silencieuse, quand elle ne le rend pas capable de tout dévaster autour de lui dans des colères clastiques[1].

Ainsi fonctionnent parfois les victimes de sévices sexuels intervenus dans leur plus jeune âge. Cela se fait souvent à petit bruit, et leur entourage, la plupart du temps, n'a pas conscience de leur malheur. Elles agacent ou passent inaperçues, vivant leur drame personnel dans une solitude effrayante, allant d'échec en catastrophe, jusqu'au moment où, par hasard et par chance, elles entrent dans le bureau du thérapeute.

Violaine, un homme lui a tué sa fille. Depuis, sa vie ressemble à un champ de ruines. Elle a fait le vide autour d'elle. Le père de ses enfants, incapable d'accompagner ce deuil pathologique, s'est éloigné, et la famille tout entière s'est éparpillée comme balayée par le souffle d'une tempête. Violaine porte sur ses traits le masque de sa détresse, et, jour après jour, semble s'enfoncer davantage. Elle parle, parle, parle encore. Et chaque fois qu'elle parle, elle répète.

Chaque fois, elle tente d'exprimer à quel point son histoire est exemplaire et combien la société a failli lors de l'enquête suivant la mort de sa fille, et elle souffre encore davantage.

---

1. Colères clastiques : violents accès de colère au cours desquels les sujets brisent tous les objets qui les entourent. Ils font preuve alors d'une force stupéfiante.

On a le sentiment d'une blessure toujours à vif et que, à son insu, elle ne peut supporter de voir cicatriser. Elle en ravive la douleur en permanence comme on passe le bout de la langue sur une dent à vif. Chaque fois, elle sait qu'elle aura plus mal, mais elle ne saurait s'empêcher de rouvrir sa plaie.

Est-ce une façon pour elle de tenir à distance l'horreur de ce qui s'est passé ? D'en atténuer la force culpabilisante, ou quelque chose de plus complexe encore ? Je l'ignore, mais je vois peu à peu Violaine s'étioler, mourir en tant que sujet disposant de sa liberté de penser et de ressentir, et rien, à l'heure où j'écris, ne permet d'espérer qu'elle s'en sortira.

Marcel a cinquante ans. Il vit dans une petite maison de pierre, héritée de ses parents, au fond d'une province reculée. Pour ressources, une petite pension guère supérieure au RMI. Il plante des fleurs et s'occupe de ses arbres. Il cultive des légumes dans son jardin. Il élève aussi quelques poules et quelques lapins.

Marcel ne parle jamais à personne. Il ne supporte même pas la compagnie d'un chien. Il boit aussi. Trop. Toujours le même vin rouge de mauvaise qualité mais bon marché, car il lui en faut une grande quantité.

À l'âge de dix ans, placé par sa famille dans un internat religieux, il a été violé d'abord par un surveillant, puis par des élèves des classes supérieures. Quand il a tenté de se plaindre, on l'a renvoyé, prétextant de mauvais résultats scolaires et « une piété insuffisante ».

Ses parents, en grandes difficultés conjugales, et trop absorbés par leurs propres problèmes n'ont pas écouté ce qu'il avait à dire. Il a été puni pour avoir été exclu. On l'a placé dans un autre établissement et il est devenu très difficile à vivre. Violent, sale, effronté, fuguant à plusieurs reprises, il a attiré sur sa tête des avalanches de punitions.

Un jour, il subtilisa deux tubes de gardénal dans

l'armoire à pharmacie de sa grand-mère et il les avala. À l'hôpital, on lui a lavé l'estomac et on l'a remis dehors. Il avait dix-huit ans et le couple de ses parents avait explosé. Livré à lui-même, il passa son bac tant bien que mal, puis végéta, de petit boulot en petit boulot, de cure de désintoxication en hospitalisation en secteur spécialisé.

Il ne s'est jamais marié, pour ne jamais avoir d'enfant. Pour lui, être un enfant est quelque chose d'horrible, de terrifiant.

Je l'ai rencontré, une nuit, alors qu'il avait été ramassé, pour l'énième fois, par Police Secours, en état d'ivresse publique manifeste (I.P.M., comme on dit). Il m'a parlé jusqu'au matin quand l'alcool l'a laissé tranquille.

Il avait peur. Depuis toujours, disait-il. Peur de lui-même et peur des autres. Et une idée fixe : ne pas avoir d'enfant pour ne pas risquer de devenir bourreau à son tour. Et ne jamais laisser personne l'approcher pour qu'on ne lui fasse pas de mal.

Incapable de prendre la moindre distance avec l'idée de la répétition possible, il cultive ses fleurs, soigne ses arbres et ses lapins, replié sur son angoisse qu'il calme comme il le peut avec l'alcool. Parfois ses cauchemars le réveillent en sueur, hurlant au milieu de la nuit.

Ses projets ? Il dit qu'il attend la fin...

Dans le cas de Marcel, la prostration marque le bout d'une trajectoire jalonnée de traumatismes multiples. À l'agression sexuelle initiale est venue s'ajouter une démission tragique de sa famille, censée lui porter secours. Que ce soit de la part des éducateurs rencontrés ou des institutions soignantes, il semble avoir été l'objet d'une indifférence stupéfiante. Abandonné de tous, il a fini par s'abandonner lui-même, souscrivant à son insu à un effroyable désir inconscient de mort.

Qu'en est-il, dans son cas, de la compulsion de répétition ? Il n'a jamais agressé personne. À aucun instant, l'ordre public n'a été perturbé. Il n'est même jamais tombé malade. Dans le cas de Marcel, tout se passe comme si les choses se jouaient « en creux ». Comme s'il était une fois pour toutes dans une position d'évitement de la douleur, refusant toute manifestation de désir pour ne pas avoir à affronter le souvenir de la violence qui lui a été faite.

Ne bouge pas, Marcel : si tu existes, on te fera du mal. Ne te plains pas, Marcel, il n'y aura jamais personne pour t'entendre. Attends... Soigne tes vignes. Peut-être quelqu'un viendra-t-il ? Sinon, tout cela aura une fin. Et en attendant, il y a toujours la bouteille de vin rouge.

Pour Gontran, c'est dans sa huitième année que les choses ont basculé. Lorsqu'il a été violé par son beau-père.

Longtemps il s'est tu. Depuis la mort de son vrai père, cet homme était à peu près le seul élément de stabilité d'un foyer où sa mère, de dépression en dépression, sombrait peu à peu dans l'alcoolisme et la démence. Elle battait l'enfant presque tous les jours, au point que l'école s'était émue de traces suspectes sur ses bras, son torse et ses épaules. Le petit ne disait rien, inventant chaque fois, pour justifier les blessures, des raisons plus ou moins plausibles.

Gontran se taisait parce qu'il avait peur. Peur qu'on le retire de chez ses parents pour le mettre dans un foyer. Car cette mère violente et déséquilibrée, cet homme dont il sentait bien que le comportement n'était pas normal, c'était tout ce qu'il avait au monde. Et puis, tout simplement, il les aimait. Alors, il n'a rien dit. Surtout que sa mère ne sache rien, et qu'on le laisse tranquille à l'école !

Gontran est devenu tout doux, tout lisse, appliqué à ne pas se faire remarquer, obsédé par le souci de n'exister qu'à peine. Sa « combine » a marché plusieurs années. Nul ne s'est inquiété pour lui, même quand il devint obèse.

Un matin, sa mère les a surpris, lui et son beau-père, tandis que le petit administrait une fellation, et ce fut le drame. Il advint ce que Gontran redoutait. Police, justice, divorce, condamnation du beau-père, institution spécialisée.

Il a eu le sentiment d'avoir été puni alors qu'il n'avait jamais rien fait d'autre que ce qu'on lui demandait, et la situation s'est chargée pour lui d'une culpabilité insoutenable.

Il avait onze ans. Quand il ressortit de l'internat, à dix-huit ans, la vie sembla reprendre son cours. CAP d'électricien en poche, il trouva sans peine du travail. On appréciait sa rigueur et son humeur toujours égale, les employeurs se l'arrachaient et il gagnait bien sa vie.

À vingt-cinq ans il se maria, pour divorcer trois ans plus tard. Elle voulait un enfant, cette perspective le terrifiait. Il continua sa vie, solitaire, sans se plaindre du vide autour de lui, calmant des fantasmes sexuels étranges par de fréquentes masturbations.

C'est aux alentours de sa cinquantième année qu'il commit ses premiers passages à l'acte. C'est l'âge qu'avait son beau-père au moment où il l'avait violé.

Son mode opératoire était toujours le même. D'abord repérer un lieu isolé et tranquille. Une cave, un appentis, une cage d'escalier désaffectée. Rayonner ensuite tout autour le mercredi, ou à l'heure de la sortie des écoles. Repérer un petit garçon ou une petite fille de dix à douze ans, et seul. L'aborder, l'air ennuyé, avec un bon sourire.

Sous sa veste de velours marron et sa casquette, il ressemble à un gros nounours pataud et inoffensif. Les enfants n'en ont pas peur. Gontran leur parle gentiment, leur dit qu'il a besoin d'aide pour changer une ampoule dans un escalier, qu'il est trop petit, et qu'il n'y arrive pas. Les enfants acceptent souvent, sans méfiance. Ne leur a-t-on pas expliqué qu'il est bien de rendre service à un adulte en difficulté ? Et l'idée d'un adulte « trop petit » n'est-elle pas faite pour désarmer leur méfiance ?

Tu es trop petit... Ils entendent cela à longueur de journée ! On ne se méfie pas, quand on est enfant, de quelqu'un de « trop petit »...

Et puis, dans ce quartier bourgeois, bien fréquenté, les adultes ne sont-ils pas des personnes respectables auxquelles il y a lieu d'obéir ? Bien sûr, on leur a dit de se méfier, de ne pas suivre des gens qu'ils ne connaissent pas, mais comment ne pas faire confiance à ce gros bonhomme au bon sourire ?

Quand il est parvenu à convaincre sa petite victime de l'accompagner jusqu'à l'endroit qu'il a choisi, Gontran la prend dans ses bras, la soulève au-dessus de sa tête pour lui faire atteindre l'ampoule qu'il a lui-même détériorée, et, sous prétexte de la maintenir, se livre à des attouchements sexuels plus ou moins approfondis.

Gontran n'use jamais de violence ni de menaces. Jamais il n'impose aux petits la moindre activité sexuelle, ne les viole ni ne les maltraite. Il les « mate », les caresse, puis les dépose à terre, les remercie et leur donne une pièce de monnaie « pour la peine... », avant de les laisser partir.

Les enfants, sur le coup, ne sont ni choqués ni traumatisés. Ils ne comprennent pas bien et trouvent seulement un peu bizarre ce vieux bonhomme et ses lubies. C'est le soir, quand ils racontent la chose à leurs parents, que l'affaire prend les dimensions d'un cataclysme !

Quand la police a interpellé Gontran en flagrant délit, il avait eu le temps d'agresser sept petits enfants.

Il comprendra peut-être un jour, s'il peut en parler et trouve quelqu'un qui sache l'écouter, le véritable sens de ses passages à l'acte. Maladroit, incompétent, inadapté, il demande à un mauvais interlocuteur, d'une mauvaise manière, mais avec une obstination pathétique, réparation de ce qui lui a été fait : « Rétablissez le courant, je vous en prie. Un jour, la lumière s'est éteinte en moi. Il y a trop de ténèbres au fond de moi, et j'ai tellement peur. » La compulsion de répétition est bien présente dans le cas de Gontran, ainsi qu'un embryon d'identification à l'agresseur.

Sans doute l'institution spécialisée où il a été placé après le naufrage de sa famille a-t-elle fait un assez bon travail et lui a-t-elle permis d'échapper à une chute dans la grande perversion et la psychopathie. La dimension perverse est pourtant manifeste. Elle s'exerce à petit bruit, comme l'ensemble de l'existence de ce pauvre bonhomme.

Bien sûr, ces attentats à la pudeur sur les petits sont inacceptables, et il a dû en rendre compte à la justice qui l'a condamné sévèrement, mais jamais, au grand jamais, il n'a représenté pour ses victimes un danger vital ni ne leur a fait subir de violences à la mesure de ce que lui-même avait enduré. Nous sommes bien loin de la répétition symétrique dans le schéma « subi/infligé » dont il est si souvent question.

La branche nouvelle des sciences humaines baptisée *victimologie* ne vise aucunement une redistribution des responsabilités dans l'acte criminel. Elle se propose seulement, en analysant tous les paramètres du rapport meurtrier/victime, de contribuer à une meilleure compréhension de ce qui se déroule, afin d'assurer la protection des victimes potentielles ou réelles.

Comme toute discipline scientifique son approche se veut objective et dénuée d'affectivité, et c'est ce qui explique que des personnes impliquées dans une situation criminelle, à quelque titre que ce soit, peuvent parfois se sentir blessées dans leurs sentiments.

Il m'est souvent arrivé de recevoir de violents reproches de familles de victimes outrées de voir la vie privée d'un être cher mise à nu et parfois éclairée d'un jour peu flatteur, tant il est vrai que les gens ressemblent rarement à l'image que nous nous faisons d'eux, même quand nous pensons bien les connaître. Dans ces cas-là, la douleur tend à l'emporter sur la raison et il n'est pas rare d'entendre : « Vous oubliez que ma fille (mon fils, mon mari...) est victime et non coupable... Vous feriez mieux de rechercher l'assassin plutôt que de souiller sa mémoire... »

Il n'entre pourtant jamais dans les intentions d'un enquêteur digne de ce nom de dégrader l'image de quiconque. Il n'est ni journaliste de tabloïd ni pamphlétaire. Il laisse les jugements moraux aux magistrats, et il ne les envie pas d'avoir à les porter. Mais si la mise hors d'état de nuire d'un assassin doit passer par la révélation de zones d'ombre dans la personnalité ou le passé de la victime ou de ses proches, il commettrait une faute professionnelle grave en se laissant arrêter par des considérations d'orgueil ou de sensibilité froissés.

7

BONNES INTENTIONS...

La culpabilité n'est pas l'apanage des seuls auteurs ou victimes d'actes criminels ; il arrive parfois que ce sentiment fasse trébucher jusqu'aux enquêteurs les plus aguerris.

L'enfer, dit-on, est pavé de bonnes intentions, et de même, le Code de procédure pénale est souvent intraitable et ses dispositions si rigoureuses qu'elles en paraissent inhumaines. Et pourtant, toute notre expérience tend à prouver que les libertés que l'on prend avec lui entraînent souvent des catastrophes.

Pour un enquêteur, les sentiments personnels – et en particulier la culpabilité – sont des ennemis d'autant plus redoutables qu'ils obéissent à des valeurs positives, souvent inculquées dès l'enfance. Mais même avec les meilleures intentions du monde l'expérience montre qu'il est périlleux de transgresser la froide rigueur du Code de procédure pénale, dût-on faire abstraction de ses sentiments personnels.

Dans les années 70, tout jeune étudiant en psychologie, j'effectuais un stage dans un service de police d'une grande ville de France.

Ce jour-là, on allait procéder à l'interpellation d'un homme à la situation sociale très en vue, marié, « bon père de famille », irréprochable aux yeux de son entourage, mais sur qui pesaient des présomptions assez lourdes pour justifier un placement en garde à vue immédiat pour interrogatoire.

Une zone industrielle, une usine de composants électroniques où notre homme occupait des fonctions de directeur des ressources humaines.

Nous aurions préféré que cela se passe ailleurs que sur son lieu de travail, mais le juge d'instruction avait tardé à ordonner la perquisition et nous avions appris que le suspect devait s'envoler le soir même pour les États-Unis. Il n'était plus possible de différer son arrestation.

Dans un premier temps, l'opération se déroula sans encombre. Quand nous entrâmes dans son bureau, l'homme pâlit et baissa la tête. Il nous dit qu'il savait pourquoi nous étions là, qu'il nous attendait depuis longtemps et qu'il valait mieux que tout cela s'arrête. Il semblait si désemparé et abattu, que les enquêteurs en avaient presque pitié et qu'ils accédèrent à sa demande de quitter l'entreprise sans être menotté, comme l'exigeait la procédure.

En chemin, il demanda à faire un léger détour par son domicile afin d'emporter du linge et des affaires de toilette. Il avait toujours cet air pitoyable, et nul ne songea à lui passer « les bracelets » pour le conduire jusque chez lui.

Tragique erreur.

À quelques pas de la maison, notre prisonnier bouscula ses deux accompagnateurs et se rua vers la porte qu'il referma avant que nous soyons revenus de notre surprise.

Quelques secondes, puis un coup de feu. Il venait de se faire sauter la cervelle...

J'ai aussi le souvenir d'une nuit où une BAC[1] avait interpellé un jeune cambrioleur âgé d'à peine dix ans.

Faute de place et dans l'attente de l'arrivée de l'officier de police judiciaire chargé du service des mineurs, qui ne devait rejoindre son poste que le lendemain matin, on avait installé le petit dans l'une des cellules de garde à vue, local en attente de rénovation, froid, puant, humide, dégradé. L'enfant, sans doute d'origine roumaine, ne s'exprimait pas en français et semblait ne pas comprendre ce qu'on lui disait.

Les constatations avaient établi sans peine qu'un groupe d'adolescents ou de jeunes adultes, utilisant la petite taille du gamin, l'avaient introduit par le soupirail de la cave, dans un pavillon dont les occupants étaient absents, pour qu'il leur ouvre la porte de l'intérieur. Une voisine insomniaque avait appelé Police Secours, mais le manque de discrétion de l'arrivée des voitures avait permis à tout ce petit monde de s'égailler dans la nature, abandonnant le gamin à son sort.

En réalité, ils savaient très bien que le jeune âge de l'enfant ne l'exposait à aucune poursuite judiciaire sérieuse. Dans le pire des cas, il serait placé dans un foyer d'accueil de la DDASS dont il s'évaderait dès le lendemain de son arrivée.

En attendant, le gosse était là, cheveux noirs en aile de corbeau ramenés sur le nez, tête basse, reniflant, frigorifié, sale, fringué comme l'as de pique, son air misérable accentué par son mutisme.

Très vite, les policiers, qui pourtant en avaient vu d'autres, s'étaient sentis mal à l'aise. Je les revois encore passant et repassant devant la « cage », grognons, baissant les yeux.

– C'est y pas malheureux ! a fini par dire l'un d'eux.

1. BAC : Brigade Anti-Criminalité. Unité opérant de jour comme de nuit en véhicules banalisés, chargée de la surveillance d'un quartier ou d'une agglomération, et opérant la plupart du temps en procédure de flagrant délit.

On n'est pas faits pour ça... Un gosse de cet âge, ça devrait pas être là !

– Il a l'âge de mon fils, a murmuré un autre, furieux, en allumant son clope.

Il était 2 heures du matin. Un troisième flic est sorti, a frappé aux volets du boulanger voisin et est revenu avec trois croissants que le petit a dévorés.

– D'après vous, il vient d'où, ce môme ? a demandé le brigadier commandant la BAC.

– Sans doute du camp de B... Un groupe de manouches s'y est installé il y a trois jours ; on a déjà eu pas mal de plaintes dans ce secteur.

Le brigadier a réfléchi un instant, puis il a pris une décision qui a laissé ses subordonnés sans réaction.

– Bon... ben... on va pas le garder là toute la nuit... Faut faire quelque chose !

Il s'est approché de la cellule et il a demandé au gamin s'il venait bien du camp de B... et s'il saurait leur montrer la caravane de ses parents. L'autre a fait un vague signe de tête qui pouvait passer pour un assentiment.

– Bon, on le ramène. On convoquera les parents demain.

Deux voitures sont aussitôt parties pour B... et se sont arrêtées devant un groupe de mobil-homes.

Dès que la portière a été ouverte, le gamin a filé comme une flèche, poussant un coup de sifflet strident. Aussitôt, des ombres ont surgi de l'obscurité et une grêle de pierres s'est abattue sur les véhicules et leurs occupants. Un véritable traquenard, organisé on ne sait comment.

Le temps que les collègues, alertés par radio, arrivent en renfort, les dégâts étaient faits. Bilan : deux véhicules incendiés et trois policiers à l'hôpital.

Le strict respect des règles de sécurité peut sembler avoir parfois un caractère inhumain, et l'on aimerait que la façon dont sont traitées les personnes appréhendées soit moins rigoureuse. Mais, d'autre part, l'expérience prouve que, chaque fois que pour des raisons touchant à leur sensibilité, les policiers enfreignent les dispositions prévues, ils font courir un réel danger au prévenu lui-même, quand ce n'est pas à leurs collègues.

Il est un principe auquel nul ne peut déroger : lorsqu'une personne est gardée à vue ou retenue à l'intérieur d'un local de police, sa sécurité physique et morale est placée sous la responsabilité des forces de l'ordre.

Il fut un temps où chaque policier était tenu de porter sur lui un petit carton sur lequel étaient inscrits quelques articles du Code de déontologie de la Police nationale[1]. Parmi ceux-ci, l'article 10 :

« *Toute personne appréhendée est placée sous la responsabilité et la protection de la police ; elle ne doit subir de la part des fonctionnaires de police ou de tiers aucune violence ni aucun traitement inhumain ou dégradant.*

« *Le fonctionnaire de police qui serait témoin d'agissements prohibés par le présent article engage sa responsabilité disciplinaire s'il n'entreprend rien pour les faire cesser ou néglige de les porter à la connaissance de l'autorité compétente.*

« *Le fonctionnaire de police ayant la garde d'une personne dont l'état nécessite des soins spéciaux doit faire appel au personnel médical et, le cas échéant*, prendre des mesures pour protéger la vie et la santé de cette personne[2]. »

Ce postulat a été réaffirmé avec éclat il y a quelques années, lorsqu'un jeune homme est décédé dans sa cellule, les policiers ayant négligé de lui administrer les médicaments que son état de santé exigeait. Les fonctionnaires ont été conduits devant les tribunaux et des sanctions ont été prises.

---

1. Le Code de déontologie de la Police nationale a été édicté par le décret n° 86-592 du 18 mars 1986, Pierre Joxe étant ministre de l'Intérieur. Il a été relativement mal accepté par certains policiers militant au sein d'organisations syndicales proches de l'opposition législative de l'époque et dans des mouvements d'extrême-droite. L'obligation qui était faite à tout fonctionnaire en service de le porter sur lui est actuellement tombée en désuétude. On peut le regretter.

2. Je souligne intentionnellement.

8

LE CRIME « CRAPULEUX »

ou Un train peut en cacher un autre

Le « crime crapuleux » est le plus banal et le plus répandu. C'est aussi celui qui fait couler le moins d'encre et laisse le moins de place à l'activité fantasmatique. Il fige les rôles, les caricature, et permet à la société de faire l'économie de beaucoup de questions. Quoi de plus banal que de faire la peau à un richard pour s'approprier son oseille ?

Les choses sont pourtant moins simples qu'il n'y paraît et on regroupe un peu trop facilement sous le terme de « crime crapuleux » un ensemble de situations disparates et complexes. Forme de crime qui associe une agression contre la personne et une atteinte aux biens, il laisse en réalité place à l'expression de projections psychologiques aussi diverses que l'est la composition sociologique de la société.

Le crime dit crapuleux constitue la plus grande partie des affaires d'homicides dont les services de police et de gendarmerie ont à connaître. C'est aussi celui dont les auteurs sont le plus souvent démasqués. Il peut être l'œuvre d'un ou de plusieurs criminels agissant avec le même objectif : se procurer par la violence une quantité plus ou moins importante de biens matériels. Ce type de comportement jalonne notre histoire collective depuis des millénaires et n'a guère changé de scénario.

Les mobiles, par contre, sont simples ou complexes. Ils peuvent être liés à la nécessité : la faim, le froid, la soif, ou simplement à l'appât du gain. Un individu à bout de ressources peut très bien en arriver à tuer pour s'emparer du quignon de pain ou de la bouteille d'eau qui assurera sa survie. Arrivés à une certaine extrémité, les hommes sont capables de transgresser les tabous les mieux ancrés en eux par leur éducation ou la civilisation.

On pourrait croire que, dans notre civilisation où règne une relative abondance, et d'où la famine a été bannie, ce genre de mobile est de moins en moins fréquent, mais, il y a peu de temps, a comparu devant le tribunal correctionnel de Poitiers une mère de famille accusée d'avoir dérobé des denrées alimentaires pour assurer la subsistance de ses enfants. La justice, prenant en considération son état de nécessité, a rendu un verdict de grande clémence – mais il est vrai que cette femme n'était pas allée jusqu'au meurtre.

La gamme des crimes « crapuleux » s'étend du braquage sanglant de transports de fonds où les criminels n'hésitent pas à tuer les convoyeurs et à ouvrir le feu sur les forces de l'ordre, blessant sans aucun scrupule des passants, jusqu'à l'élimination pure et simple de l'oncle à héritage.

Dans le premier cas, la motivation de l'acte en lui-même est simple. Les auteurs, « clients » du grand banditisme, ont souvent et depuis longtemps organisé leur vie autour de la marginalité et du mépris permanent des lois. Ce sont des « pros » pour qui l'arrestation et l'emprisonnement sont une sorte d'accident du travail. Sans aller jusqu'à affirmer que le meurtre est pour eux une activité routinière, on constatera néanmoins qu'ils parviennent à installer, entre eux et leurs actes, une barrière de refoulement et de mise à distance affective d'une grande efficacité, et qui semble renvoyer à un conditionnement social profond.

Dans certaines communautés marginalisées, il s'agit même, pour ainsi dire, d'une tradition familiale. Les parents vivent de cette façon et inculquent à leurs enfants l'idée selon laquelle il n'y aurait d'autre manière de « s'intégrer » à la société que sur le mode du parasitage, fût-il sanglant. Les amener à repenser leurs rapports à leurs semblables est chose ardue et, jusqu'à présent, la société n'a su leur apporter qu'une réponse coercitive d'une relative inefficacité, tant dans la forme que dans le fond.

Ce cas de figure, classique, ne pose pas donc de véritable problème en matière de compréhension des *phénomènes criminels*. Sur le plan psychologique, en revanche, lorsque se pose la question du sujet et de sa place dans un ordre cohérent, les choses se compliquent. Certes, la carapace n'est pas facile à transpercer, mais quand on y parvient, on découvre souvent dessous une misère affective et relationnelle réelle, liée à une très faible estime de soi, et derrière les rodomontades superficielles et romantiques, on rencontre des ratés de l'existence, incapables de fonctionner sur un autre registre que celui de l'infantilisme et de l'ensemble de comportements primaires qui l'accompagnent. Un charisme de pacotille et une rhétorique vide leur permettent de camper des personnages stéréotypés, mi-Robin des Bois mi-Cartouche. Ils finissent peu à peu par y croire (voir la logorrhée mégalomaniaque d'un Mesrine) et attirent à eux des personnalités aussi peu assurées et aussi fragiles qu'eux-mêmes, sur lesquelles ils exercent une domination matérielle, psychologique et souvent sexuelle.

Nous trouvons ce type de fonctionnement, poussé à l'extrême, dans cette forme sans doute la plus sophistiquée du crime crapuleux que sont les organisations mafieuses de la « criminalité organisée ». Il est, en effet, remarquable qu'en dehors de leur vie en groupe constitué, les mythiques « grands truands » ou autres « parrains » se révèlent presque toujours des personnalités sans grande envergure ni capacité d'adaptation. Dans le cas, exceptionnel, où l'on rencontre des personnalités d'un certain niveau intellectuel et culturel, il s'agit alors de personnages redoutables, structurés sur un mode pervers et doués de capacités d'adaptation hors du commun. L'un des plus connus est le fameux Eugène-François Vidocq, qui, au XIXe siècle, est passé du statut de bagnard et de truand de haut vol à celui de... chef d'une unité de police secrète !

Pour ceux-là, le « grand banditisme » n'est souvent qu'un passage, et on les retrouve assez vite reconvertis, mais toujours à la marge, dans des activités « honorables » (commerce, finance, politique) où ils réussissent en général très bien.

Toutefois, le crime crapuleux attire peu les grands pervers psychopathes : ceux-là recherchent des bénéfices psychologiques complexes dans lesquels les particularités de leur personnalité peuvent s'exprimer avec moins de limites. Parfois, cependant, l'acte dit « crapuleux » peut servir de toile de fond à l'expression d'une pathologie plus complexe qu'il n'y paraît à première lecture.

Ainsi, le célèbre docteur Petiot [1], assassin multirécidiviste sévissant durant la Seconde Guerre mondiale, avait pour objectif principal de s'emparer des biens de ses nombreuses victimes. Mais il s'agissait aussi de satisfaire ses pulsions perverses – dans ce cas, le voyeurisme. Il observait la lente agonie des malheureux à travers un œilleton pratiqué dans la porte derrière laquelle ils étaient enfermés.

Nous sommes là en présence d'un de ces « tueurs mixtes » qui, de Landru [2] à Sedrati [3], jalonnent notre histoire

1. Durant la dernière guerre Marcel Petiot, médecin français, attirait chez lui des juifs fuyant les persécutions nazies, en leur faisant miroiter une fuite vers un pays plus sûr. Il les tuait et les dépouillait de leurs biens.

2. Henri-Désiré Landru. Criminel français du début du XXe siècle qui brûlait le cadavre de ses victimes dans la cuisinière de sa maison de Gambais, dans les Yvelines.

3. Nadir Sedrati. Assassin multirécidiviste contemporain, jugé et condamné à la réclusion criminelle à perpétuité par la Cour d'assises de Nancy en 2002.

criminelle. Ni tueurs « ordinaires » ni *serial killers*, ils présentent un tableau clinique atypique, rétif à toute réduction catégorielle et nécessitant une analyse approfondie au cas par cas.

Les capacités de survie parfois étonnantes des membres de ce que l'on appelle « le grand banditisme », cette douteuse aristocratie du crime crapuleux, proviennent d'une excellente connaissance du milieu, de ses règles tacites, ainsi que de qualités de ruse et d'opportunisme.

Pour les policiers, ce sont des adversaires bien connus et bien repérés. Ils s'affrontent depuis qu'il existe une police chargée de protéger les personnes et les biens et des malfaiteurs qui poursuivent un objectif opposé. Il s'agit d'une interminable partie de « gendarme et voleur » où c'est tantôt l'un, tantôt l'autre qui gagne. Les policiers s'y reconnaissent sans peine et cultivent une certaine familiarité (je ne veux pas dire de complicité ni de connivence) avec ces truands dont le mode de fonctionnement et de pensée leur est familier. Entre eux, ils les appellent les « beaux mecs » ou les « pointures », savent ce qu'ils peuvent en attendre et les limites qu'ils ne dépasseront pas.

Une autre catégorie de malfrats les inquiète bien davantage : les criminels naviguant autour du trafic de stupéfiants.

Beaucoup plus jeunes que les précédents, moins installés dans la société, ils sont porteurs d'une violence à fleur de peau et d'une agressivité qu'ils contrôlent d'autant plus mal que leurs objectifs se limitent à une jouissance immédiate d'un maximum de plaisirs simples et violents. De l'argent. Pour des voitures, des fringues, de l'alcool, des filles, du prestige dans leur communauté, la sensation grisante du pouvoir. Ici pas question d'embourgeoisement, de position sociale ni de stratégie destinée à obtenir pignon sur rue. Peu de projection dans l'avenir, ni de conscience précise des conséquences de leurs actes pour eux-mêmes et leurs victimes. Narcissisme et manque d'empathie paraissent leur lot. L'immédiateté du plaisir aussi.

Semblables aux petits enfants, ils ont une tolérance très faible à la frustration, et éprouvent de grandes difficultés à différer la satisfaction de leurs désirs. Prédateurs par principe, ils ne situent pas leurs actes dans une logique bien définie. Leur « morale », qui n'est rien d'autre qu'un habillage de leur arbitraire, est censée leur tenir lieu de loi, sans aucune référence à un fonctionnement collectif. Ils appellent cela « la mentale ».

Établissant leur pouvoir sur un territoire qu'ils « sanctuarisent », ils s'estiment seuls habilités à en autoriser l'accès et à y faire régner un ensemble de principes évolutifs qu'ils appellent leur « loi ». Le meurtre est pour eux à la fois moyen d'asseoir leur pouvoir en éliminant de potentiels rivaux, mais aussi de se procurer le contrôle du domaine (drogue, trafic de voitures, racket, prostitution, braquages ou autres) où ils sévissent. Ce sont, en quelque sorte, des « multicartes » du crime, experts à utiliser toutes les ressources d'une guérilla urbaine dont ils maîtrisent à la perfection les techniques.

Dans le monde où ils évoluent, le crime de sang peut prendre une dimension d'épreuve initiatique, de même que l'expérience de l'emprisonnement. Le passage à l'acte homicide serait ici vécu comme un moyen d'accès à un surcroît de considération et de prestige au sein du groupe, surtout si la victime est un policier, un gendarme ou un membre de l'administration. Cette épreuve de type rituel est aussi un moyen de s'assurer de la loyauté d'un nouveau membre de la « tribu ». Sorte de seuil, de point de non-retour, le meurtre confère à son auteur une place particulière dans la communauté.

On reconnaît là une certaine analogie avec la pratique des viols en réunion (les célèbres « tournantes ») pratiqués par certaines bandes d'adolescents où l'acte sexuel violent, exercé en public, s'apparente à un « dépucelage » tout autant psychologique que physique.

Cette perte de virginité, symbolisée dans les deux cas par le sang versé, inscrit l'individu dans un système de valeurs différentes, où le crime crapuleux avalise l'appartenance à une communauté marginalisée et procure à son auteur une gloire frelatée et souvent éphémère.

9

FEMMES-MEURTRIÈRES

Le meurtre ou l'assassinat, lorsqu'il est commis par une femme, revêt presque toujours une dimension scandaleuse. Il a un parfum de soufre, de sexe, de drame ayant longtemps couvé sous la cendre avant d'exploser dans un paroxysme de violence refoulée.

Les femmes ne seraient-elles pas « programmées » pour devenir criminelles, et cette douteuse compétence ne serait-elle réservée qu'aux hommes ? Toujours est-il que la répression sociale s'abat sur elles avec une violence extrême, souvent supérieure à celle subie par leurs congénères masculins.

Est-ce pour cette raison que leur nombre est infime dans le décompte général ? Ou bien, la violence qu'elles expriment est-elle si effroyable qu'elles sont peu nombreuses à être capables de transgresser un tel tabou ?

Femmes-meurtrières. Le trait d'union entre ces deux mots est intentionnel. Dans la muraille impressionnante de l'ordre social bâti par et pour les hommes, elles représentent une faille où s'exprime toute leur révolte face à la violence qui leur est faite, et peut-être aussi leurs désirs non entendus.

Le nom « assassin » n'a pas de forme féminine. Il ne s'emploie sous ce genre que comme adjectif et plutôt avec une connotation plaisante. (« Une œillade assassine... »).

Il est vrai qu'on dit « une meurtrière », et que, là, rien ne vient en atténuer la portée criminelle.

Une meurtrière ?

Imaginons une muraille, lisse, imposante, sans faille. Formidable défense d'une forteresse imprenable, œuvre de robustes bâtisseurs, servie par de farouches soldats bardés de fer...

Et, parsemant l'édifice, si menues et discrètes qu'on les remarque à peine, de minuscules fissures, d'étroites ouvertures, blessures profondes au cœur des blocs de pierres : les meurtrières. Terribles pièges pour l'ennemi imprudent, anodines par leurs faibles dimensions au regard de l'énorme masse de la forteresse, elles sont autant de bouches venimeuses, presque impossibles à museler, et par lesquelles vont surgir toute la violence et la capacité de destruction tapies au plus profond de la citadelle...

Ainsi sont les femmes-meurtrières.

Peu nombreuses au regard des meurtriers (à peine 10 %), elles n'en ouvrent pas moins dans l'édifice social des brèches redoutables qui marquent de façon durable et profonde la mémoire et la conscience collectives.

Leurs actes ne sont ni plus ni moins horribles que ceux de leurs homologues masculins ; pourtant, l'analyse laisse entrevoir quelques aspects troublants.

Le passage à l'acte meurtrier se produit, chez les femmes, de façon différente.

Rares sont celles qui tuent de façon compulsive, sous le coup d'une émotion irraisonnée ou sous l'emprise de l'alcool. Dans ce cas-là, elles se suicident plutôt, retournant leur violence contre elles-mêmes, s'identifiant ainsi à l'agresseur. Acquiesçant, en somme, à la violence qui leur est faite.

Les crimes féminins sont beaucoup plus souvent commis avec préméditation ou se produisent à l'issue d'une lente maturation.

Plus longues à transgresser le tabou, elles se montrent aussi plus déterminées dans la réalisation de l'action de tuer. Lorsqu'il leur arrive – rarement – d'entrer dans la spirale des actes de barbarie, des sévices ou des tortures, elles ne connaissent aucune limite et peuvent se livrer à des pratiques effroyables. Cependant, elles sont peu nombreuses à assumer la dimension « corporelle » de leurs actes. Elles sont rarement capables de procéder au démembrement de leur victime ou d'agir sur le cadavre, – à l'exception notable de celui de leurs propres enfants. Lorsqu'elles sont amenées à le faire, c'est la plupart du temps sous influence et dans un processus de décision qui n'est pas le leur – ou alors, on trouve chez elles des traits psychopathiques avérés.

On peut aussi avancer – et c'est là une idée qui m'est chère – qu'une des raisons de la différence dans les comportements criminels entre hommes et femmes tient à un rapport à la vie autre.

Pour une femme, le « don », ou plutôt la transmission de la vie, est une expérience de longue durée. Elle se déroule sur plusieurs mois, en une lente maturation tout autant psychologique que physique. Durant tout ce temps, son corps va jouer un rôle de premier plan et vivre une aventure inaccessible à son compagnon, quel que soit le désir de celui-ci. La naissance de l'enfant elle-même constitue une expérience parfois traumatisante et douloureuse où le jeu de la vie et de la mort se joue sur un coup de dé. Le rapport entre la mère et le nouveau-né est une relation d'une totale singularité qui restera inconnue, intraduisible et intransmissible à un tiers.

Pour l'homme, au contraire, la transmission de l'existence est un geste isolé, semblable à bien d'autres et sans conséquence pour lui au plan physique. Son corps ne se modifiera pas, rien ne se développera dans ses entrailles et jamais il ne connaîtra l'expérience d'une nouvelle vie, distincte de lui, habitant son enveloppe corporelle. L'homme peut ignorer qu'il est père ; un nombre important de ses enfants peut parsemer la planète sans qu'il en sache rien.

La femme peut refuser sa maternité par l'avortement spontané ou provoqué, la masquer ou la dissimuler ; en aucun cas, son corps ne peut n'en rien connaître. Ni le rôle que la société leur assigne, ni la façon dont des générations et des générations ont façonné leur psychologie, ne préparent donc les femmes à ôter la vie, et il est normal que cet acte soit porteur, au niveau de l'inconscient, d'une signification sans commune mesure avec celle du même meurtre commis par un homme.

Le psychanalyste anglais Donald Winnicott dans son ouvrage *De la pédiatrie à la psychanalyse* dégage le processus autour duquel se structure la relation mère/enfant lors des premières années de la vie. « Cet objet, que nous appelons le nourrisson, n'existe pas, concluait-il. Il n'existe que des soins maternels. » La phrase, à l'époque (1969), fit scandale, mais Françoise Dolto, de son côté, n'écrivait-elle pas : « C'est la mère qui fait l'enfant... mais c'est aussi l'enfant qui la "fait" mère... »

Winnicott, dans son essai, propose les concepts de *holding, handling* et *object presenting*. Par la façon dont elle va tenir, porter l'enfant (*holding*), la mère va lui donner le sentiment de sécurité. Dans l'expérience de son odeur corporelle, de sa chaleur, mais aussi, lorsqu'elle le nourrit ou le nettoie, elle lui offrira le spectacle de son visage et des émotions qu'il pourra y lire dans une intimité qui n'a pas d'équivalent.

Le *handling*, c'est-à-dire la manière dont l'enfant est manipulé, lui donnera l'expérience de la caresse ou de la souffrance, de la sécurité ou de la peur.

Enfin, l'*object presenting*, la manière dont le sein ou ce qui en tient lieu lui sera proposé, lui fera vivre les premières situations relationnelles fondamentales, notamment celle de la possibilité d'accepter ou de refuser, définissant un « bon » et un « mauvais » sein, avec toutes les répercussions sur les émotions de sa mère et sur les sentiments qu'elle peut manifester.

Lors d'une consultation dans un service de pédiatrie, nous avons été alertés par une perte de poids alarmante chez un enfant, un petit garçon que rien ne prédisposait à une telle détresse.

L'enfant passait un temps excessif au sein de sa mère, mais refusait de se nourrir. Chacune de ces séances dégénérait en une sorte de tragédie. La mère refusait avec obstination d'alimenter son bébé (son premier-né) autrement qu'au sein et se désespérait de l'inanité de ses efforts. Il fallut beaucoup de patience au pédiatre et à l'équipe soignante pour qu'elle parvienne à exprimer sa réelle difficulté.

Fille unique d'une mère rigide et autoritaire enfermée dans le deuil pathologique de son mari décédé trente ans auparavant, elle avait reçu un message catégorique et non négociable : « Une bonne mère allaite ses enfants au sein. Je l'ai fait pour toi, tu le feras pour les tiens. »

Alors, « bonne » petite fille, mal aidée par un mari se désintéressant du problème, elle s'efforçait de répondre du mieux possible à l'injonction maternelle, et donnait, sans désemparer, le sein à son enfant.

Les choses se sont compliquées lorsque, comme cela se produit parfois, elle souffrit de crevasses autour des mamelons. Affolée à l'idée que, si la chose venait à se savoir, on lui interdirait d'obéir à sa propre mère (et que, par là même, on la désignerait comme « mauvaise mère ») elle serra les dents et continua cet allaitement qui ressembla bientôt à des séances de torture.

C'est le bébé lui-même qui réagit et qui fit en sorte que cette aberration se termine en refusant de s'alimenter.

Pourquoi fit-il cela ? La raison en est simple et s'appelle « réponse à une injonction paradoxale ». Ce tout-petit recevait de sa mère deux messages simultanés, mais si contradictoires qu'il lui était impossible d'y répondre de façon satisfaisante.

D'un côté, elle lui disait : « Tiens, prends dans tes lèvres mon sein que je te présente (*object presenting*) et tu combleras mon désir (qui est en fait celui de ma propre mère, mais je n'en suis pas consciente) et tu feras de moi une bonne mère, et je t'aimerai encore plus ! »

Et dans le même temps : « Non, surtout ne prends pas le mamelon de mon sein dans tes horribles gencives qui me torturent... Tu me fais trop mal... je te déteste ! »

Ses gestes offraient au bébé de l'amour tout pur sous forme de nourriture, alors que les grimaces de douleur sur son visage et le raidissement de tout son corps pour résister à la souffrance (*handling* et *holding*) manifestaient un rejet d'une extrême violence.

Devant ce que les psychosociologues appellent *double bind* ou « double lien », le bébé se trouvait dans l'incapacité de trouver une attitude adaptée et se laissait mourir, rendant sa mère folle d'angoisse et donc de moins en moins capable de gérer cette situation.

Sans doute s'agit-il là d'une situation extrême, à la limite du pathologique, mais les pédiatres et pédopsychiatres savent bien qu'il n'y a guère de relation plus passionnelle que celle qui unit une mère et son bébé, même si, par bonheur, elle ne revêt pas souvent une dimension aussi douloureuse.

Mais, dira-t-on, toutes les meurtrières n'ont pas vécu l'expérience de la maternité. On rencontre de plus en plus souvent des personnes très jeunes, à peine sorties de l'adolescence et dérivant vers des comportements criminels.

C'est vrai, mais je pense que tout n'est pas réductible à l'expérience immédiate et concrète.

Dès leur plus jeune âge, les petites filles reçoivent des messages centrés sur la conservation, le soin, la nutrition et la maternité, qui seront leurs fonctions dans la société.

Les garçons, eux, sont orientés très vite vers la construction, la conquête, la domination, le combat ou la destruction.

Prenez une heure de votre temps pour visiter les rayons « jouets » d'un grand magasin et comparez les objets proposés aux filles et aux garçons (jusque dans les jeux vidéo des consoles Nintendo).

Faites de même au rayon vêtements.

Ceux des filles s'ouvrent vers le bas, laissant un passage symbolique à la fécondation et l'enfantement. Ceux des garçons, fermés et resserrés, ne laissent qu'une étroite ouverture (une meurtrière ?) par laquelle l'organe fécondant sera accessible avant d'être protégé dans son abri.

Quant aux « héroïnes » auxquelles les médias proposent aux filles de s'identifier, on remarque très vite qu'elles représentent, pour la plupart d'entre elles, un modèle de maternité sublime, ou alors, gagnent leurs « galons » au prix d'un abandon de leur féminité au profit de capacités masculines. Femmes flics, elles seront plus flics que les flics ; militaires, plus courageuses et résistantes que leurs collègues masculins, etc.

Tous ces messages précoces, toutes ces injonctions fondamentales, ces modèles proposés, inscrivent de façon très précoce la femme dans une représentation du monde, où la transmission et la conservation de la vie occupent une place centrale.

La différence de dosages hormonaux (plus faible quantité de testostérone chez la femme, et donc moindre agressivité), thèse actuellement la plus répandue, doit être prise en compte, mais n'épuise pas la profondeur de cette diversité de comportement et de sensibilité.

Dans le cas de l'homme, le crime serait revêtu d'une dimension sociale, psychologique et relationnelle et on s'en tiendrait là, bien que tout me pousse à penser qu'un acte criminel, quel qu'il soit, comporte toujours une dimension psychotique importante. Dans le geste meurtrier de la femme, il sera inévitablement question de tripes et de merde, et ce lien, grandiose et trivial à la fois, lui assigne un rapport à la vie et à la mort différent.

Pour elles peu ou pas d'armes blanches ! Sans doute leur est-il pénible de se tenir trop près de leur victime et ont-elles du mal à effectuer un acte de pénétration meurtrier. Une approche psychanalytique superficielle établirait un rapprochement avec le symbole sexuel du couteau et de la pénétration pour en fournir l'explication. Mais peut-être s'agit-il simplement d'une question de force physique. Tuer à l'arme blanche expose au danger de riposte de la part de la victime, et le rapport de force n'est pas toujours en faveur de la meurtrière. Aussi les femmes utiliseront-elles de préférence l'arme à feu, le poison, l'automobile ou un objet contondant asséné par surprise.

Quand il s'agit des enfants, elles les étouffent, les secouent, les laissent choir, les abandonnent ou les noient.

Quelquefois, cependant, elles utilisent une lame pour tuer. Les blessures qu'elles infligent alors sont plus des lacérations que des perforations. Le rasoir est, dans ce cas, l'instrument le plus utilisé, surtout dans des affrontements entre femmes. Elles visent d'abord le visage, puis les seins, et enfin le ventre de leurs victimes.

Meurtres dans le miroir s'il en est, qui cherchent d'abord à atteindre l'image de l'autre, puis la seconde composante essentielle de son identité : la fonction de maternité.

La presse à grand tirage a distingué trois sortes de « tueuses », et leur a accolé des dénominations évocatrices. On parle des « veuves noires », des « infirmières (ou anges) de la mort » ou des « faiseuses d'anges ».

Ces trois catégories concernent des meurtrières à victimes multiples, qu'elles soient tueurs systémiques (*serial killers*), ou simples multirécidivistes, mais une telle classification paraît bien hasardeuse, et toutes n'entrent pas dans ces catégories, loin de là.

10

LES « VEUVES NOIRES »

Celles qui tuent leurs hommes

C'est une vieille histoire qui commence avec Dalila et les cheveux de Samson, Salomé et la tête de Jean-Baptiste, et qui n'a jamais cessé depuis.

C'est un drame ou une tragédie banale dont notre société ne s'émeut pas, à moins que le meurtre ne se pare de circonstances insolites comme dans le cas de l'Américaine Lorena Bobitt, qui est allée au centre de son problème en émasculant son mari.

Peu nombreuses sont les femmes qui agissent pour des raisons de haine ou de cupidité pure. La plupart du temps, nous sommes en présence d'une réaction à une violence subie – parfois à la limite de la légitime défense.

Tuer leur mari, leur père ou leur amant peut être pour elles un acte porteur d'une libération fondamentale ; le plus souvent, c'est une terrible tentative pour émerger du fond du désespoir.

S'y associe généralement l'image immonde de l'araignée cruelle tissant sa toile dans laquelle l'innocente victime viendra, naïvement se laisser piéger. Comme la mygale ou la tarentule, la femme tue par le poison après avoir englué sa proie dans les rets de ses maléfices (sexuels, bien entendu !).

Fantasme masculin typique, celui-ci résume à merveille la crainte immémoriale de la sexualité féminine, cet étrange « continent noir » selon la dénomination freudienne. Femmes-amour, femmes-mort... Éternel ballet d'Éros et Thanatos, mystère des pulsions et de leur destin.

Elles ont toutes laissé une trace indélébile, celles qui ont transgressé le tabou majeur qui structure nos sociétés : le primat intangible du pouvoir phallique. Et elles ont payé leur crime aussi cher que les hommes, sinon plus.

Parfois, on les magnifie avant de les immoler.

Judith, farouche héroïne juive, brandira bien haut la tête du général assyrien Holopherne, sauvant ainsi son peuple, avant d'être exécutée.

Salomé obtiendra, au bout de sa « danse des sept voiles », le chef de Jean-Baptiste, souillant à jamais la mémoire d'Hérode.

La Romaine Locuste empoisonnera l'empereur Claude, puis Britannicus... Charlotte Corday, meurtrière de Marat en 1792, sera un moment l'idole de tous ceux que la Révolution terrifiait, avant de placer son cou dans la lunette de la guillotine.

Plus près de nous, en 1918, Fanny Kaplan tire sur Lénine et le blesse. Un peu plus tard, en 1926, Albina Gibson fait feu sur Mussolini. Toutes deux furent exécutées.

Henriette Caillaux qui, en 1914, assassina le directeur du *Figaro*, Léon Calmette, suite à une violente campagne de presse contre son mari, eut plus de chance : elle fut acquittée.

Marguerite Fahmy qui, victime d'innommables sévices sexuels, tua à Londres en 1923 son mari le prince Kamel

Bey bénéficia d'une décision de justice identique. Et bien d'autres...

Sombres héroïnes, adulées ou honnies, elles ne sauraient dissimuler la cohorte de celles qui, pour des raisons plus ou moins faciles à comprendre, se transformèrent un jour en meurtrières de celui ou de ceux qu'elles avaient, peut-être, aimés.

Parmi leurs motivations les plus apparentes, on trouve parfois la pure et simple cupidité. Meurtres lamentables d'un conjoint dont on convoite les biens, avant de jeter son dévolu sur un autre auquel on fera subir le même sort, jusqu'à ce que la justice vienne interrompre la spirale (Simone Weber à Nancy, Louise Vermimeya à Chicago, en 1910, ou Louise Peete en 1947).

Il peut aussi s'agir de « conflits de territoire » : élimination de l'époux ou de l'amant volage, ou de la rivale.

Mais le crime s'inscrit souvent dans une tragédie beaucoup plus complexe, dont les ressorts plongent au plus profond de l'inconscient des protagonistes. Que ce soit pour le crime de Christine et de Léa Papin en 1933 ou celui de Violette Nozières, la même année, aucune explication superficielle n'est satisfaisante.

Folles, débiles ou dépravées, a-t-on dit de ces femmes. En effet comment comprendre, avec la seule raison comme outil, qu'on puisse ainsi « mordre la main qui vous nourrit » ? Et comment accepter, dans une société bourgeoise et puritaine, que deux êtres, à bout de solitude, aient recherché dans une relation sexuelle, même incestueuse, un peu de chaleur et d'affection ? Ou qu'une femme éprise de liberté ait poussé jusqu'au parricide sa volonté de vivre ?

Avec le temps, il est plus aisé d'y voit clair. Jean Genet, Claude Chabrol et d'autres nous y ont aidés, entrecroisant les lectures, allant de l'analyse psychologique à la prise en compte de la dimension politique de l'acte.

Certains crimes commis par des femmes dérogent cependant à la règle commune.

C'est le cas de celles qui tuent en couple pour des motifs crapuleux ou sociopathiques. Le plus connu est celui de Bonny Parker et de Clyde Barrow, ce couple de gangsters mythiques abattu par la police en 1934 dans la petite ville d'Arcadia en Louisiane. Mais il existe plusieurs exemples de meurtres commis par ceux que les journaux s'empressent d'appeler « amants diaboliques », tels Martha Beck et Raymond Fernandez, les fameux « tueurs de la lune de miel » exécutés aux États-Unis en 1951 pour le meurtre d'une vingtaine de personnes. Plus récemment, à Paris, la jeune Valéric Subra opérait avec deux complices afin de détrousser et mettre à mort des hommes pour qui sa jeunesse et sa beauté constituaient un appât irrésistible.

Même si, dans l'acte lui-même, la violence et la cruauté des femmes n'ont rien à envier à celles des hommes, et parfois les surpassent, il est rare qu'elles soient à l'origine des comportements déviants ayant conduit au crime. On les trouve plutôt en situation de complicité, puis de co-auteur, et dans ces cas-là, leur soumission à leur homme est telle que leur comportement bascule dans un excès destiné à prouver l'ardeur de leur passion, même si, au fond d'elles-mêmes, elles ont conscience d'être entraînées vers une issue désastreuse.

Nous verrons que certaines attitudes perverses peuvent avoir une influence non négligeable dans un passage à l'acte criminel, mais il est exceptionnel qu'elles en soient la cause unique.

Plus rares encore sont les authentiques psychopathes, telle la comtesse Báthory, se livrant au crime dans ces « orgies narcissiques » dont parle le psychiatre et expert auprès des tribunaux Daniel Zagury – et nous sommes alors en plein dans l'univers des psychotiques. Peu nombreuses, elles agissent en solitaire ou en couple homosexuel, et tout se passe comme si la psychose effaçait alors la différence des sexes. Leur comportement criminel se différencie très peu, dans ce cas, de leurs « collègues » masculins. Et, bien sûr, on trouve parmi elles une certaine quantité d'authentiques malades mentales devenues meurtrières du fond de leur démence, telle Winnie Ruth Judd, dite « la tigresse de velours », meurtrière de deux de ses amies dont elle dépeça les cadavres, les enfermant dans une malle et tentant de s'enfuir en emportant avec elle son hideux bagage.

Quand des femmes tuent des hommes, la dimension œdipienne est souvent présente, et on y rencontre de fréquentes compulsions répétitives.

Martine a tué son mari, Gérard. Elle a tourné contre lui le fusil de chasse qu'il avait chargé lui-même de chevrotines et gardait dans son appartement de banlieue, au nom d'une obsession sécuritaire et xénophobe. Sur le plan de l'enquête policière, l'affaire était on ne peut plus claire. La meurtrière a, d'elle-même, appelé la police, puis est restée là, prostrée auprès du corps de sa victime, l'arme du crime posée sur la table de la salle à manger.

Le couple était connu pour ses scènes de ménage qui perturbaient le voisinage.

Gérard avait cinquante ans. Magasinier dans une entreprise de constructions métalliques, on le savait buveur excessif, fort en gueule et coureur de jupons. Très convivial, grand amateur de « dégagements » entre copains, l'essentiel de son temps libre se passait au club de tir dont il était l'un des membres les plus assidus et dans l'action politique.

Ses attitudes excessives et sa manie d'ouvrir des conflits à la moindre occasion ne favorisaient pas une vie professionnelle stable et harmonieuse. Licencié à plusieurs reprises, à moins qu'il n'ait démissionné avec fracas, il accumulait les périodes de chômage entrecoupées d'emplois précaires. Passionné et manquant de l'objectivité nécessaire pour reconnaître la part qui était la sienne dans ses propres difficultés, il développait une aigreur et un sentiment de persécution qui détérioraient son caractère et assombrissaient son humeur.

« Brave type » dans son état normal, il pouvait se montrer d'une agressivité et d'une violence à fleur de peau sous l'emprise de l'alcool, et dans ces moments-là, il avait beaucoup de mal à se contrôler. Cette brutalité n'épargnait pas son foyer, et chaque fois qu'il avait un problème au travail, au club de tir ou dans son parti politique, il le faisait payer à sa femme, coupable, à ses yeux, de ne pas le soutenir ou de se ranger aux côtés de ses « ennemis » quand elle émettait la moindre objection.

Dès les premières années de leur mariage, Gérard frappait Martine quand il était pris de boisson. C'était devenu habituel et ça n'étonnait plus personne dans cette banlieue délabrée et surpeuplée où de telles situations n'étaient pas rares.

D'un précédent mariage, Martine avait eu un enfant, le petit Kévin âgé de huit ans. Le gosse était terrorisé par les violentes colères de son beau-père, et il était d'autant plus démuni que son propre père avait disparu un beau jour avec armes et bagages et n'avait jamais plus donné signe de vie. C'est sur ce petit garçon que se cristallisait à tout propos l'agressivité de Gérard, qui lui criait après et le punissait à tort et à travers, surtout quand il était ivre.

C'est dans ces moments-là que la situation dégénérait, d'autant que Martine tentait chaque fois de s'interposer. Maladroite, excessive, elle ne parvenait pas à trouver les mots et les gestes susceptibles de calmer ces flambées de colère. Elle choisissait l'affrontement direct, entraînant l'escalade de la violence. Et les coups pleuvaient.

Les mauvais traitements se limitaient parfois à quelques gifles, d'autres fois il s'agissait d'un tabassage beaucoup plus sérieux. Le lendemain, elle tentait d'expliquer ses bleus et ses ecchymoses sous des prétextes divers, dont personne n'était dupe mais que l'on feignait de croire.

Dans une telle situation, il n'est pas étonnant que l'état psychologique de Kévin se soit dégradé et qu'il ait commencé à poser des problèmes de comportement et à rencontrer des difficultés scolaires. L'enfant vivait très mal le climat familial et se sentait coupable des mauvais traitements subis par sa mère. Il se repliait sur lui-même, ne parlait plus à personne, et se réfugiait derrière un meuble au moindre éclat de voix de Gérard.

La raison de l'hostilité de l'homme vis-à-vis de l'enfant était à la fois simple et tragique.

Quand il avait épousé Martine, cinq ans avant les faits, sa motivation était double mais peu cohérente.

À quarante-cinq ans, après quelques tentatives infructueuses pour vivre en couple, il éprouvait le besoin de se faire prendre en charge sur un mode maternel. Il recherchait quelqu'un capable à la fois de supporter son mode de vie de célibataire endurci, noceur, buveur et infidèle, et de lui apporter la stabilité, le confort et la facilité d'un foyer. Bref, il cherchait une femme assez masochiste pour jouer le rôle de « mère souffre-douleur ».

Manquant de lucidité au point de ne pas percevoir qu'il était bien trop immature pour assumer de façon satisfaisante la fonction paternelle, il voulait aussi avoir un enfant.

Quatrième d'une fratrie de neuf, élevé « au sirop de la rue » par une mère dépassée et épuisée par les maternités et un père alcoolique, sa propre enfance, c'est vrai, ne lui avait pas apporté beaucoup de points de repère.

Il voulait être père, comme beaucoup d'hommes, mais il était hors de question qu'il laisse la moindre place à l'enfant.

La quarantaine bien dépassée, sans situation, peu séduisant et précédé par une réputation peu flatteuse de bambocheur et de forte tête, il n'était pas en position de se montrer difficile, dans le choix de sa compagne. Il était donc normal qu'il attirât quelqu'un d'aussi paumé que lui.

Quand elle rencontre Gérard, Martine a trente-cinq ans. Elle vient de divorcer et se retrouve seule avec le petit Kévin âgé de trois ans. C'est son troisième mariage, le premier avait fait naufrage au bout de deux ans, le deuxième, au bout de cinq. En rupture avec sa famille, sans soutien financier du père du petit, qui a disparu, sa situation est précaire et la rencontre de cet homme, plus âgé qu'elle, dont l'apparente maturité la rassure, lui semble une aubaine. Elle se raccroche à lui comme à une bouée de sauvetage, toute prête à lui apporter l'enfant qu'il dit désirer avec tant de force.

Au bout de quelques mois, il leur faut se rendre à l'évidence : pas de grossesse en vue, et les examens médicaux mettent en évidence la stérilité de Gérard, dont l'origine serait liée à une maladie vénérienne contractée aux alentours de sa vingtième année et mal soignée. Aucun traitement n'est plus possible.

La frustration est insupportable ; il lui faut impérativement trouver quelqu'un à qui la faire supporter. Martine en fera les frais – et Kévin aussi dans une moindre mesure.

Gérard ressent cette stérilité comme une atteinte insupportable à sa virilité, et dès lors, son épouse devient pour lui une source d'humiliation permanente. Il n'est pas capable de la rendre mère, alors que son propre père, lui, avait *su* faire neuf enfants. Et le petit garçon n'est-il pas, aux yeux des autres, la preuve vivante de son incapacité à « se conduire comme un homme » avec sa femme ?

Alors, Gérard retombe peu à peu dans ses dérèglements. Il n'approche plus Martine, boit de plus en plus et passe la plupart de son temps hors de son foyer. Quand il rentre, souvent ivre, c'est pour subir les reproches violents de sa femme, qui, frustrée et à bout de patience, ayant repéré sa blessure intime, ne manque jamais une occasion de le rabaisser – ce qui est d'autant plus facile que Gérard est devenu d'une jalousie maladive et qu'il accuse sa femme de nombreuses infidélités durant le temps qu'elle passe hors de chez eux pour effectuer quelques travaux ménagers chez des particuliers.

Cette spirale névrotique a duré cinq années, et comme c'est souvent le cas dans des situations analogues, c'est une réaction de la société qui est venue en précipiter le dénouement. Dans le contexte déshumanisé de la banlieue où vivait la famille, il n'est pas étonnant que personne ne se soit soucié de leurs difficultés. Ici, chacun vit calfeutré chez soi et on ne se mêle pas de la vie de ses voisins. Chaque cellule de la ruche qu'est cette « barre » de cité-dortoir recèle son lot de drames et il n'est pas d'usage de s'immiscer dans la vie d'autrui... Tant pis pour la solidarité et la simple humanité.

Comme c'est souvent le cas dans une famille à la dérive, c'est le plus faible, le plus fragile du groupe, l'enfant, qui en « parle » le symptôme.

À l'école, le petit Kévin est en échec. Il peine à apprendre à lire et ses tentatives d'écriture se soldent par des gribouillis consternants. Très vite, ses dessins inquiètent ses institutrices par leur inorganisation, mais aussi par la violence qui en émane. De plus, le comportement de l'enfant devient de plus en plus difficile. Il reste prostré et mutique pendant de longues périodes, ne répondant à aucune sollicitation, puis, sans transition, il devient très agité, impossible à canaliser, exprimant une grande violence, en particulier vis-à-vis des adultes et des petites filles de son groupe, tentant de les frapper et utilisant un langage ordurier avec un vocabulaire adulte.

La psychologue scolaire souhaitait rencontrer les parents d'urgence afin d'étudier la possibilité d'une prise en charge psychothérapeutique au centre médico-psycho-pédagogique, mais ni Martine ni Gérard ne répondaient aux lettres de convocation. De plus en plus inquiète de la dégradation de l'état de Kévin et à bout de patience, la directrice de l'école prit la décision de signaler son cas aux services sociaux qui diligentèrent une enquête.

Une fin d'après-midi, l'assistante sociale du secteur frappe à la porte. Martine est seule avec l'enfant et n'accepte d'ouvrir qu'avec réticence. L'entretien se passe mal. L'intervenante est-elle maladroite ? En tout cas, la mère se sent jugée et menacée du placement de son enfant en institution spécialisée. La scène tourne à l'affrontement et elle flanque à la porte sa visiteuse. Cette dernière vide les lieux en agitant la menace d'une intervention de la justice pour maltraitance à enfant et laisse dans la boîte aux lettres une convocation comminatoire au siège de la DDASS pour la semaine suivante.

Pour Martine, il est évident qu'on va étaler au grand jour toute leur vie privée, avec la honte que cela suppose. Elle est en larmes, à bout de nerfs, lorsque Gérard rentre, complètement ivre, et encore sous le coup d'une altercation qu'il vient d'avoir avec le président du club de tir qui envisage, vu son alcoolisme chronique, de lui faire retirer sa licence et son autorisation de détention d'armes.

Il ne se contrôle pas plus cette fois-ci que les autres, et le conflit, aggravé par leurs exaspérations respectives, atteint des sommets de violence inégalés, à tel point que le petit garçon, terrorisé, se jette entre les deux adultes pour s'interposer.

Hors de lui, Gérard saisit l'enfant par un bras et le projette contre un mur ; Kevin s'effondre, sans connaissance. Martine, à bout de terreur, s'empare alors du fusil de chasse et tire. Atteint en pleine poitrine par les chevrotines, le cœur éclaté, son mari s'effondre, mort sur le coup.

Prostrée, en état de choc, elle reste un long moment sans réaction avant de composer le numéro des sapeurs-pompiers. Ces derniers ne peuvent que constater le décès de Gérard, mais transportent à l'hôpital la mère et l'enfant qui souffre d'un traumatisme crânien.

Instruction rapide, procès d'assises sans éclat. Mal défendue par un avocat peu motivé, Martine est condamnée à une longue peine de réclusion criminelle. L'enfant, lui, est confié à la DDASS qui le place dans un foyer.

Une affaire banale, qui ne suscite que quelques lignes dans les journaux. Et pourtant, l'expertise médico-psychologique éclaire la personnalité de l'accusée d'un jour tel qu'un défenseur un peu plus pugnace aurait pu en tirer parti.

Durant toute son enfance, Martine avait été l'objet de mauvais traitements de la part de son père, homme violent et sanguin qui avait abusé d'elle entre sa douzième et sa quinzième année, où elle s'enfuit de la maison familiale. Placée en centre d'accueil par la DDASS, elle y resta jusqu'à sa majorité, ne parvenant pas à obtenir le CAP de monteuse câbleuse en électronique qu'elle préparait.

À dix-neuf ans, première expérience conjugale avec un homme de dix ans son aîné. Deux années d'enfer où elle connaît l'alcoolisme, la drogue, la prostitution, et à nouveau les coups et les sévices corporels. Hospitalisée dans un état critique après une correction plus sévère que d'autres, elle est prise en charge par les services sociaux et obtient sans peine le divorce. Elle suit aussi une cure de désintoxication qui donne d'assez bons résultats.

Moins d'un an après, elle se remarie avec Hubert, un homme plus âgé que son précédent mari, client rencontré lorsqu'elle se prostituait.

À nouveau, cela se passe mal. Autoritaire, sévère et grand obsessionnel, Hubert se donne pour tâche de « rééduquer » cette femme qu'il a « sortie du ruisseau » et de la remodeler selon ses valeurs. Il est fréquent que certains hommes s'éprennent de prostituées et se donnent pour mission de les sortir de leur condition. Ces tentatives se soldent souvent par des échecs parce que les motivations de ces hommes sont complexes, incluant un désir inconscient, non pas de libérer ces femmes de leur destin, mais bien plutôt de « confisquer » leur qualité de prostituée à leur usage exclusif. Cette position de Pygmalion dissimule souvent une dimension perverse sadomasochiste, qui enferme les protagonistes dans une relation sans issue. Il n'est pas rare, d'ailleurs, que ces « bons samaritains » finissent par remettre eux-mêmes leur épouse sur le trottoir, réalisant ainsi leur désir inconscient en devenant leur souteneur. Fantasme œdipien inconscient d'appropriation de la mère en la prostituant, détruisant ainsi le lien parental.

Dans le cas présent, Hubert impose à Martine la présence constante de sa mère, femme acariâtre qui la prend d'emblée en grippe, ne manque aucune occasion de lui manifester son mépris, l'espionne en permanence et la dénigre aux yeux de son mari.

La naissance du petit Kévin, quelques années après, n'améliore pas la situation. Martine se voit constamment reprocher par son mari et sa belle-mère ses insuffisances en tant que mère et en tant qu'épouse. Elle recommence à boire en cachette et multiplie les aventures extra-conjugales, renouant même avec ses anciennes amies prostituées.

À chaque tentative de rébellion, ou de simple divergence d'opinion sur l'éducation du petit ou l'organisation de la vie quotidienne, elle s'expose à la violence des deux autres : brimades, privation de nourriture, et enfin sévices corporels – « pour son bien », lui dit-on. Hubert refuse désormais tout rapport sexuel avec sa femme à qui il reproche, sans aucun souci d'équité ou de cohérence, son passé de prostituée, alors que lui-même n'a jamais cessé de les fréquenter.

C'est par l'une d'entre elles qu'il apprend que Martine revoit de temps en temps ses copines, et il en déduit qu'elle se prostitue à nouveau, alors qu'il n'en est rien. De retour chez lui, il fait une scène terrible à sa femme qu'il enferme à double tour dans un réduit après l'avoir frappée plusieurs fois, lui brisant un bras et plusieurs côtes. La malheureuse parvient à prévenir des voisins, qui alertent les services de secours, lesquels arrivent à convaincre Hubert de la libérer.

Mais à partir de ce jour, il refuse de revoir sa femme et son fils et entame une procédure de divorce pour faute... qu'il gagne, se dispensant ainsi de verser la moindre pension alimentaire. Peu de temps après, il déménage avec sa mère, sans laisser d'adresse et ne donnera plus la moindre nouvelle à son fils ni à son ex-épouse.

Abandon, solitude, difficultés matérielles sans nombre, alcool à nouveau. Et puis Gérard...

Aucune énigme, ici. Aucun suspense. Le drame simple et banal d'un couple en détresse au sein d'une cité perdue dans la misère économique et sociale. Cette histoire est pourtant exemplaire d'une certaine forme de criminalité dont rend mal compte la sécheresse du rapport d'enquête ou du dossier de l'instruction.

Enfant battue depuis sa plus tendre enfance par un père brutal et incestueux, Martine ne pouvait qu'éprouver un déséquilibre psychologique majeur. Adolescente, puis à l'âge adulte, ses choix affectifs en portèrent la marque sous la forme d'une recherche inconsciente de répétition de la situation incestueuse initiale, chargée d'une culpabilité telle qu'il lui fallait absolument être punie. Martine lia donc sa vie à des hommes qui reproduisaient avec elle les comportements paternels, jusqu'à ce que cette spirale névrotique aboutisse à son issue logique : le meurtre du père incestueux dans la personne de son mari persécuteur. C'est la violence faite au petit Kévin qui a été l'élément déclencheur de l'acte homicide ; cette affaire aurait pu tout aussi bien se conclure par le suicide de Martine.

Les spécialistes de l'analyse transactionnelle [1] ont dégagé deux concepts intéressants quand on étudie une affaire de ce genre : celui de « position de vie » et celui de « scénario de vie ».

Dès leurs premières années, les enfants reçoivent de leurs parents ou de leur entourage ce qu'on appelle des « injonctions fondamentales » censées les guider et les accompagner durant toute leur vie.

Certaines sont partagées par la communauté et explicites : injonction d'honnêteté, de politesse, de sincérité, d'économie, de compassion, de solidarité, etc. D'autres varient d'une situation à l'autre et dépendent du « non-dit »

1. Analyse transactionnelle : théorie psychologique, sociologique et clinique formulée aux États-Unis par le psychologue et psychanalyste Eric Berne.

et des premières expériences : être gagnant (ou perdant), soumis (ou dominant), confiant (ou méfiant), solitaire (ou sociable), etc.

Il est évident que ces injonctions structurées par le « non-dit » et qui s'adressent pour une large part à l'inconscient sont beaucoup plus marquantes que les injonctions explicites. Ces messages fondamentaux placent le sujet dans une position dont il s'accommode plus ou moins ; il adopte alors des attitudes allant de la soumission au refoulement en passant par la révolte. Lorsqu'ils grandissent, les enfants aménagent ces injonctions et leurs réactions en fonction des exigences sociales (ce qui est permis et exprimé dans la famille ne l'est pas forcément dans la société). Cette adaptation se manifeste par des scénarios que l'on peut repérer dans la plupart des comportements de leur vie quotidienne.

Tel enfant, ayant reçu une éducation centrée sur l'obéissance absolue et la répression de toute initiative, pourra se révéler incapable d'assumer la moindre responsabilité dans son âge adulte. Il végétera toute sa vie dans un rôle d'exécutant soumis, ou, à l'inverse, se montrera incapable d'observer la moindre règle d'adaptation sociale, et fonctionnera dans une rébellion permanente. Peut-être aussi deviendra-t-il, à son tour, un père rigoureux et sévère, répétant avec ses enfants les messages reçus. Dans tous les cas, nous le verrons fonctionner par rapport à l'injonction fondamentale précoce.

Or, ces messages parfois sont complexes ou contradictoires : ils indiquent une chose et son contraire. Il s'agit alors d'injonctions dites « paradoxales », qui provoquent chez le sujet des comportements névrotiques graves et les enferment dans des situations génératrices de souffrance où ils ne peuvent trouver de solutions adaptatrices satisfaisantes.

Les exemples abondent, depuis le message adressé aux femmes d'avoir à réussir une vie professionnelle brillante sans cesser d'être mères au foyer, jusqu'à cette terrible injonction adressée à un enfant dans un divorce conflictuel d'avoir à choisir entre son père et sa mère.

Dans le cas de Martine, nous nous trouvons évidemment dans ce dernier cas de figure. Pouvoir exister dans sa famille signifiait devoir se soumettre aux exigences incestueuses et brutales de son père. Là, il est question de jouissance masochiste et de culpabilité. Culpabilité de l'enfant, mais aussi de l'adulte comme en témoignait la violence dont celui-ci faisait usage.

Devoir assumer à l'infini sa propre culpabilité et celle de son propre père, telle était la position de vie paradoxale de cette enfant, qui la reproduira, adulte, dans la recherche de partenaires plus âgés qu'elle, et par qui elle sera à nouveau battue, humiliée, violée.

Jamais elle n'aura trouvé en elle-même la ressource nécessaire pour comprendre quelle était sa part de responsabilité dans la multiplication de ces répétitions qui la faisaient souffrir, mais dans lesquelles elle éprouvait une intense jouissance, honteuse et masochiste.

Son acte meurtrier apparaît alors pour ce qu'il est en réalité : une tentative désespérée pour échapper à cette spirale dans laquelle elle s'anéantissait peu à peu. C'était d'ailleurs un coup de dé : Martine aurait pu, tout aussi bien, retourner contre elle-même le canon du fusil.

11

INFANTICIDE

De tous les crimes de sang, l'infanticide est l'un de ceux qui déclenchent les émotions les plus vives, qui provoquent les sentiments les plus violents et les plus complexes.

Le meurtre d'un enfant fait horreur et terrifie. La victime, supposée innocente et sans défense, recueille une sympathie totale. Sa mort nous renvoie à nos pires terreurs enfantines, celles que les contes de Grimm, Perrault ou Andersen ont si bien su décrire.

Il nous culpabilise aussi en tant qu'adultes dans une société où les enfants incarnent l'avenir, où c'est une nécessité de les protéger et un devoir de les chérir. Leur meurtre fait de nous des êtres monstrueux ou impuissants et notre réaction est vive.

Lorsque ce sont des hommes et s'ils ont agi dans la perversion pédophile ou avec brutalité, les auteurs d'infanticide ne reçoivent que peu de messages de compassion de la part de la justice ou de l'opinion publique. Il s'agit avant tout de les mettre hors d'état de nuire et de rendre toute récidive impossible. Les peines dont ils sont frappés sont à la mesure du désir de vengeance qu'éprouve la société blessée au plus profond de sa sensibilité. L'affaire du meurtre du petit Philippe Bertrand par Patrick Henry en 1976 est un bon exemple de la réaction sociale dans ce genre de cas. Il faut que des communautés soient en bien grande difficulté pour que, comme dans les favelas de Rio et d'ailleurs, au Brésil, s'organisent des « chasses à l'enfant » destinées à éliminer les enfants pauvres à coups de fusil comme des animaux nuisibles.

Lorsqu'il s'agit de femmes, le discours social change radicalement. L'image de la mère meurtrière atteint au fond de nous les sources mêmes du sacré. Notre époque nous a proposé deux affaires terribles qui ont plongé notre société dans un psychodrame proche du cauchemar : « l'affaire du petit Grégory » en 1984 et, plus récemment, en 2002, le décès suite à maltraitances du bébé Lubin Villemot.

La psychologie collective a du mal à concevoir qu'une femme puisse tuer un enfant (qui sera toujours quelque part « son » enfant) pour une raison simple : toute notre société judéo-chrétienne est fondée sur le personnage de la « bonne » mère, dont la Vierge-Mère est l'archétype.

L'irruption d'une mère meurtrière est très difficile à supporter si on ne parvient pas à y trouver une explication rassurante. Presque toujours, ce crime sera donc attribué à des raisons de pathologie psychologique... et il faut reconnaître que c'est souvent vrai.

Depuis Vladimir Propp[1] et ses travaux linguistiques sur les contes russes, nous savons que, dans l'inconscient des enfants, l'ogre est associé à une représentation maternelle. Dans certaines histoires, c'est la femme de l'ogre qui est le véritable personnage dangereux, l'ogre lui-même apparaissant comme nigaud et facile à berner.

Mère archaïque, effrayante, dévorante, dévastatrice, vouée à donner la mort comme elle a donné la vie, aux

---

1. Vladimir Propp. Écrivain et linguiste russe, auteur de *Morphologie du conte* (Éditions du Seuil, 1970).

deux extrémités de la chaîne de l'existence, elle illustre la métaphore célinienne : « Elles accouchent à cheval sur une tombe » – tant il est vrai qu'en donnant la vie, elles apportent aussi la mort.

L'amour maternel – cet amour que décrivait si bien Victor Hugo, « ... dont chaque enfant a une part et que chacun a tout entier... » –, dénué de toute dimension négative, est pourtant l'une des croyances les mieux établies dans la plupart des sociétés. C'est un des destins dévolus à la femme que de se définir par une fonction maternelle univoque excluant toute possibilité d'agression de l'enfant, une acceptation totale qui inclut un oubli de soi allant jusqu'au sacrifice de sa propre vie et une offrande de sa souffrance. Il n'est pas d'espace plus saturé en passion et plus menacé par la démesure fusionnelle que la relation mère/enfant. Et, dans le paroxysme de l'amour, quoi d'étonnant à rencontrer la mort et à constater que 90 % des meurtres d'enfants en bas âge sont commis par leurs mères ?

Il n'est pas dans les habitudes des policiers de dramatiser les affaires qu'ils ont à traiter. La projection, l'identification leur sont interdites sous peine de ne plus pouvoir exercer leur profession sans dommage pour leur équilibre personnel et familial. Ils en arrivent même, parfois, à paraître insensibles et inhumains, tant ils sont capables de mettre de distance entre leurs émotions et les situations épouvantables dont ils sont témoins. Les affaires d'infanticide sont une exception à cette règle. Je n'ai pas souvenir d'enquêtes dans ce domaine qu'ils aient traversées sans se sentir troublés, voire déstabilisés au plan psychologique.

Il peut paraître scandaleux de parler de meurtres « extra-ordinaires », car cela laisserait supposer qu'il y aurait des meurtres « ordinaires », mais force est de le constater : chaque fois que nous devons nous pencher sur une affaire d'assassinat d'un enfant par sa propre mère, nous sommes confrontés à une situation d'une grande intensité dramatique dans laquelle les positions de victime et de coupable s'entrecroisent à l'infini.

Enfants éliminés parce que résultats d'un viol ou d'un inceste ; assassinés à la suite de l'abandon d'un conjoint ; abandonnés à leur sort, comme l'on « exposait » les enfants bâtards ou objets d'une prédiction funeste (Œdipe) dans la Grèce antique, par une mère à bout d'angoisse et de solitude, ou dans la confusion mentale...

Femmes criminelles aux yeux des hommes, mais si souvent victimes elles-mêmes qu'il est difficile de dissocier leur acte des sévices qu'elles ont subis et dont leur crime n'est souvent que l'étape ultime.

Blanche vient de tuer son quatrième enfant.

Elle a aussi tué les trois premiers, mais à part elle, personne ne l'a su. Toutes les enquêtes ont conclu soit à une cause naturelle (une « mort subite du nourrisson ») ou accidentelle : étouffement suite à une « fausse route » alimentaire et noyade.

Bien que suspectée longtemps, elle a, chaque fois, obtenu un non-lieu, rien de concret ne pouvant être retenu contre elle.

Pour ses voisins, Blanche est une femme seule, malheureuse, abandonnée par les hommes et sur qui le Destin s'acharne. Et physiquement, en effet, elle ressemble à cette image.

Grande, longiligne, le teint diaphane, d'une pâleur maladive, une longue chevelure de jais lui descend jusqu'au milieu du dos. Mais ce qu'on voit d'abord, ce sont ses yeux, d'un gris très clair, immenses, « mangeant » tout son visage, et porteurs d'une infinie tristesse que jamais un sourire ne vient éclairer.

Blanche ne cille pas, vous regarde droit aux prunelles, vous proposant deux lacs mystérieux à la fois candides et troubles. Un de ces regards étranges où l'on ne sait si l'on va se perdre ou pêcher une perle.

Donc, Blanche est seule à savoir qu'elle est déjà trois fois meurtrière.

Mais elle ne sait pas pourquoi. Parfois, elle en a une vague idée. Le plus souvent, elle écarte cette question de son esprit.

Des trois enfants qu'elle a tués auparavant, seul le prénom de la seconde, une petite fille de trois ans appelée Sandrine (prénom qu'elle orthographie curieusement *Cendrine*) qu'elle a regardée se noyer dans une mare où elle était tombée, l'obsède et revient dans ses cauchemars. Elle a raconté aux gendarmes qu'elle avait dû s'absenter un instant pour satisfaire un besoin naturel (ce qui était vrai, on a retrouvé son urine derrière un buisson) et qu'à son retour il était trop tard.

Son désespoir était spectaculaire. On l'a crue.

Mais personne ne s'est avisé de faire remarquer que, de l'endroit où elle était accroupie, elle pouvait sans peine surveiller le bord de la mare où jouait la petite fille et où sa petite sœur âgée de quelques mois dormait, dans son landau.

Dans ses cauchemars et ses prières – car Blanche est pieuse et ne manque jamais l'office du dimanche ni de fleurir le maître-autel – elle ne l'appelle que par le prénom d'« Ondine ». Ça ressemble à Sandrine et c'est plus joli... C'est du moins son avis.

Le petit Noël, mort quelques jours après sa naissance, alors qu'ils avaient quitté la clinique la veille, a, lui, presque disparu de ses souvenirs conscients.

Le berceau était tout contre son lit, elle était entre le sommeil et la veille, dans une sorte d'état de vigilance, limite du rêve et de la réalité. Elle a bien eu conscience que « quelque chose » se passait, qu'elle n'entendait plus le souffle ténu du bébé, mais elle n'a rien fait. Elle est restée là, dans le noir, peut-être a-t-elle dormi, et, au matin, son enfant était mort.

Plus tard, elle dira que ce qui l'avait le plus surpris, c'était son absence de tout sentiment à ce moment-là. Une sorte de vide au cœur de son être, et la drôle de sensation de se regarder vivre, de se regarder regardant ce petit enfant mort. Une autre regardant une autre...

Expérience psychotique à bas bruit, perdue derrière les manifestations convenues et théâtrales de son désespoir, dans lequel elle était aussi vraie que dans son absence de réactions du matin.

Quelques semaines après le décès de Sandrine, la petite Renée s'est étouffée en prenant son biberon.

Le médecin du village a vu Blanche débouler dans son cabinet, furie hurlante aux yeux fous et exorbités, l'écume aux lèvres, serrant contre son sein le corps de son bébé qui ne respirait plus.

Toutes les tentatives pour réanimer la petite fille furent vaines. Cette fois encore, on conclut à une mort accidentelle.

On dut hospitaliser Blanche, confuse puis prostrée, dans un service de psychiatrie où elle resta plusieurs mois sous neuroleptiques, puis sous antidépresseurs. Elle y suivit aussi une psychothérapie.

Apaisée et capable en apparence de se prendre en charge à nouveau, elle obtint sa sortie de l'hôpital avec une ordonnance de soins ambulatoires.

Nul ne semble s'être inquiété de la succession de ces décès d'enfants autour d'elle. Nul ne prit de recul pour considérer de façon globale l'existence de cette femme, qui allait avoir trente-cinq ans, afin de trouver un sens à tout ceci.

On atteignait le mois d'août, on manquait de personnel, le service était exsangue. Son thérapeute et son médecin étaient en vacances et, puisque le psychiatre de garde disait qu'elle pouvait sortir...

Au milieu de ses longs cheveux noirs, perdue dans la brume de ses immenses yeux gris, une légère valise à la main, Blanche quitta l'hôpital, portant au fond d'elle-même le sentiment d'être coupable de ces trois crimes qui n'avaient l'air d'intéresser personne.

Un an après, elle déménagea et partit s'installer dans le sud-ouest de la France. Elle donna à ce départ une raison assez vague : un emploi qu'elle aurait trouvé dans un hôtel-restaurant du Pays basque...

En réalité, elle allait rejoindre un ouvrier saisonnier portugais avec lequel elle avait entretenu une brève liaison deux ans auparavant.

Le village de l'Est où ces événements s'étaient déroulés resta longtemps sans nouvelles de celle que tout le monde appelait « cette pauvre Blanche » ou « la pauvre petite ».

Plus tard, l'enquête démontra qu'elle avait effectivement travaillé comme femme de chambre dans différents établissements de la région, vivant en couple avec un ouvrier en bâtiment plus âgé qu'elle, originaire des environs de Porto où il avait femme et enfants.

Quand il l'abandonna pour retourner dans son pays, elle était enceinte de six mois.

Lors de la naissance du bébé, elle fit une dépression sévère qui exigea une hospitalisation, tandis que son enfant était pris en charge par la DDASS et placé dans une famille d'accueil.

Soignée avec compétence et attention, Blanche se remit plus vite que prévu, put reprendre un emploi stable et louer un appartement convenable. Dès lors, l'Administration n'avait aucune raison de lui refuser le retour de son enfant, une petite fille âgée de six mois, appelée Manon.

C'était en novembre.

En décembre, le village se préparait à vivre, comme d'habitude, les fêtes de Noël, couronnées par la traditionnelle messe de minuit.

En plein milieu de la cérémonie, dans le silence et le recueillement de tous, la porte monumentale s'ouvrit en grinçant. Quelques têtes se retournèrent et un murmure d'étonnement parcourut l'assistance.

Blanche, raide comme une statue, s'avançait de la démarche saccadée d'un automate.

À la main, elle portait un lourd panier d'osier.

Sans détourner le regard, sans hésiter, elle se dirigea droit vers la crèche, devant laquelle elle s'agenouilla.

Avec des gestes précis, elle ouvrit son panier, en sortit une forme enveloppée d'un linge blanc et la déposa, après avoir écarté la poupée de porcelaine, à la place de l'Enfant-Jésus.

Puis elle enfouit son visage dans ses mains et partit d'un éclat de rire strident.

Le prêtre, premier à oser s'approcher, eut un mouvement de recul, se signa et tomba à genoux.

Dans la crèche, Blanche venait de déposer le cadavre de sa petite fille qu'elle avait étranglée deux jours auparavant.

Elle avait effectué en chemin de fer un trajet considérable, ne payant jamais le moindre billet, passant à travers les contrôles, ne répondant à aucune question, avec pour tout bagage ce panier où reposait le cadavre de son enfant, pour venir le déposer, là, dans cet endroit et à ce moment précis, qu'elle avait choisis pour une raison inconnue de tous et d'elle-même.

Blanche ne resta pas longtemps à la gendarmerie locale.

Devant son état de prostration et ses propos incohérents, on la transféra au centre hospitalier spécialisé le plus proche, d'abord en HDT (hospitalisation à la demande d'un tiers) puis, par mesure administrative, en HO (hospitalisation d'office).

Les expertises psychiatriques et médico-psychologiques ordonnées par le Parquet conclurent à son irresponsabilité pénale « comme ayant été, au moment des faits, soumise à une force à laquelle elle ne pouvait résister ».

En toute logique, elle échappait à la sanction pénale et bénéficiait des dispositions de l'article 122-1 du Code pénal dont il a été question plus haut.

Mais tout cela concernait le meurtre de la petite Manon, et rien d'autre. Jamais ne furent rouverts les dossiers de Noël, de Sandrine ni de Renée, et aucun procès pénal ne vint porter un regard global sur l'existence de cette femme et sur l'enchaînement de situations qui aboutit à cette scène cauchemardesque de la messe de minuit.

Blanche se sent-elle coupable ?

Au début des entretiens, tels qu'ils sont relatés dans le dossier, et dans la thèse de doctorat qui a été rédigée à partir de son cas, on peut en douter. Elle semble établir une distance énorme entre elle et ses émotions, traverser de longs épisodes de troubles de la conscience et des absences qui ont fait penser, un temps, à une composante épileptique. Les périodes de délire mystique et de confusion dans lesquelles elle ne se situait plus dans une identité distincte de celle de ses enfants ont diminué, la rendant plus accessible à une communication véritable et lui permettant d'entreprendre un travail de réflexion et d'anamnèse.

Blanche est née juste avant la Seconde Guerre mondiale dans ce petit village de l'est de la France. Elle est la plus jeune des quatre enfants d'une famille unie, de condition moyenne. Le père est ce qu'on appelle un « chevillard », c'est-à-dire qu'il vend de la viande en gros ou demi-gros aux bouchers de la région. Ils vivent dans une relative aisance qui permet à la mère de ne pas travailler et de s'occuper de ses enfants.

Favorisant le marché noir, le rationnement alimentaire consécutif à l'Occupation leur permit d'amasser en peu de temps une fortune assez considérable pour des gens comme eux. Le père commit-il des imprudences ? Suscita-t-il trop d'envies ? Se montra-t-il trop amical avec l'armée allemande ? Ne sut-il pas « arroser » qui il fallait, quand il le fallait ? Toujours est-il qu'une nuit de janvier 1945, un groupe armé fit irruption au domicile et repartit en l'emmenant avec eux, ainsi que son épouse. On les retrouva liés à un arbre, le corps criblé de balles avec une pancarte au cou portant l'inscription : « Collabos ».

En cette période troublée, l'enquête fut menée de façon sommaire et on se contenta d'attribuer ce double meurtre à une action de « justice » menée par la Résistance, bien qu'aucun groupe de maquisards locaux ne l'ait jamais revendiquée. Aucun des quatre enfants ne fut en mesure de dire quoi que ce soit au sujet des ravisseurs. Terrorisés, confinés dans leurs chambres à l'étage, ils n'avaient rien vu et avaient eu bien trop peur pour s'aventurer au rez-de-chaussée d'où provenaient des cris et des bruits de lutte.

Quant aux voisins, leur silence fut à la mesure de leur désir de ne pas avoir d'ennuis.

Sans famille directe pour les recueillir, confiés à des services sociaux au fonctionnement tout aussi chaotique que l'ensemble du pays à cette époque, les petits, âgés de sept à seize ans, furent dispersés aux quatre coins du territoire dans des familles d'accueil. Seule Blanche, la plus jeune, demeura au village et fut hébergée chez un cousin germain de sa mère.

Il semble qu'elle n'y ait pas été très bien traitée et l'on soupçonne des abus sexuels de la part du père de famille et de ses deux fils aînés, mais la chose n'a pas été établie. À quatorze ans, après avoir obtenu son certificat d'études primaires, elle fut placée en apprentissage dans un hôtel-restaurant d'un autre village, à une quinzaine de kilomètres de là. Elle y apprit des rudiments de cuisine, de couture et de broderie.

À mesure que le temps passait, les langues commencèrent à se délier, et l'affaire du meurtre des deux chevillards revint au centre des conversations. On établit vite que la prétendue « expédition punitive de la Résistance » n'était qu'un banal crime de droit commun visant la fortune que le couple conservait en liquide au domicile, au mépris de toute prudence. Les auteurs – une bande qui écumait la région depuis plusieurs mois – avaient maquillé leur forfait en exécution politique, puis s'étaient évaporés dans la nature. On comptait plusieurs faits similaires dans les environs. Cette découverte eut pour conséquence de faire porter sur Blanche un regard différent.

Tout se passait comme si la communauté éprouvait une forte culpabilité par rapport à ce crime et à sa propre attitude sur le moment, et ce sentiment se traduisit par une surprotection, puis une tolérance absolue vis-à-vis de la jeune fille, même quand son comportement se mit à prendre une tournure dérangeante pour les habitudes et les mœurs locales.

Intelligente, consciente de ce qui se passait autour d'elle, informée peu à peu de la réalité du sort de ses parents, Blanche entreprit d'en user et d'en abuser sans aucun complexe, multipliant provocations et aventures masculines, qu'on n'aurait acceptées de personne d'autre dans cette société provinciale rigide et intolérante.

Habilement, d'ailleurs, elle ne choisissait pas ses partenaires parmi les mâles du village, pour éviter de déclencher des réactions de défense trop brutales. Plus tôt, à l'école, elle s'était montrée une élève intelligente sans être brillante, travailleuse quand elle le voulait bien, mais sournoise et sans réelles relations avec ses camarades, lesquels, n'ayant pas, comme leurs parents, de raisons de la ménager, lui menaient la vie dure.

Du côté de sa famille adoptive, on épousait le comportement collectif : on s'occupait à peine d'elle, on lui passait toutes ses fantaisies, et on ne lui adressait presque pas la parole.

Blanche eut donc une enfance solitaire qui déboucha sur une adolescence perturbée et une vie adulte dysharmonieuse et incohérente. En fait, elle était profondément seule et malheureuse.

L'une des rares personnes à qui elle se soit confiée, une collègue de travail du restaurant, avec laquelle elle faisait chambre commune, rapporte qu'elle lui racontait souvent ses rêves et ses angoisses.

Blanche semblait très marquée par l'assassinat de ses parents, parlant de sa peur d'être tuée par ces hommes qu'elle entendait crier et frapper, en bas, au rez-de-chaussée. Elle évoquait ce drame avec une sorte d'exaltation ou de délectation fiévreuse, imaginant des détails de plus en plus crus, précis et obscènes sur les sévices qu'on aurait pu lui faire subir cette nuit-là. Cela se terminait par une excitation sexuelle intense et Blanche, croyant son amie endormie, ne pouvait trouver le sommeil qu'après s'être masturbée. Plusieurs fois, elle lui fit des avances précises, mais devant son refus, elle n'insista pas.

C'est à cette époque, autour de sa dix-huitième année, qu'elle prit l'habitude de quitter sa chambre presque chaque nuit pour aller rejoindre des partenaires sexuels rencontrés à l'hôtel, la plupart du temps plus âgés qu'elle.

Ses débordements furent vite connus de l'ensemble du village et des environs, mais le sentiment collectif de culpabilité joua encore en sa faveur. On ne la mit pas au ban de la communauté, se contentant de lever les yeux au ciel en parlant, avec un rien de perversité, de cette « pauvre petite... après tout ce qu'elle a vécu ! »

Elle avait déjà, à cette époque, cette silhouette longiligne, ses longs cheveux noirs et ses yeux si clairs, si innocents. Quelques photos de l'époque la montrent, imperturbable et sérieuse, inexpressive, comme absente, même au milieu des autres jeunes filles lors des fêtes locales. Il est bien difficile d'imaginer cette sorte de madone austère sous les traits d'une femelle déchaînée. Et pourtant...

Quand elle devint enceinte de Noël, dont elle ne voulut jamais dire qui était le père, le patron du restaurant, inquiet pour la réputation de son établissement, lui montra la porte. Elle revint s'installer dans la maison de ses parents, dans l'indifférence ou du moins dans le silence général. Elle s'y établit comme couturière à façon, et, malgré la médiocre qualité de son travail, le village s'arrangea pour qu'elle ne manquât jamais d'ouvrage.

Blanche ne participait aucunement à la vie sociale, et n'entretenait avec le voisinage que les relations indispensables. Après la mort de son bébé, elle prit l'habitude de s'absenter régulièrement le week-end pour des « virées » à la ville voisine. Lorsqu'elle attendit Sandrine, puis Renée, elle resta tout aussi silencieuse quant à l'identité du ou des géniteurs. Jamais, non plus, elle ne s'établit en couple dans le village et elle resta insensible aux avances que lui firent plusieurs garçons du cru. Cependant, quelques personnes affirmèrent l'avoir croisée lors de ses escapades au bras d'un homme à l'évidence plus âgé qu'elle.

Sauf lors des décès de ses trois enfants, les services de police et les organismes médico-sociaux n'eurent jamais le moindre contact avec elle.

Pourquoi et comment cette jeune femme en vint-elle à étrangler sa petite fille après avoir tué ou laissé mourir ses trois enfants précédents ?

Une première réponse est sans doute à chercher dans les séquelles de l'expérience traumatisante de l'assassinat de ses parents.

La période de l'immédiat après-guerre n'était pas à la prise en charge des difficultés psychologiques des enfants. Dans le cataclysme général, on comblait les brèches comme on pouvait. Quant au reste – les angoisses et les états d'âme –, les gens étaient priés de se débrouiller comme ils le pouvaient. Pour Blanche, ses frères et ses sœurs, la société considérait qu'elle avait fait ce qu'elle devait en leur fournissant un toit et une prise en charge garantissant la satisfaction de leurs besoins vitaux. De plus, les conditions dans lesquelles les parents avaient été tués n'étaient pas nettes, et, comme cela se produit souvent, la culpabilité, même hypothétique, des parents rejaillissait plus ou moins sur les enfants. On avait peu de pitié pour la progéniture d'un couple de magouilleurs enrichis par le marché noir, collabos de surcroît. C'était une époque où la pression sur les individus était très forte, favorisant repli sur soi, agressivité, manque d'équité et égoïsme.

Paradoxalement, les frères et sœurs de Blanche ont eu plus de chance qu'elle : leur éloignement du village, leur dispersion leur ont évité de devoir porter sans cesse le poids de cette histoire. D'un autre côté, s'ils avaient pu demeurer ensemble, peut-être se seraient-ils protégés de façon plus efficace en constituant un groupe. Je n'ai trouvé aucune information sur ce qu'ils sont devenus.

L'histoire de Blanche va donc se confondre avec celle de sa communauté dont elle devint, en quelque sorte, le symptôme. Elle symbolisait les divers états psychologiques de la collectivité, derrière lesquels sa personne disparut peu à peu en tant que sujet de sa propre destinée.

Tout se passe comme si elle avait porté deux « chapeaux » successifs. D'abord, celui d'une identification, cruelle et injuste, à l'agresseur à travers la position de ses parents, réels profiteurs du marché noir et hypothétiques collabos, qu'il était normal de mépriser et de haïr jusque dans leur descendance. Par la suite, elle acquit le statut immuable de victime vis-à-vis de laquelle on éprouvait un sentiment de culpabilité, de remords intense mais bien commode.

Il était légitime de la laisser à l'écart, de ne lui apporter ni soutien ni sympathie et de se contenter de la tolérer. Sorte de pestiférée, bouc émissaire des rancœurs et des rancunes accumulées durant cinq années d'occupation, il semble bien qu'on ne se soit pas beaucoup préoccupé de justice et de simple humanité à son égard. Elle était la « fille des collabos », celle dont la mère était surnommée par les commères du coin « la Bochesse ».

Il ne vint donc à personne l'idée de lui demander ce qu'elle avait ressenti, elle, petite fille sans la moindre responsabilité dans ces événements qui la dépassaient lors de l'assassinat de son papa et de sa maman et lorsque ses frères et sœurs furent dispersés. Et ce qui dut augmenter encore le désarroi de la fillette, c'est que personne ne lui expliqua les raisons de cet ostracisme à son égard. Elle ne rencontrait que non-dits et allusions plus ou moins mystérieuses. Avec la logique sans faille des enfants intelligents, elle intégra donc très tôt l'idée que, pour une raison qu'elle ignorait, elle était mauvaise, et que cette « mauvaiseté » avait à voir avec la disparition de sa famille. De là à fantasmer sa propre culpabilité dans la mort de ses parents, il n'y avait qu'un pas qui fut vite franchi.

Dans l'imagination de l'enfant, les choses devaient se formuler à peu près ainsi : « Si papa et maman, mes frères et mes sœurs sont partis, c'est de ma faute. Ils sont partis parce que j'ai fait quelque chose de mal à tout le monde. Je suis une mauvaise fille qui a des désirs mauvais. Il est normal que je sois punie. Je dois donner aux autres des raisons de me punir. Ils ont raison, les enfants sont méchants et dangereux. »

Repliée sur elle-même, justifiant les mauvais traitements qu'elle subissait, elle devint sournoise et renfermée, en alerte constante, toujours sur la défensive. Sans doute est-ce à cette époque qu'elle acquit ce visage triste et inexpressif et qu'elle s'interdit à tout jamais de sourire. On ne peut s'empêcher de penser à ces sombres héroïnes de la mythologie grecque : Iphigénie, Andromaque, Cassandre, Électre. Phèdre, Clytemnestre, Ariane, Antigone... toutes meurtries ou meurtrières, sacrifiées au nom de tragédies dont elles étaient devenues le symptôme et derrière lesquelles leur personne propre se diluait, et qui traversaient leur temps, noires silhouettes portant sur leur visage le masque de leurs souffrances [1].

Lorsqu'on y vit un peu plus clair dans ce qui s'était vraiment passé pour la famille de Blanche et qu'on reconnut l'injustice qui lui avait été faite, elle fut confrontée à des nouvelles attitudes, tout aussi difficiles à intégrer.

De coupable par définition, elle devint victime par

1. Lire à ce sujet *Mythologie et Mythologies*, de Alain Guirand et Joël Schmit (Larousse, 2000).

principe. On la dépouilla des oripeaux du mouton noir pour la revêtir d'une tenue immaculée de victime innocente.

Elle devint celle à qui l'on avait fait du tort, vis-à-vis de qui on se sentait coupable et débiteur. La fille du collabo et de la « Bochesse » devint, du jour au lendemain, « cette pauvre enfant... bien à plaindre ». Du statut de coupable, elle passa à celui de porteuse de la culpabilité des autres. Mais, bien sûr, jamais personne ne prit le temps ou n'eut le courage de lui parler comme à une personne à part entière de ce qui s'était passé, ni de lui expliquer la nature des sentiments qu'on lui portait.

Et surtout, personne ne songea un instant à l'écouter.

Autrefois, on l'avait maltraitée ; à présent, on la plaignait – la balance était rétablie et le narcissisme collectif, mis à mal par cet épisode, se trouvait restauré. On avait refermé la faille. Coupable commode, l'enfant était devenue une victime exemplaire. Tout était pour le mieux dans le meilleur des mondes.

Blanche ne comprit pas qu'elle leur était tout aussi nécessaire dans un rôle que dans l'autre, et que cette pitié qu'on affichait à tout propos à son égard permettait à la communauté une évacuation inconsciente de tout ce qui avait pu se passer pendant la période trouble de la guerre. Grâce à elle le refoulement collectif recouvrait le devoir de mémoire.

Personnage semblable à cet *Enfant Pain* décrit dans le roman d'Agostin Gomez Arcos, Blanche devint, à son corps défendant, nourriture symbolique pour la névrose collective.

Dans ces conditions, le traumatisme initial vécu par l'enfant n'avait évidemment plus aucune chance de trouver un lieu d'écoute où aurait pu s'effectuer une cicatrisation. Faute d'un discours structurant sur sa propre histoire dans le secret du roman familial, coincée entre un oubli interdit et un refoulement obligatoire, Blanche ne pouvait qu'aller mal et réagir à cette maltraitance psychologique sur un mode pathologique.

De cette violence qui lui était faite, elle ne pouvait rien

construire et n'avait d'autre ressource que de l'« agir » de façon directe vers l'extérieur.

Cet « effort pour rendre l'autre fou », selon la formule de Searles[1], atteignit son but, et, sans que personne s'en rende compte ou veuille l'apercevoir, elle entra dans la psychose.

Cela se fit par étapes et d'une façon telle que, ses principaux mécanismes d'adaptation sociale restant longtemps préservés, nul ne s'en inquiéta. Depuis bien des années, on avait cessé de prêter attention à cette fille qui disparaissait si bien derrière son rôle dans le psychodrame collectif.

Ce furent ses capacités à communiquer qui se détériorèrent en premier. Elle s'enferma peu à peu dans un silence qui satisfaisait tout le monde car, dans le fond, personne n'avait envie de l'écouter. Enfant sage, ne perturbant jamais la classe, faisant correctement le travail qui lui était demandé, elle ne semble pas avoir éveillé d'inquiétude particulière chez ses instituteurs qui portèrent sur elle des appréciations vagues et superficielles.

La seconde phase du développement de sa maladie se manifesta par un besoin frénétique d'amasser indistinctement tous les objets éveillant, ne fût-ce qu'un instant, son intérêt et de les conserver en un désordre indescriptible dans une pièce fermée où elle ne laissait pénétrer personne et dont elle gardait la clef suspendue à un ruban de soie, à même la peau, entre ses seins.

Lorsqu'elle souhaitait y déposer un nouvel objet, elle accomplissait tout un cérémonial, se dénudait, ôtait le collier, s'emparait de la clef, l'introduisait dans la serrure qu'elle ouvrait et refermait quatre fois de suite – jamais plus jamais moins –, ouvrait la porte de façon furtive et

---

1. Harold Searles, psychanalyste américain, auteur de *L'Effort pour rendre l'autre fou* (Gallimard, Collection « Connaissance de l'inconscient »).

jetait d'un mouvement brusque l'objet dans la pièce obscure, qu'elle refermait aussitôt. Puis elle verrouillait la porte avec le même cérémonial, replaçait la clef autour de son cou et se rhabillait.

Jamais il ne lui venait à l'idée de récupérer l'un de ces objets pour s'en servir à nouveau ou pour le regarder. L'essentiel paraissait être de les amasser pour emplir un espace mystérieux, obscur et sans fond.

Ce comportement, évoquant des troubles obsessionnels compulsifs, était maintenu par elle dans le plus grand secret. Ce n'est qu'après son acte criminel que les gendarmes, perquisitionnant dans sa maison, ouvrirent cette caverne d'Ali Baba et suffoquèrent presque sous la puanteur qui leur sauta au visage.

Son comportement alimentaire se dégrada à son tour, faisant alterner des périodes de boulimie avec des phases de jeûne anorexique, au cours desquelles elle était prise de vomissements dès qu'elle absorbait le moindre verre d'eau. S'y associaient, à l'occasion, quelques épisodes alcooliques assortis de perversions alimentaires.

Lorsque Blanche devint adolescente, sa sexualité se développa sur un mode tout aussi immature et anarchique. Elle eut longtemps recours à des pratiques auto-érotiques, puis multiplia les partenaires sans la moindre sélection, jetant son dévolu sur n'importe qui lorsqu'il lui fallait assouvir ses pulsions. On ne lui connut pas d'autre liaison durable que cet ouvrier portugais qu'elle partit rejoindre et qui fut son dernier amant. Cette sexualité excluait toute dimension relationnelle un peu construite et comportait une forte dimension narcissique.

C'est cette anarchie de son comportement sexuel qui finit par faire réagir son environnement et provoqua son départ de l'établissement où elle était employée. L'enquête n'a jamais pu retrouver la trace de l'homme avec qui elle conçut la petite Manon, ni celle des géniteurs de Noël, Sandrine et Renée.

Au sujet de son désir (ou de son absence de désir) de maternité, Blanche ne s'exprima jamais clairement. Ce qui est certain, c'est qu'elle n'eut jamais recours à des pratiques abortives et que nous n'avons pas connaissance d'interruptions naturelles de grossesses. On peut supposer qu'elle était aussi peu capable de refuser ces naissances que de les accepter. Elle apportait cependant aux enfants des soins maternels convenables. Ils paraissaient bien nourris, propres, habillés avec soin.

Devant le développement, au demeurant assez classique, d'une psychose atypique, sans manifestation de délire flamboyant ni dysfonctionnement social majeur, et en l'absence de toute approche thérapeutique, il n'est pas étonnant qu'on assiste à un envahissement des mécanismes mentaux par la maladie et que, peu à peu, les dernières défenses cèdent.

Que le désir de mort pour ses enfants, couronné par le meurtre effectif de l'un d'entre eux, en soit l'aboutissement logique, n'a donc rien de surprenant. L'interaction d'un traumatisme initial majeur dans la petite enfance et d'une réaction pathologique de l'environnement produit souvent ce genre de désastre.

Mais, dans le choix des possibles, pourquoi les enfants, et pourquoi Manon et pas l'un des trois autres ?

Un début de réponse nous sera fourni par un texte qui eut son heure de gloire en milieu psychiatrique et universitaire dans les années 70. Il s'agit du livre de Louis Wolfson, *Le Schizo et les langues* [1], et surtout de la remarquable préface que lui a donnée Gilles Deleuze.

Depuis Lacan, travaillant à partir du *Cours de Linguistique générale* de Saussure, nous avons appris que l'incons-

1. Louis Wolfson, auteur américain né en 1931. À ma connaissance, *Le Schizo et les langues*, Gallimard, Collection « Connaissance de l'inconscient », (1970) est le seul ouvrage qu'il ait écrit.

cient est structuré comme un langage et que la psychanalyse oscille en permanence entre le son et le sens. Dans l'œuvre de Wolfson – elle-même flamboyant délire schizophrénique – l'auteur développe à l'infini son discours sur le chevauchement entre les différentes possibilités que propose l'écoute lorsqu'elle traverse différents champs linguistiques.

Pratiquant quatre langues vivantes, l'auteur laisse son inconscient discourir, en liberté, sur les divers sens possibles des mots et leurs rapports avec les réalités. À travers une variation sur son propre nom, Louis Wolfson dégage la dimension œdipienne, voire fusionnelle, de sa relation avec sa mère.

Wolfson = le fils du loup + le fils-loup (lou is wolf's son, en anglais).

Mais aussi, *Wolfson = son loup* (entendre le loup qui est le sien, par un glissement sémantique de l'anglais au français), représentation angoissante et œdipienne du sexe de sa mère auquel il s'identifie.

Puis du langage – langue maternelle – il passera à la nourriture et à la représentation du sein, se figurant sa mère comme le « bourrant de langage comme elle veut le bourrer de nourriture ».

Revenons à Blanche et attardons-nous sur les prénoms choisis pour ses enfants – choix qu'elle effectue sans recourir à la moindre référence paternelle ni familiale :

Noël – Sandrine – Renée – Manon

Noël est à la fois l'enfant merveilleux, né du miracle de la Nativité, et un être (un garçon) *différent d'elle*. Il est l'Enfant-Jésus né de la « Vierge-Mère », position qu'occupera quelques années plus tard le cadavre de sa petite sœur et qu'occupe Blanche elle-même. *Noël*, c'est aussi *No-elle*, refus de cette vie extérieure à elle, à la fois immense espoir et profonde incapacité à sortir de la fusion et de la confusion. Il est donc impossible qu'il vive : ce n'est pas lui qui l'a « faite mère » (Dolto), mais quelque chose de l'ordre d'un délire psychotique loin de toute métaphore paternelle.

Sandrine, qu'elle écrit toujours *Cendrine*, porte, revêtue de cendres, le deuil de l'enfant merveilleux, de Noël, mais aussi de Blanche elle-même et du feu de son enfance noyé sous le malheur du vide et de la mort dont elle se sent inconsciemment responsable. Enfant œdipien incestueux, son destin semble symboliquement inscrit dans son prénom : des cendres... un feu de vie noyé.

Renée. Dans ce prénom, on pourrait lire comme un immense espoir. La petite fille est « *Re-née* de ses *Cendres...* » Petit phœnix à qui semble promise la renaissance, et à qui seraient données la capacité et la mission d'annuler le désastre, de tenir éloignée la mort à l'œuvre dans le destin de sa mère. Mais nulle existence créative ne peut émerger de la fusion psychotique, et, sans métaphore structurante, son destin suivra celui de ses aînés. Renée, comme son frère et sa sœur, aura été une « fausse route ».

Manon. Un refus global et définitif : MA fille, NON... Première et sans doute seule tentative de Blanche pour inscrire son existence ailleurs que dans un *No Man's Land* (la terre où il n'y a aucun homme) et qui se termine sur une répétition à peine simulée du traumatisme initial par l'abandon et la solitude. Il n'existe pour Blanche aucune voie permettant d'échapper à son destin de petite fille mort-née au désir, et le cadavre de Manon ira rejoindre celui de Noël à la place symbolique de l'Enfant-Jésus, créature merveilleuse d'innocence mais porteuse de tous les péchés de ceux qui l'ont créée, puis tuée.

De *Blanche* à *Noël*, de *Noël* à *Sandrine*, de *Sandrine* à *Renée*, de *Renée* à *Manon...* et de *Manon* à *Blanche*, le destin tragique de la fille du collabo et de la « Bochesse », devenue icône puis meurtrière, se trouve accompli.

Elle est devenue une malade mentale dangereuse enfermée dans un service psychiatrique hautement sécurisé.

Depuis son internement, elle a tenté par trois fois de tuer des infirmières en leur crevant les yeux – tragique référence œdipienne !

Il est vrai que l'une des malheureuses avait l'infortune de se nommer Sylvie *Mornet*[1] !

Morte au plan symbolique et social, Blanche a rejoint dans la folie le sort de nombre d'infanticides perdues, et depuis bien trop de temps bien au-delà de nos possibilités d'approche.

Meurtrières avant tout d'elles-mêmes, elles étaient souvent déjà mortes avant de tuer.

Le meurtre d'un enfant n'obéit jamais à une motivation superficielle, si horrible soit-elle. On peut penser qu'*elle* tuera son mari pour se libérer et mener une nouvelle vie ; jamais *elle* n'assassinera son enfant dans une logique semblable. *Elle* choisira parfois l'équivalent symbolique de ce meurtre en donnant l'enfant à sa propre mère ou à une institution qui en tiendra lieu, effaçant, par un tour de passe-passe, la barrière des générations, annulant, dans le même geste, sa propre maternité et son propre enfantement.

L'autre ressource que propose l'inconscient est celle de l'acte manqué : l'accident. Nourrisson qui échappe des mains, glisse de la table à langer, que l'on ébouillante avec une eau dont on a omis de contrôler la température, qu'on laisse s'étouffer dans ses renvois ou par un chat qui vient s'allonger sur le visage du bébé. Les exemples abondent de ces terribles croche-pieds que décoche parfois l'inconscient. *Elle* en gardera la culpabilité sa vie durant car, au fond d'elle-même, *elle* n'acceptera jamais d'être dupe.

1. Il s'agit, là, bien évidemment, d'un nom d'emprunt destiné à dissimuler la véritable identité de cette infirmière, mais le triple signifiant « vie/naissance/mort » était bien présent dans son patronyme. Les prénoms des enfants de Blanche, eux, sont réels.

Meurtre dans le miroir s'il en est, l'infanticide n'autorise guère la distanciation et ouvre dans l'esprit de celle qui en est l'auteur une blessure narcissique majeure difficile à cicatriser.

La société répond la plupart du temps en tenant compte de la « dimension du malheur » et accorde des circonstances atténuantes aux infanticides. L'article 122-1 du Code pénal y est plus souvent appliqué que dans des affaires tout aussi marquées par le désarroi psychologique mais qui n'ont pas cette dimension insupportable pour la société qu'est le meurtre de l'enfant par sa propre mère.

Il arrive parfois que la force tragique d'un acte criminel l'emporte sur la rigueur du Code pénal et que le vieux principe de droit romain : *Summum jus summa injuria* (« Le droit porté à l'extrême produit une suprême injustice ») s'applique au moment du verdict.

En 2001, une femme fut jugée en cour d'assises pour le meurtre de son fils aîné. Au cours d'une scène violente, elle lui avait déchargé un pistolet en pleine poitrine. L'enquête démontra sans peine que l'acte était délibéré et prémédité, l'arme choisie et préparée dans cet objectif précis. L'accusée encourait une très lourde peine d'emprisonnement pour meurtre avec préméditation. (Article 221-3 du Code pénal).

Le déroulement des débats, menés avec rigueur et humanité par un président ne confondant pas (pour une fois !) le Code pénal avec la Bible, permit de reconstituer le drame, mais aussi de le comprendre.

Le jeune homme était toxicomane depuis plusieurs années. Dans l'incapacité de travailler, il exerçait une pression chaque jour plus forte sur sa mère pour qu'elle lui donne l'argent de sa drogue. Toutes les tentatives pour mettre en place un traitement échouèrent, comme c'est souvent le cas avec les personnes grandement dépendantes. Son état psychologique se dégrada à mesure que son besoin de produits toxiques augmentait. Les crises d'angoisse et les douleurs physiques du jeune homme lorsqu'il était en manque étaient insupportables pour sa mère, qui entra dans une spirale folle en accédant toujours à ses demandes.

Se définissant ainsi comme capable de répondre aux besoins sans fin de son enfant, elle renouait inconsciemment avec l'un de ses rôles fondateurs, celui des tout premiers moments de la vie, où, le portant en elle, elle avait mission et pouvoir de le prendre en charge tout entier. Sans le savoir, elle entrait tête baissée dans la fonction assignée à la drogue par le toxicomane, produit magique, capable d'un seul trait d'annuler tout besoin, de combler tout désir.

Pour cette femme, sensible et intelligente, et qui élevait seule sa famille, la souffrance de son enfant était insupportable, et elle déploya une énergie considérable à tenter de combler ce tonneau des Danaïdes.

Il est évident qu'une telle entreprise était vouée, dès le début, à l'échec. Vint le moment où elle ne fut plus capable de réunir les sommes toujours plus élevées qu'il exigeait. En toute logique, le garçon retourna alors son agressivité contre elle. Ne l'avait-elle pas, depuis le début, installé dans cette situation ? Comment accepter qu'elle cessât brusquement de répondre à ses demandes ?

Mère identifiée à la drogue, devenue archaïque, toute-puissante, dans une relation pervertie de sadomasochisme, il ne supportait pas de la percevoir « castrée ». Elle lui ouvrait ainsi à nouveau le champ du désir et l'obligation d'un « devenir » ; le niveau d'angoisse que cela lui imposait lui était insupportable.

Le jeune homme commença par voler ce qu'on lui refusait, allant jusqu'à vendre les meubles du foyer durant les absences de sa mère, partie à son travail. Un peu de délinquance, de *deal*, quelques épisodes difficiles avec la police et la justice, qui ne constituaient même pas un répit pour cette mère incapable de faire face à sa culpabilité, et qui allait jusqu'à tenter de lui procurer son produit entre les murs de la prison.

Comme on pouvait le prévoir, il devint de plus en plus violent et ses séjours chez sa mère se passèrent de plus en plus mal. Durant ses crises d'angoisse, il brisait tout dans l'appartement et rouait la malheureuse de coups, terrifiant ses frères plus jeunes. Prisonnière de cette situation insoluble, se voyant dans l'incapacité de répondre aux demandes de son fils mais aussi de refuser ce qu'il exigeait de façon de plus en plus violente, consciente, par ailleurs, qu'y accéder ne faisait que l'enfoncer davantage dans son problème. La mère commença à craindre pour sa vie et celle de ses autres enfants.

Elle avait beaucoup maigri, dormait de plus en plus mal, vivait dans un état de stress et de dépression permanent. Catholique pratiquante, elle tentait de trouver un réconfort dans la religion, et c'est sans doute cela – outre son sens de ses devoirs vis-à-vis de ses autres enfants – qui lui permit de résister à la tentation du suicide.

Un soir, il y eut une scène plus violente que d'habitude. Le jeune homme s'en prit à sa mère, la frappa, elle et sa plus jeune sœur. Puis il sortit, déclarant que, puisque c'était ainsi, il allait se tuer, mais qu'auparavant il allait revenir pour mettre le feu et les faire tous griller. Alors, après avoir envoyé les enfants dans leur chambre, la mère sortit d'une armoire un vieux pistolet conservé par son mari depuis la guerre, le chargea de cartouches, n'importe lesquelles, le posa sur une chaise et attendit.

Elle l'entendit monter l'escalier, criant et jurant, hurlant des menaces. Il ouvrit la porte. Elle était debout, face à lui, prête. Elle tira sans viser, tenant le pistolet droit devant elle. Il s'effondra, tué sur le coup. Elle se rassit et attendit.

Cette affaire, on le comprend, suscita naturellement une forte émotion et le procès aux assises fut d'une intensité exceptionnelle. L'opinion publique avait pris parti pour la mère ; la clémence du verdict fut bien accueillie et n'étonna personne.

On entendit cette femme beaucoup plus comme une victime que comme une meurtrière, et son acte criminel disparut, pour ainsi dire, aux yeux de la société, derrière sa douleur et la violence des sévices qu'elle avait subis. Son attitude durant les débats provoqua une grande émotion parmi le public et les jurés. Spectacle d'un être humain détruit, sans larmes, d'une mère assumant l'impensable : le meurtre de l'être qui lui était le plus cher. Jusqu'au bout, elle affirma n'avoir jamais cessé de l'aimer.

Lorsque je la rencontrai, plusieurs mois après sa condamnation, elle semblait avoir trouvé une certaine sérénité. Elle ne se plaignait pas, parlait peu, laissant s'installer des silences pesants. Les surveillantes parlaient d'elle comme d'une détenue modèle, envers laquelle les autres manifestaient à la fois un certain respect, et une sorte de crainte confinant à la superstition. Son acte avait tissé autour d'elle un espace d'isolement que ni elle-même ni les autres ne semblaient vouloir combler.

Parler des faits ne lui posait aucun problème. Elle le faisait sans émotion et donnait l'impression d'une histoire maintes fois répétée. Sa distance affective paraissait énorme. En réalité, le temps de la reconstruction n'était pas encore venu. La plaie était trop vive pour qu'elle envisageât de l'explorer. Il lui faudra se confronter aux couches les plus profondes de sa personnalité, comprendre comment elle avait pu devenir d'abord complice, puis actrice du destin de son fils. Comment elle avait pu laisser la drogue pénétrer leur univers, puis les détruire l'un et l'autre. La société lui a renvoyé un message intelligent, laissant place à une possibilité de réparation, à partir du moment où elle aura récupéré une position de sujet dans sa propre histoire. À l'époque où je l'ai connue, elle en était encore loin.

12

MÜNCHHAUSEN EST UNE PETITE VILLE EN ALLEMAGNE CÉLÈBRE PAR SON BARON...

La vie de Hieronymus Karl Friedrich, baron von Münchhausen (1720-1797), rejeton d'une ancienne famille du Hanovre, débuta de façon fort banale à l'époque. Il participa à deux campagnes contre les Turcs dans les armées du prince de Brunswick, puis en 1750, il prit une retraite précoce qu'il consacra à régaler ses amis et commensaux des récits toujours plus épiques de ses aventures.

Malheureusement pour lui, Rudolph Eric Raspe, un de ses anciens auditeurs, eut l'idée d'exploiter ses souvenirs pour financer son exil en Angleterre. C'est ainsi que fut publié pour la première fois à Londres, en 1785, *Baron Münchausen's narrative of his marvellous travels and campaigns in Russia*, recueil d'histoires extraordinaires, issues, en fait, du vieux fond folklorique européen. Son auteur n'en tira que peu de bénéfices, et ce n'est qu'au fil de rééditions et d'ajouts successifs que le succès vint, et il fallut attendre l'édition de 1862 et les célèbres illustrations de Gustave Doré pour que le baron réussisse sa percée en France.

Une seconde vague de gloire posthume lui tomba dessus en 1951 avec son entrée dans la terminologie médicale.

Un praticien anglais, Asher, proposa en effet d'en faire l'éponyme d'un syndrome très particulier dont les différentes manifestations étaient déjà connues, mais de façon éparse dans chaque spécialité médicale et sous de multiples et pittoresques appellations (*laparotomophilia migrans, haematesis mercants, neurologica diabolica*, etc.) que nul n'avait songé, jusque-là, à rapprocher.

Dès 1905, Dupré avait rédigé un mémoire sur la mythomanie où apparaissaient les troubles factices et des « mythomanes voyageurs », véritables « fables en marche ». Quelques années plus tard, en 1908, Dieulafoy introduisit le terme de « pathomimie » forgé à sa demande par Paul Bourget. Dans ces descriptions où le futur syndrome de Münchhausen apparaissait en filigrane, ces auteurs s'étaient surtout attachés à distinguer les faits rapportés de ceux liés à l'hystérie. L'apport d'Asher est d'avoir rapproché des troubles factices les deux autres caractéristiques du syndrome : les mensonges « flamboyants » (*pseudologia fantastica*) et les pérégrinations incessantes. Le syndrome de Münchhausen est donc à classer dans la catégorie des « troubles factices ».

Il s'agit de symptômes physiques ou psychologiques qui sont produits intentionnellement ou qui sont simulés de façon tout à fait consciente dans le but de jouer le rôle du malade, et cela sans aucun autre bénéfice matériel ou concret. Les personnes qui en sont atteintes multiplient les demandes d'intervention en présentant de nombreux symptômes propres à alerter les médecins. Leur corps garde souvent la trace d'opérations chirurgicales passées qu'ils exhibent comme preuves de l'authenticité de leur état. Il peut s'agir de presque toutes les pathologies : troubles gastriques, respiratoires, cutanés, circulatoires, hémorragies diverses, etc.

Bien que spectaculaires, ces manifestations ne résistent

pas à un examen approfondi ou à une hospitalisation, même de courte durée. Vite suspectées, ces personnes sont démasquées et confrontées à leur supercherie, ou présentées en consultation psychiatrique.

Lorsque cela se produit, elles exigent leur sortie immédiate de l'hôpital, contre l'avis médical, pour aller se faire hospitaliser sous d'autres identités et avec d'autres symptomatologies dans d'autres villes ou d'autres pays.

Les « münchhausiens typiques » sont hospitalisés en urgence dans un tableau clinique cardiovasculaire, abdominal, neurologique ou anémique aigu, nécessitant en apparence un soulagement ou une intervention immédiate. Au fur et à mesure des investigations négatives, leur symptomatologie varie et leur discours fluctue, évoluant vers un récit rocambolesque d'hospitalisations à répétition.

Au début soumis et coopérants, ils deviennent vite critiques à l'égard du diagnostic qu'ils contestent et entendent redresser en réclamant des examens complémentaires ou des interventions.

Très attentifs au fonctionnement interne du service hospitalier, ils en relèvent les moindres défaillances et soumettent l'équipe soignante à des récriminations croissantes.

Le « vagabondage » hospitalier et médical, l'isolement social (ces patients ne reçoivent presque jamais de visites durant leurs séjours), et surtout la « pseudologie fantastique » – c'est-à-dire une forme particulière de discours mythomaniaque imprécis qui intrigue et éveille en même temps la suspicion – semblent être les seuls traits distinctifs du syndrome de Münchhausen.

La carrière hospitalière des « münchhausiens » commence parfois à l'occasion d'une maladie organique « involontaire », réelle, et se poursuit sans relâche toute leur vie durant au service d'une étrange passion : *être malade*.

On perçoit alors chez ces patients un trouble de l'identité qui va au-delà des problèmes de comportement à caractère antisocial des déséquilibrés et se situe aux confins de la psychose. Certains exercent parfois des fonctions thérapeutiques ou paramédicales. Ils sont fascinés par la littérature médicale et se montrent très informés de l'évolution de l'actualité de la recherche. Cela explique leur capacité à s'approprier tout un jargon pseudo-professionnel dont ils émaillent leurs propos en vue de se faire reconnaître une certaine compétence ou d'établir une complicité langagière avec le personnel soignant.

Nous n'avons pas beaucoup d'observations cliniques de ces malades insaisissables et hostiles à toute approche psychiatrique, car ils revendiquent d'être malades uniquement dans leur corps et refusent avec énergie toute idée de psychothérapie.

On repère cependant certains facteurs prédisposants : carences affectives précoces, enfance et adolescence marquées par de multiples maladies, fascination pour la littérature médicale. L'idéalisation du médecin coexiste avec de vifs ressentiments à son égard. Ils développent des traits de personnalité masochistes, recherchent une relation privilégiée, voire sentimentale et sexuelle, avec les médecins tout en ayant le sentiment d'être exploités et rejetés. Leur comportement associe toujours revendications médicales de plus en plus agressives et faux-fuyants devant des questions précises concernant noms, dates ou références.

Au fur et à mesure de leur hospitalisation, le scénario suivant est mis en œuvre : séduction du médecin par l'attrait du « beau » diagnostic ou du geste qui sauve, soumission masochiste aux explorations, surtout si elles sont traumatisantes, fusion inconsciente avec la figure parentale idéalisée du médecin, suivie d'une brusque dévalorisation, sentiment d'omnipotence infantile à l'égard de la figure parentale disqualifiée, accès de rage narcissique liée à la répétition de l'expérience de rejet.

Cela se termine très souvent par une rupture : une sortie contre avis médical ou une fugue après un conflit ouvert avec un médecin ou une infirmière. On a vu des cas où le patient, animé d'un désir de vengeance, harcelait par la suite le médecin de courriers menaçants ou d'appels téléphoniques.

Il est rare que la spirale dans laquelle s'engagent les « münchhausiens » débouche sur une issue fatale. Il est évident que l'omniprésence des structures médicales dans ce syndrome y est pour beaucoup, et que ces malades-là sont tout sauf suicidaires.

Leur imagination est parfois stupéfiante et la variété des techniques qu'ils utilisent pour simuler ou se créer leurs troubles laisse pantois. Aux États-Unis, on a assisté, en 1980, à un cas pittoresque de « Münchhausen factice »... Ce patient original réclamait une hospitalisation pour un syndrome de Münchhausen avoué, expliquant en détail les fausses maladies alléguées dans le passé, exhibait un abdomen maquillé de fausses cicatrices dans le but d'entraîner les médecins à une hospitalisation en secteur psychiatrique !

Quel rapport, demandera-t-on, avec la criminalité de sang ? C'est qu'il existe un syndrome beaucoup plus important appelé « Syndrome de Münchhausen par procuration », mis en évidence par le chercheur anglais Meadows en 1977 sous le nom de *Münchhausen Syndrom By Proxy* (MSBP) – et qui nous rapproche de l'infanticide.

Il s'agit d'une maladie d'enfant provoquée, inventée ou simulée par un parent, ou d'une maladie réelle de l'enfant aggravée par la conduite parentale. Les symptômes conduisent à son hospitalisation, mais les examens pratiqués ne trouvent pas de causes à la pathologie. Le tableau clinique présenté au praticien est toujours crédible, souvent assorti d'éléments concrets qui obligent le médecin à intervenir.

Tel enfant, par exemple, est amené avec une forte fièvre, un abdomen douloureux, des vomissements ou une forte diarrhée. Le service hospitalier, suspectant un problème gastrique grave, va entreprendre un protocole de soins dans l'urgence entraînant une laparotomie. Au bloc opératoire, on constatera l'absence de toute infection. Mis devant cette évidence, le parent se montre souvent agressif. Il accuse le médecin d'être incapable de faire un diagnostic correct, pointe avec justesse les dysfonctionnements dans le service qu'il a pu constater durant la période de « lune de miel » avec l'équipe soignante. Cela se termine à chaque fois par un conflit. Le petit patient est retiré de l'hôpital contre avis médical et la « famille münchhausienne » va continuer sa pérégrination pathologique et rééditer sa mise en scène en un autre lieu.

Les parents provoquent alors des hospitalisations répétées, parfois sous des identités factices, et veulent savoir ce qui arrive à leur enfant. Constamment présents lors de l'hospitalisation et des soins, ils adoptent un comportement de « parents modèles » qui leur attire généralement la sympathie et l'admiration de l'équipe médicale. Ils étonnent par leur inquiétude modérée et ne semblent pas abattus par la gravité éventuelle des diagnostics évoqués par les médecins. Tout se passe comme s'ils étaient déjà au fait de la gravité réelle de l'état de leur enfant, et que, pour eux, le plus important était que celui-ci soit reconnu « malade ».

Certaines femmes peuvent transférer leurs préoccupations morbides sur leurs enfants à travers ce syndrome, parfois appelé « syndrome de Polle », du nom de l'unique enfant du fameux baron, mort en bas âge de façon suspecte.

Comme dans le syndrome « simple », l'hospitalisation de l'enfant est accompagnée d'un scénario produit par le parent – en général, la mère –, englobant le médecin, l'équipe soignante, l'institution, et le petit malade qui, d'après les statistiques, est âgé de un à cinq ans.

Dans un premier temps, la relation est très positive. Les mères entourent leur enfant de manifestations d'affection propres à donner d'elles une image de mères exemplaires. Elles parlent beaucoup, se montrent très au fait des termes médicaux et parlent un langage dans lequel les soignants se retrouvent aisément. Elles se montrent curieuses du fonctionnement du service, attentives aux confidences qu'on peut leur faire et appellent vite par leur prénom les infirmières qui le veulent bien.

Vis-à-vis des médecins, leur attitude est de séduction sur un mode souvent hystérisé. L'image du praticien est survalorisée et elles mettent en œuvre toutes les stratégies possibles pour l'amener à agir selon leurs objectifs à elles.

La plupart du temps, l'hospitalisation se produit dans un service pédiatrique et les aspects inquiétants du comportement parental ne sont pas perçus tout de suite. À en croire les parents, les affections présentées sont exclusivement physiques, et il est hors de question de suggérer que le problème puisse avoir une composante d'ordre psychologique : c'est le corps de l'enfant qui est atteint, et rien d'autre.

En France, ce syndrome n'est considéré comme une pathologie à part entière que depuis peu. Il n'en est pas de même chez les Anglo-Saxons, qui, depuis plus de vingt ans, ont mené à son sujet de véritables études cliniques et des enquêtes approfondies.

On y découvre que les petits patients sont parfois l'objet de pratiques défiant l'imagination : création d'anémie par saignements provoqués (syndrome de Lasthénie de Ferjol, du nom d'une héroïne de Barbey d'Aurevilly) ; fièvres simulées (thermopathomimie) par manipulation du thermomètre ou création d'une infection artificielle ; hypoglycémies par prise de sulfamides hypoglycémiants ou injection d'insuline ; hypokaliémie (insuffisance du taux de potassium dans le sang) par ingestion clandestine de diurétiques ; vomissements provoqués ; troubles cutanés (abcès) par instillation de salive sous la peau ; adjonctions diverses à l'urine (sang par autoprélèvement ou sucre) sont quelques-uns des traitements infligés à ces enfants par des parents qui les *veulent* malades pour assouvir leur propre pathologie. Ces troubles guérissent vite à partir du moment où une surveillance est exercée et dès qu'il y a séparation d'avec le parent.

Se produit alors le scénario répétitif de rupture exposé ci-dessus.

Ce type particulier de maltraitance infantile a eu récemment une issue fatale pour plusieurs enfants dans une même famille de la région rémoise.

Les mères mises en examen, jugées et condamnées ont toutes été reconnues responsables de leurs actes. Il s'agissait à chaque fois de personnalités perturbées, à la limite de la psychose, au-delà du tableau clinique de l'hystérie présenté de prime abord. La dimension narcissique de la demande d'intervention sur le corps de leurs enfants était perceptible sur fond de relation fusionnelle. Certaines étaient, elles-mêmes, atteintes du syndrome de Münchhausen « simple ».

Un accès thérapeutique préventif est difficile avec ces personnes, la moindre allusion à une prise en charge psychologique provoquant chez elles une angoisse importante et une réaction de rupture.

Mais les victimes du MSBP ne sont pas toujours des enfants.

Monsieur X, citoyen américain âgé de trente-quatre ans, est le troisième d'une fratrie de sept enfants d'une famille de classe moyenne. Il semble que des difficultés relationnelles soient apparues très tôt dans son enfance au sein de son milieu familial. À l'âge de six ans, il fut placé dans un internat, son comportement turbulent devenant insupportable.

À dix-sept ans, il retrouva son indépendance et, à vingt-quatre ans, il épousa une jeune fille de dix-neuf ans, Mademoiselle Y. De ce couple naquirent deux enfants, des filles.

Peu de temps après son mariage, Monsieur X commença à entreprendre des voyages, la plupart du temps tout seul, sans donner d'explications ni sur sa destination ni sur les raisons qui les provoquaient. En six ans il accomplit trente de ces mystérieux périples.

Selon Monsieur X, sa femme tomba malade peu de temps après la naissance de leur deuxième fille. Des abcès atypiques apparurent sur tout son corps. Elle perdit du poids et devint si faible qu'il fallut l'hospitaliser. Les examens et les analyses répétés ne découvrirent rien de déterminant et ces abcès restèrent incompréhensibles pour les médecins, déconcertés par cet étrange tableau clinique qui ne ressemblait à aucune maladie.

Au fur et à mesure de la progression des troubles de sa femme, Monsieur X lui manifesta de plus en plus d'attention et de soins. Il passait des heures auprès d'elle à la soigner, se gagnant ainsi la sympathie et l'admiration des médecins et de l'équipe soignante.

Plus tard, Monsieur X avoua aux policiers qu'il mettait des somnifères dans le verre de son épouse et que, durant son sommeil, il lui injectait de l'essence sous la peau, dans différentes parties de son corps.

La malheureuse mourut un an après la première apparition des symptômes.

Monsieur X expliqua, par la suite, qu'il vivait dans la terreur que sa femme le quitte. En la rendant malade, par ces injections, il se créait la possibilité de jouer auprès d'elle le rôle d'un infirmier et, bien sûr, la forçait à rester auprès de lui. Par la même occasion, il satisfaisait son besoin de recevoir du respect et de l'admiration de la part d'un entourage aux yeux duquel il passait pour un mari exemplaire.

Monsieur X était sans aucun doute sincère lorsqu'il disait n'avoir eu aucune intention de tuer sa femme. Sa mort le privait de l'objet de ses soins et des bénéfices psychologiques qu'il en tirait.

Trois ans après la mort de sa femme, Monsieur X rencontra Mademoiselle Z, une jeune fille de vingt-quatre ans qu'il employait à son domicile pour l'aider à élever ses deux filles. Leur relation devint de plus en plus étroite, et, peu de temps après, il lui demanda de l'épouser. La jeune fille refusa. Se sentant à nouveau menacé d'abandon, Monsieur X mit un barbiturique dans le café de son amie, et, quand elle eut perdu conscience, il lui injecta de l'essence dans le cou, la poitrine et le dos. Mademoiselle Z devint paraplégique, et Monsieur X put reprendre son rôle d'homme aux petits soins, demandant au médecin toujours plus d'analyses de laboratoire et lui suggérant d'inviter des collègues étrangers en consultation.

Plus tard, quand il eut été condamné par la justice, jamais Monsieur X ne voulut considérer ses actes comme criminels. Il maintenait n'avoir agi que par amour et par inquiétude pour sa femme et son amie.

Soumis à un examen psychiatrique à l'hôpital de la prison, Monsieur X se montra coopérant et ne donna aucun signe d'anxiété. Ses manifestations affectives semblaient superficielles et médiocres en regard de la gravité des conséquences de ses actes. On ne releva aucun trouble de la pensée ni du raisonnement. Il était dominé par le sentiment d'avoir subi une injustice et il en manifestait de l'aigreur et une certaine agressivité.

Plusieurs tests psychologiques lui furent proposés : ils révélèrent un QI de 117, et ne montrèrent aucun signe de distorsion de son rapport à la réalité. Ils révélaient une personnalité aux troubles narcissiques divers et décrivaient Monsieur X comme un homme solitaire et dépressif, en constante recherche d'un amour maternel absent. Par exemple, sa réponse à la planche 6BM du TAT indiquait qu'il se vivait avec l'expérience d'un enfant adopté alors qu'il n'en était rien.

Son anamnèse et son parcours personnel indiquent que

Monsieur X fut un enfant rejeté et privé d'affection. Les tests projectifs soulignèrent qu'il avait développé un besoin obsédant d'une relation fusionnelle avec des personnes surinvesties au plan symbolique. Ses relations affectives et sexuelles avec les femmes étaient marquées par une angoisse intense et des traits homosexuels refoulés. Le test de Rorschach indiqua clairement qu'il tentait de résoudre ce conflit interne en transformant l'objet de son désir en malade, l'attachant à lui de cette façon et permettant d'éviter l'angoisse que provoquait en lui tout rapport sexuel.

Sur la base de cet examen psychologique recoupé avec son anamnèse et les conclusions des examens cliniques, il semble que l'attitude de dévotion et d'attention portée à ses victimes lui servait à surmonter le manque d'affection et de valorisation dont il avait souffert dans son enfance. Il s'agissait d'une victoire sur l'environnement qu'il bernait (représentant pour lui le rejet de sa famille) et sur sa victime elle-même (représentant sa propre mère). De cette façon, Monsieur X pouvait forcer l'attention et le respect de son entourage par le seul fait de rendre malade la personne avec laquelle il avait une relation affective.

En résumé, il souffrait de troubles narcissiques et le MSBP lui permettait d'éviter une désintégration psychotique lorsqu'il était pris dans une relation affective et sexuelle significative avec une femme.

Le cas qu'on vient de décrire étend le champ du MSBP de la relation fusionnelle mère-enfant à d'autres formes de relations. Dans les situations décrites jusque-là, cet « autre » pris dans la relation fusionnelle était l'enfant ; avec Monsieur X, il s'agissait de l'épouse et de la maîtresse.

Malgré l'opinion de Meadows qui prétend que les tests pratiqués sur les mères coupables de ces actes de barbarie sur leurs enfants n'avaient révélé aucune pathologie psychiatrique, nous ne disposons pas d'une recherche clinique convaincante. Toutefois, nous avons eu connaissance d'au moins un cas où une mère « normale » était, en fait, prise en charge par un service psychiatrique et se trouvait sous une lourde thérapie médicamenteuse.

Le diagnostic d'un Syndrome de Münchhausen par Procuration est rendu souvent difficile par le fait que la personne qui en est atteinte met en scène un tel déploiement de manifestations d'amour et de dévouement qu'il paraît scandaleux, à une équipe non avertie, de les suspecter.

Meadows a cependant mis en évidence quelques signaux d'alarme simples :

– résistance ou rechutes inexpliquées de symptômes, surtout quand ceux-ci ont été diagnostiqués comme relatifs à une maladie rare ou peu fréquente dans la région (signes d'une maladie tropicale alors que le patient est confus dans ses allégations de voyages outre-mer) ;

– contradictions évidentes entre l'histoire du patient et les observations cliniques, mensonges à la limite de l'incohérence et variations dans le récit de la trajectoire médicale relatée ;

– présence manifeste d'un « vagabondage thérapeutique », se traduisant par de multiples hospitalisations provoquées ou par une profusion de consultations de spécialistes différents (ordonnances de provenances éparpillées dans l'espace et le temps) ;

– attitude du « parent » qui refuse de quitter le chevet du malade même pour de courtes périodes, manifestant une attention et des soins exagérés ;

– disparition des symptômes du malade en l'absence de la personne à l'origine du MSBP.

À ces « signaux d'alarme » décrits par Meadows, il semble souhaitable d'en ajouter quelques-uns :

– présence de symptômes similaires chez au moins une personne en relation avec le parent à l'origine des troubles ;

– existence d'un rapport fusionnel entre le parent et la victime, allant au-delà de l'attention et des soins normaux dans le type de relation qui est le leur ;

– impression partagée par l'ensemble de l'équipe soignante que le parent semble plus intéressé par l'impression qu'il produit sur le corps médical et les infirmiers, que préoccupé par l'état du patient.

Plus j'avançais dans ce travail sur le Syndrome de Münchhausen par Procuration, plus les similitudes avec le tableau clinique proposé par les tueurs systémiques dits « organisés » me semblaient importantes.

La plus évidente est la « chosification » du corps de la victime pour assouvir des fantasmes « idiosyncrasiques », c'est-à-dire propres à une seule personne dans un fonctionnement psychologique singulier.

La seconde est l'absence totale de culpabilité de la part des « metteurs en scène » du MSBP et leur incapacité à émettre un jugement moral critique sur leur propre comportement. Jamais ces mères (pas plus que « Monsieur X ») n'admettront la moindre volonté de causer une souffrance ou un quelconque désir de mort de leur victime.

La troisième est la toute-puissance de la dimension narcissique dans leurs mises en scène, qui, sans aller jusqu'à « l'orgie » (Daniel Zagury) à laquelle se livrent les grands pervers psychopathes, occupe la plus grande partie de leur fonctionnement mental et social.

La quatrième est ce besoin d'agir sur un public, en l'occurrence le personnel médical et les équipes soignantes, et qui rappelle beaucoup le comportement médiatique de certains *serial killers* anglo-saxons, dont on sait qu'ils jouissent de lire dans la presse le reflet de leurs mises en scène, et ont le souci fréquent de prendre à témoin ceux-là mêmes qui finiront par les confondre.

La cinquième est l'incapacité de la réalité à se montrer à la hauteur de la jouissance exigée par le fantasme. D'où la spirale sans fin des passages à l'acte à travers le « vagabondage hospitalier », leur multiplication, ainsi que le nombre parfois élevé des victimes. Un couple américain, Waneta et George Hoyt, provoqua, dans les années 60, la mort de ses cinq enfants ; la famille Bush, à Fort Lauderdale, fit disparaître, entre 1930 et 1945, dix enfants qui lui avaient été confiés par les services sociaux.

La sixième est un rapport à la réalité cohérent (malgré le déni), une absence de troubles cognitifs et de propos ou comportements délirants.

Ces criminels, pour la plupart de sexe féminin, parviennent rarement à convaincre un jury de la présence en eux d'un trouble mental susceptible d'amoindrir leur culpabilité et sont presque toujours reconnus responsables de leurs actes par les tribunaux. Ils sont, en conséquence, condamnés à des peines d'emprisonnement importantes, et certains, aux États-Unis, sont morts entre les mains du bourreau.

Quelques-uns ont pu bénéficier, durant leur emprisonnement, de la prise en charge psychothérapeutique qui, si elle avait été mise en place durant leur enfance, aurait sans doute permis d'éviter les passages à l'acte criminel. Les résultats obtenus ont été variables. On a assisté à des décompensations graves de patientes qui, après une longue période de psychose hallucinatoire chronique, entraient dans la maladie mentale, rendant inévitable une hospitalisation en unité pour malades difficiles, avec un pronostic de guérison faible.

D'autres – souvent des femmes – ont gardé en milieu carcéral le même type de comportement « münchhausien » capable de tromper un environnement non averti. Détenues modèles, elles attirent la sympathie de leurs compagnes d'infortune et parfois celle du personnel de surveillance. Il n'est pas rare qu'elles se voient confier des emplois d'auxiliaires dans l'organisation de la prison, tâches dont elles s'acquittent parfaitement. L'une d'entre elles, meurtrière de deux de ses enfants au berceau, obtint même l'autorisation de remplacer l'infirmière de l'établissement durant son absence... pour maternité. Elles adoptent parfois une attitude de « victime professionnelle », prenant à témoin leur entourage de l'injustice monstrueuse qui leur aurait été faite, elles qui n'auraient été qu'amour et dévouement.

Certes, ces détenues ne présentent pas le même niveau de dangerosité que les grands et légendaires *serial killers* dont raffolent les Anglo-Saxons, mais on ne peut que constater la similitude de leurs comportements. Les traits pervers narcissiques de leur personnalité, l'absence d'empathie et de culpabilité qu'ils entraînent, rendent aléatoire toute approche psychothérapeutique fondée sur le transfert. Dans ces conditions, il est difficile de pronostiquer une véritable évolution de leur pathologie psychologique.

Je n'ai pas connaissance de situation dans laquelle l'une de ces personnes ait été en position de pouvoir rééditer son comportement criminel pathologique, et je n'ai donc aucune certitude sur les probabilités de récidive. Je ne puis qu'émettre un pronostic, et, à l'heure actuelle, il serait pessimiste.

13

INFIRMIÈRES MEURTRIÈRES

« Les anges de la mort »

Dans la panoplie de nos « femmes-meurtrières », les infirmières et membres du personnel soignant sont beaucoup plus nombreuses dans les fantasmes que dans la réalité. De même que les mères, elles se situent, dans notre inconscient, à la charnière de la vie et de la mort, porteuses potentielles de l'une et de l'autre, de la santé et de la maladie.

Porteuses, aussi, de ce double sens du mot grec désignant le médicament : Φαρμακον (pharmacon) et qui signifie, selon le contexte, le remède, le poison ou le philtre magique.

En 1940, à l'hôpital d'Orsay, en région parisienne, un groupe de quatre infirmières, livrées à elles-mêmes dans le chaos de la débâcle, prit la lourde décision d'injecter une solution létale à plusieurs malades grabataires et intransportables. Leur intention était de leur épargner les cruautés nazies. Du moins était-ce là ce qu'elles s'imaginaient.

Quelles que soient les circonstances, il est vrai très

particulières, dans lesquelles ces meurtres ont été commis, ni l'analyse qui en a été faite, ni la poussière du temps ne sont parvenues tout à fait à débarrasser de ce souvenir cet établissement, ni meilleur ni pire qu'un autre.

À intervalles réguliers, l'annonce de meurtres perpétrés sur leurs patients par des membres du corps médical vient défrayer la chronique. En cette année 2002, c'est le procès du médecin britannique Harold Shipman, auteur du décès d'une bonne centaine de ses patients, qui a tenu la vedette. Début 2003, se profile celui d'une infirmière française de la Région parisienne. Il y a peu de temps, en Autriche, une autre soignante avait à répondre du meurtre de plusieurs de ses patients, en majorité des personnes âgées. Ces événements ont toujours un retentissement considérable, à la mesure de la crainte que provoque le fantasme de la mort apportée par ceux-là mêmes dont la mission consiste à préserver la santé et conserver la vie.

Le psychiatre allemand Georg Groddeck [1] a écrit un ouvrage au titre étrange : *Nasamecu*.

Natura sanat... Medicus curat... [2] – sans doute oublia-t-il le troisième volet de ce triptyque : *Sed solus Deus salvat* !

Sorte de pontife (au sens latin du terme : le *pontifex*, « celui qui établit un pont », comme le prêtre est censé le faire entre le profane et le sacré), le médecin rejoint dans l'inconscient collectif l'image immémoriale du « passeur » qui accompagne l'homme d'un monde à l'autre. Sa parole autant que ses actes sont revêtus d'une dimension touchant au sacré.

Cette double qualité de prêtre et de thérapeute est présente de façon concrète dans bien des sociétés traditionnelles. Le rôle du sorcier ou du marabout est tout autant celui

1. Georg Groddeck (1866-1934), psychiatre allemand considéré comme l'un des précurseurs de la psychanalyse, écrit en 1923 *Le Livre du ça*. Malgré d'évidentes affinités, il ne rejoindra jamais vraiment le mouvement freudien.

2. « La nature guérit... le médecin soigne... seul Dieu sauve », axiome de la médecine antique.

d'un religieux que d'un médecin. Il en va de même du *chaman*, du *hougan vaudou* ou, plus près de nous, du *gourou* sévissant dans la moindre secte. N'est-il pas présent lors de l'accouchement, présidant à la venue au monde, et n'est-ce pas lui, qui, le jour venu, aura pour tâche de constater le trépas, d'en établir la « légalité » et de rédiger l'acte de décès mettant officiellement fin à la vie terrestre ?

La perspective qu'un personnage investi d'un tel pouvoir puisse faillir par incompétence est déjà insupportable à la collectivité, et l'on voit une société procédurière et névrosée comme celle des États-Unis multiplier les actions en justice lorsque l'issue de la maladie n'est pas celle attendue par les patients ou leur famille. Alors, l'idée du médecin ou de l'infirmière meurtriers est porteuse d'un niveau d'anxiété insupportable : il ne me semble pas exagéré d'affirmer que l'angoisse qu'elle véhicule ressemble beaucoup à ce qui a été décrit du rapport de la société à l'infanticide.

Mais même si l'opinion publique s'exprime sur un mode semblable, manifeste une même répulsion, un même effroi et une même incertitude devant ces deux phénomènes, la ressemblance, la plupart du temps, s'arrête là.

Pour la plupart, en effet, ces crimes obéissent principalement à une raison crapuleuse.

Shipman ne faisait passer ses victimes de vie à trépas – du moins dans la première partie de sa « carrière criminelle » – qu'après leur avoir fait signer une donation en sa faveur (car, en Angleterre, les médecins ont le droit d'hériter de leurs patients). Par la suite, il semble qu'il soit entré dans une phase plus pathologique et qu'il ait rejoint les *serial killers* traditionnels dans une recherche de jouissance narcissique dans le meurtre.

Cette forme d'assassinat s'accompagne parfois d'une dimension affective et sexuelle. J'ai rencontré à plusieurs reprises le cas d'infirmières, de surveillantes ou de garde-malades manipulant leur future victime, leur faisant croire à une affection sincère et à une attirance sexuelle réelle, allant parfois jusqu'à se faire épouser, simulant même – cela s'est vu – une grossesse impossible, avant d'organiser le « tragique accident » qui les rendra veuves et riches. Les victimes, la plupart du temps, étaient plus âgées que leur bourreau[1] et ces dernières entretenaient souvent dans le même temps une liaison passionnée avec un complice de leur âge, véritable co-auteur de l'assassinat. Les malheureux étaient choisis précisément pour leur âge avancé et leur santé chancelante, si bien que leur décès subit n'alertait pas outre mesure leur entourage. Le « lièvre » était souvent levé par des héritiers mécontents de voir les biens qu'ils convoitaient leur échapper au profit d'un tiers.

Cette stratégie meurtrière a donné lieu à bien des romans et bien des films où l'on retrouve tout autant des hommes que des femmes dans les rôles de meurtriers ou de victimes. Ce cas de figure est bien connu, et, au total, peu déstabilisant. Les motivations sont repérées, non dérangeantes au plan psychologique, et tous les éléments constitutifs d'un crime crapuleux y étant réunis, la société peut y apporter une réponse judiciaire sans ambiguïté.

Le problème est tout autre lorsque vient s'y mêler le délicat problème de l'euthanasie.

Cette pratique, conduisant à la mise à mort d'un individu consentant, ayant perdu tout espoir de guérison, pour abréger ses souffrances et lui permettre de finir dignement sa vie, n'a pas toujours posé problème.

Chez les Amérindiens du Nord, par exemple, le vieillard, arrivé au terme de son existence et de son utilité sociale (c'est-à-dire dans l'impossibilité de faire la guerre ou de chasser pour nourrir sa famille, et trop sénile pour participer aux conseils de tribu), organisait sa mort au cours d'une

1. Comme pour « assassin » il n'y a pas de féminin au mot « bourreau ». Le vieux français connaissait le terme « bourrelle » pour dénommer l'épouse de celui-ci. Bernard Clavel y a trouvé le titre de l'un de ses romans, *La Bourrelle*.

cérémonie solennelle, entouré du respect et de l'affection de toute la communauté.

Les religions monothéistes, au contraire, dépouillant l'homme de la propriété de sa vie – qui lui est donnée par Dieu – lui interdisent, par là même, de disposer de sa mort, et depuis lors l'idée même que l'homme puisse mettre fin à son existence se heurte à un interdit social majeur. Le mot « suicide », bâti sur le même modèle que « homicide », contient en lui la notion de meurtre, (« meurtre de soi »), et il fallut attendre le XIXe siècle pour que cet acte ne tombe plus sous le coup de la loi. Jusque-là, si vous aviez le malheur de ne pas réussir votre suicide, vous étiez jugé et conduit en place publique pour y être exécuté pour conduite sacrilège. Vos biens vous étaient confisqués et votre dépouille ne pouvait reposer en « terre chrétienne ».

De nos jours, le suicide est sorti du domaine judiciaire et religieux pour se trouver géré par le monde médical. Là encore, nous retrouvons le médecin prenant le relais du prêtre et du roi comme pilier de la sociologie historique.

Et, comme le roi et le prêtre, il est tenu par un serment qu'il prononce lors de sa prise de fonctions. Par Hippocrate, il jure de ne pas attenter à la vie, de la défendre jusqu'au bout par tous les moyens que la science met à sa disposition. Ce serment le lie et, en théorie, lui interdit toute pratique et toute assistance à une conduite suicidaire, *quelle que soit la situation.* Et cette position éthique s'étend à l'ensemble du corps médical sans aucune exception.

Mais les mœurs évoluent dans ce domaine comme dans les autres et les sociétés se posent de plus en plus la question du droit pour l'individu de bénéficier de l'assistance du corps médical afin de mettre fin à ses jours, s'il juge que ses conditions de vie deviennent insupportables. De très sérieuses commissions travaillent sur cet important problème et les positions varient d'un pays à l'autre.

C'est que, dans les interstices de ce débat à la fois fondamental et douloureux, les comportements criminels sont parvenus à s'introduire et à provoquer un trouble certain dans la conscience collective. Les cours d'assises ont eu à connaître d'un certain nombre d'affaires qui, si les éléments constitutifs du crime paraissaient établis, laissaient perplexes quant aux motivations réelles de leurs auteurs.

En bonne justice, les articles 221-3 (réprimant le meurtre) et surtout 221-4 (condamnant le meurtre avec préméditation, c'est-à-dire l'assassinat) étaient applicables de plein droit à ces actes au cours desquels des soignants (pour une écrasante majorité, des femmes) avaient, en toute conscience, donné la mort à certains de leurs patients gravement malades ou en fin de vie. En soi, le problème juridique était simple et se résumait à une évaluation de l'individualisation de la peine en fonction des circonstances plus ou moins aggravantes et de la personnalité de l'accusé. Mais les opinions publiques plus ou moins influencées par certains médias ne firent pas une lecture aussi limpide de ces événements, et des défenseurs habiles surent en tirer profit.

On fit entrer en jeu une notion de *charité* et de *devoir d'humanité* pour atténuer la portée criminelle de ces assassinats. On mit en avant une hypothétique position rétrograde de la société, qui ne tiendrait compte ni de la douleur des malades, ni de l'atteinte insupportable à leur dignité humaine, ni du fait que, au-delà de toute espérance de guérison, il était barbare de prolonger « inutilement » leurs souffrances.

Cette attitude ressemble étrangement au discours de certains prosélytes de la pédophilie, pour qui toute attitude répressive dans ce domaine serait réactionnaire, comme l'était naguère la condamnation de l'homosexualité. Ils seraient, en quelque sorte, en avance sur leur temps – quitte à « oublier » au passage tout ce qu'on sait de la lente maturation sexuelle des enfants et de l'évolution particulière de chaque société.

À les entendre, cependant, ces meurtrières ne feraient qu'œuvre de justice en rendant à ceux qu'elles assassinent une dignité que la société, toujours à la traîne dans ses textes par rapport à l'évolution des mœurs, leur refuserait au mépris de toute humanité.

Pour en avoir le cœur net, je me suis rendu dans plusieurs centres hospitaliers de long et moyen séjour, accueillant des personnes en fin de vie, ainsi que dans des services où se traitaient des pathologies très lourdes, y compris des unités de soins palliatifs.

Mon questionnement était double : qu'en était-il de la prise en charge de la douleur et que se passait-il lorsque les patients ne pouvaient être guéris et que la douleur elle-même ne pouvait être atténuée de façon efficace ?

À l'évidence, la question embarrassait, et dans un premier temps, on n'accepta de me répondre que du bout des lèvres.

La tendance, en matière de traitement de la douleur, est à une individualisation des pratiques, et le patient y occupe une position centrale. Partant du principe que la perception de la souffrance et la tolérance à celle-ci sont une donnée essentiellement subjective, il est laissé au malade la possibilité d'intervenir en dosant les médicaments analgésiques. Les équipes soignantes sont là pour l'assister, garantir l'absence de risque dans l'administration des quantités et pour gérer avec lui la disparition la plus complète possible de sa souffrance. Bref, la médecine actuelle restitue à l'individu un rôle actif, en l'impliquant le plus possible dans le traitement de sa douleur. Dans cette optique, ce n'est plus la souffrance qui est la norme, mais bien l'absence de douleur et cette pratique ne concerne plus seulement quelques services dits « de pointe », elle est bien la doctrine commune en milieu hospitalier.

J'ai pu constater aussi que les décisions concernant la souffrance des malades, surtout ceux dont la détresse était la plus profonde, faisaient l'objet, dans la majorité des cas, d'une réflexion associant l'ensemble de l'équipe soignante, du médecin chef à l'ASH. À aucun moment un membre du personnel ne se trouvait à même d'avoir à prendre seul une décision concernant un protocole thérapeutique ou une modification de traitement, et cela de jour comme de nuit. C'est le groupe qui fonctionne comme décisionnaire, mais aussi comme soutien pour chacun de ses membres face à sa propre angoisse et sa peur de la mort. Même si on n'en est pas encore là dans toutes les unités de soins, la représentation du malade abandonné à une souffrance dégradante sous l'œil d'équipes soignantes composées de « technocrates » indifférents est bien en passe de devenir un mythe. Si la douleur physique semble à l'heure actuelle bien contrôlée, on ne peut pas en dire autant de la souffrance morale. Par manque de formation, les équipes restent démunies à cet égard. Le malade est bien trop souvent très seul face à elle. En aucun cas une éventuelle sous-évaluation de la souffrance d'un patient ne saurait autoriser un comportement individuel de « chevalier blanc » se donnant pour mission d'y remédier seul.

Les motivations de ces actes criminels doivent sans aucun doute être cherchées ailleurs.

À ma seconde question, les réponses ont été plus diverses.

La plupart des équipes respectent la légalité de façon scrupuleuse. Elles font tout ce qu'elles peuvent pour offrir au malade la meilleure qualité de vie le plus longtemps possible. En accord avec le patient lui-même et ses proches, elles s'abstiennent de tout activisme médical susceptible d'augmenter la douleur, dès lors que tout espoir de rémission durable a disparu, puis elles laissent la nature faire son œuvre sans intervenir de façon active.

Quelques-unes ont avoué aller un peu plus loin, et quand la dernière extrémité a été atteinte, administrer un traitement susceptible de calmer la douleur, de permettre au sujet de garder conscience et de percevoir le soutien de ses proches. Elles n'ignorent pas qu'une telle pratique peut diminuer un peu l'espérance de vie. Il s'agit d'une position humaniste qui n'est pas sans risque, la justice pouvant à tout moment demander des comptes.

Mais là encore, il s'agit d'une responsabilité prise de façon collective après une longue réflexion, et je n'ai pas eu connaissance de situations (hormis cette terrible affaire de l'hôpital d'Orsay en 1940) où un médecin aurait donné ordre à une infirmière d'administrer un cocktail lytique (sans, bien sûr, l'inscrire sur le cahier de soins !) laissant la malheureuse seule avec l'effroyable responsabilité d'accomplir l'acte final.

Dans les situations qu'il m'a été donné de connaître, la décision d'appliquer un traitement de ce genre était prise en groupe après discussion avec le patient et sa famille, et le produit était administré par le médecin-chef en personne.

Néanmoins – et de manière exceptionnelle – il arrive que tel ou tel membre du personnel soignant intervienne dans ce processus en son nom propre, de façon individuelle et clandestine.

Cela peut durer plus ou moins longtemps, mais les coupables sont toujours confondus, soit parce qu'ils ont commis une erreur, soit parce que le milieu s'inquiète d'un nombre de disparitions anormalement élevé quand ce soignant est de service. Reste alors aux policiers et aux juges à tenter de matérialiser les faits, de confondre leur auteur, puis de rechercher les motivations de ces assassinats.

La plupart du temps, on ne trouve pas de mobile crapuleux et ces meurtriers ne recueillent aucun bénéfice matériel de leurs actes. C'est en enquêtant sur leur passé, mais aussi sur leur vie actuelle que l'on recueille le plus d'informations.

Ce sont presque toujours des femmes et elles ont souvent dépassé la trentaine. Professionnelles souvent remarquables, elles maîtrisent à la perfection les gestes techniques de leur métier. En général, elles sont très appréciées de leur hiérarchie, que ce soit pour leurs compétences ou pour leur disponibilité hors du commun. La plupart d'entre elles débutent leur carrière dans des services de chirurgie ou de soins intensifs où elles réussissent à la perfection. C'est seulement par la suite qu'elles évolueront vers des unités spécialisées dans la prise en charge de pathologies plus compatibles avec leurs activités criminelles. Elles se mêlent peu à la vie du groupe, s'expriment rarement lors des réunions et ne participent pas aux fêtes que ces services organisent pour « dégager » et tenir le coup. Sur elles-mêmes, elles restent discrètes et elles ont peu d'amies à qui se confier.

Elles ne rechignent jamais à assumer des tâches qui incomberaient à des personnels de qualification moindre et se montrent très proches des patients souvent âgés et dépendants, donnant sans répugnance des soins corporels auxquels d'autres tentent de se soustraire.

Leur relation avec le malade et sa famille est très chaleureuse et va parfois bien au-delà d'un rapport de soignant à soigné. Il n'est pas rare de les voir s'introduire dans l'intimité familiale et devenir amie très proche de l'époux ou de la compagne de leur patient et il est difficile de déterminer la part de manipulation ou d'inconscience qui entre dans ces comportements.

Ce sont souvent des personnes solitaires, en échec relationnel ou sentimental, et il y a lieu de penser que, pendant un temps, elles trouvent dans cette sorte de psychodrame qu'elles mettent en scène une réponse à leur solitude et à leur sentiment d'isolement.

À posteriori, les enquêteurs découvrent les symptômes d'une personnalité instable, immature, souvent mal dégagée de difficultés remontant à la petite enfance. On trouve souvent chez elles des poupées, des ours en peluche et une chambre agencée comme celle d'une petite fille.

Chez l'une d'entre elles, on eut la surprise de découvrir, dans une chambrette meublée comme une maison de poupée, tous les faire-part de décès des personnes qu'elle avait tuées, épinglés au mur par ordre chronologique. Dans un album photographique, entourées de cœurs et d'angelots dessinés de sa main au crayon de couleur, se trouvaient toutes les photos des enterrements de ses victimes. On l'y voyait, grave et digne, soutenir d'un bras affectueux le veuf ou la veuve dont on enterrait le compagnon – sa victime.

Mais les personnes en fin de vie ne constituent pas la seule catégorie de victimes de ces singulières criminelles : elles tuent aussi parfois dans des services de pédiatrie ou de néonatalité.

Le processus conduisant au crime est souvent identique, mais, dans ces cas-là, le tableau clinique les rapproche beaucoup de celui des infanticides classiques.

Presque toutes ont eu une enfance difficile, voire traumatisante, et il n'est pas rare de trouver dans leur histoire personnelle la trace d'un enfant mort, un frère, une sœur (pour l'une d'entre elles, une jumelle) dont le fantôme hante le secret familial et dont leur propre mère n'a jamais pu faire le deuil, ni les aider à faire le leur.

Tout se passe comme si, dans leur inconscient, elles s'étaient trouvées « empêchées de vivre » par ce petit défunt qui prenait toute la place disponible dans l'esprit de leur mère. Leurs crimes n'étaient, au bout du compte, qu'une ultime tentative pour tenter d'exister en tant que personne propre.

Le passage à l'acte se produit, la plupart du temps, après une assez longue approche au cours de laquelle la meurtrière va explorer l'environnement de sa future victime et chercher une justification rationnelle à son acte, car il lui est indispensable de conserver d'elle-même une image positive. Elle tue, mais il lui est impératif de revêtir son acte d'une justification objective derrière laquelle elle peut se tenir à l'écart de sa portée réelle. Le sentiment de toute-puissance et la jouissance qu'il lui procure sont ici prééminents et la situent dans la sinistre famille des tueurs en série, sans qu'il manque grand-chose au tableau clinique.

Lorsque la justice leur demande des comptes, leur système de défense est toujours le même. Semblables en cela aux « mères münchhausiennes », elles endossent un personnage positif, ne voulant ou ne pouvant pas démordre d'une position d'âme charitable, dont l'intervention n'avait d'autre but que de soulager les souffrances de malheureux abandonnés par la société et la médecine : souffrances du patient lui-même, mais aussi de son compagnon ou de ses parents.

Leur discours est quelquefois émaillé de propos religieux, souvent mystiques, par lesquels elles affirment n'avoir de comptes à rendre qu'à la justice divine, celle des hommes étant disqualifiée.

Imperméables à tout rappel à la réalité, elles s'enferment dans une position de victime crédible et réaliste. L'opinion publique s'y laisse prendre un moment et il est d'ailleurs vraisemblable qu'elles finissent par y croire elles-mêmes. Mais les expertises psychiatriques et médico-psychologiques mettent en évidence un tout autre tableau : leurs conclusions sont presque toujours identiques et proposent le portrait d'une personnalité perturbée, porteuse, certes, d'éléments psychopathiques graves, mais consciente et responsable de ses actes.

Le renvoi devant une cour d'assises est presque systématique.

14

« BANDIT ! VOYOU ! VOLEUR ! CHENAPAN[1] ! »

Enfants et adolescents criminels

« C'est un coin d'herbe folle
De bleuets de chiendent
Perdu entre la jungle
Implacable des grands
Et le petit jardin
Tranquillet de l'enfance[2]... »

L'enfant victime de violence et de meurtre nous est, hélas, bien connu. Toutes les guerres et les famines du monde nous proposent son pauvre visage, au moment des journaux télévisés. Petite fille brûlée au napalm dans une rizière vietnamienne, petit garçon mourant sans bruit dans les bras de sa mère ou sur un coin de bâche dans un désert

1. Prévert : « Chasse à l'enfant » (*Paroles*).
2. Henri Tachan : « L'Adolescence ».

d'Éthiopie – nous avons tous eu à supporter ces visages grimaçant de douleur ou ces grands yeux vides et l'insoutenable question qu'ils posent.

Ces spectacles sont devenus une tragique habitude et, vaille que vaille, notre esprit s'en protège. Mais, depuis plusieurs décennies, notre société est confrontée à une difficulté qu'elle semble avoir bien du mal à supporter : les meurtres, viols et cruautés diverses dont les auteurs sont parfois à peine pubères...

On se souvient du destin du petit Jim Bolger, à la fin des années 90, dans une ville du Royaume-Uni : un meurtre, précédé d'« actes de barbarie » qui a fait frémir l'Europe tout entière. Et pourtant, chaque année, des dizaines de petits garçons et de petites filles de son âge (il avait à peine plus de trois ans) tombent sous les coups d'assassins, pervers psychopathes ou chauffards inconscients. Alors pourquoi tant de remue-ménage ? Tant de clameurs indignées ? Tant de doctes propos de « penseurs » s'efforçant de comprendre, et de tirer des leçons de ce qui n'était, somme toute, qu'un terrible fait divers parmi tant d'autres ?

C'est que les meurtriers du petit, ceux qui l'ont roué de coups, blessé, brûlé jusqu'à ce que mort s'ensuive, avaient à peine plus du double de son âge.

Et que la justice pas plus que la société ne sait que faire des crimes d'enfants.

Sans doute est-il un peu scandaleux de l'écrire, mais nous avons pris l'habitude de ne pas être vraiment dérangés par les enfants victimes.

Nous ne sommes pas indifférents, loin de là ! Nous savons encore nous indigner, nous mobiliser contre leurs souffrances et ce qui en est la cause. Mais devant une petite victime, notre pensée est claire, sans ambiguïté. Elle recueille notre pitié, notre compassion, notre soutien. Sa position dans notre esprit est nette et la culpabilité que nous ressentons au spectacle de ses souffrances parfois exhibées avec une complaisance malsaine aux heures de grande audience télévisuelle ne nous pose pas de vrai problème psychologique.

À l'heure du souper, entre la poire et le fromage, nous sommes nombreux à avoir assisté en direct à la lente agonie de cette petite Sud-Américaine disparaissant, en dépit des efforts fournis par les sauveteurs, dans une fondrière consécutive à un glissement de terrain. Beaucoup ont eu les larmes aux yeux, certains ont dû prier, mais j'en connais peu (moi le premier) qui aient éteint le récepteur ou changé de chaîne, refusant d'accepter la position obscène de voyeur dans laquelle nous nous trouvions placés !

Notre état d'esprit change et notre émotion n'est plus la même lorsque nous sommes placés devant des enfants accomplissant des actes criminels.

La violence des adolescents (disons entre quatorze et seize ans) a toujours trouvé sa place et son explication dans toutes les sociétés. L'adolescence est le moment des questions essentielles. C'est aussi un temps où la mort fascine. C'est l'âge des discours extrêmes, à l'emporte-pièce, où le réalisme et la raison paraissent méprisables et où une vie consacrée au plaisir sans limite ni rivage semble seule digne d'être vécue. Les autres, les adultes, sont fades, « ringards », rassis... vieux, et la vieillesse devient une injure suprême.

Cependant, les personnes très âgées, celles de la génération d'avant les parents, bénéficient parfois d'une tendresse et d'une indulgence surprenantes de la part des adolescents, comme si ceux-ci transféraient sur les grands-parents la tendresse qu'un œdipe mal résolu interdit de porter aux parents. Il y a aussi un certain sadisme inconscient à « contrer » papa et maman dans leurs propres problèmes œdipiens.

C'est également le moment où l'on joue, d'une façon souvent inconséquente, avec sa propre existence, sans mesurer les risques réels.

Vers la fin des années 70, un « jeu », imbécile et mortel, a fait son apparition dans le monde des ados. C'est le jeu dit « du foulard », appelé aussi « le rêve indien », « les trente secondes de bonheur » ou « le jeu des poumons ».

Il s'agit tout simplement, seul ou en groupe, de s'étrangler lentement jusqu'à perdre connaissance. Les sensations éprouvées sont violentes et le réveil très douloureux. Il arrive parfois qu'il n'y ait pas de réveil du tout.

Le 21 septembre 2001, le jeune Nicolas âgé de quinze ans est retrouvé mort dans sa chambre, accroché à sa ceinture de judo. Ce n'est pas un cas isolé : la même chose est arrivée à un Ludovic et une Vanessa de treize ans et à un Benjamin... de dix ans !

À l'origine de ce « jeu » sinistre, on trouve évidemment une volonté de braver les interdits, mais aussi d'apprendre à se connaître. Nous ne sommes pas en présence d'un comportement suicidaire manifeste, mais bien plutôt d'une sorte de jeu de cache-cache avec la partie la plus obscure d'eux-mêmes. Un besoin de découvrir leurs propres limites, un peu comme dans le film *Le Grand Bleu*, on cherche à savoir jusqu'où l'on peut descendre dans ses propres profondeurs.

Sorte de « roulette russe » à la mode adolescente, vertige de la marche au bord du précipice, on peut rapprocher ce type d'acte d'un comportement toxicomaniaque dans la recherche effrénée du plaisir qui le sous-tend. À ceci près que, dans le cas de la drogue, l'idée de la mort est beaucoup plus lointaine ; ici, elle est vraiment à la limite même de l'acte.

Que ce soit seul ou en groupe, il y a recherche d'un plaisir auto-érotique. La pratique solitaire peut s'accompagner d'actes de masturbation, de fétichisme, de transvestisme. Aux États-Unis, cinq cents à mille personnes décéderaient ainsi chaque année de « masturbation asphyxiante » consistant à se caresser tout en cessant de respirer pour accentuer le plaisir.

Le « jeu du foulard » est loin d'être le seul « jeu débile », comme l'appelle à juste titre un journal pour ados. On recense encore le fameux « rodéo », consistant à voler une voiture surpuissante et à s'élancer à tombeau ouvert (plus de 200 km/h) sur une autoroute ou une nationale ; « l'autoroute », jeu dans lequel on emprunte l'autoroute à contresens le plus longtemps possible (on s'y adonne souvent à l'issue de soirées trop arrosées ou sous l'emprise de la drogue), ou « le taureau », qui consiste à traverser au feu vert une rue à fort passage afin de sentir le plus près possible de son corps le souffle des automobiles... Et bien d'autres encore.

Besoin de se sentir exister, de s'affirmer, de revendiquer une identité et une place dans l'ordre social de l'adulte, meurtre symbolique du père sans lequel il n'est pas d'accession à l'autonomie, la violence de l'adolescent a toujours pris la forme de rites d'initiation, parfois fulgurants de créativité, souvent porteurs d'une heureuse vague iconoclaste à travers laquelle la société dans son ensemble évoluait.

Les cibles de ces jeunes gens, surtout des garçons, étaient les biens plus que les personnes. Et quand c'étaient des personnes, des adultes plutôt que des enfants ou des personnes de leur âge. Les sociétés traversées par ces vagues de contestation violente de l'ordre établi ont toujours su récupérer ce phénomène et l'intégrer à leur propre évolution. Seuls quelques irréductibles marginaux ne parvenaient pas à rentrer dans le rang et faisaient l'objet de mesures coercitives plus ou moins radicales.

En ce début du troisième millénaire, il apparaît que nous sommes en présence d'un phénomène social composite et un peu plus difficile à contenir dans le champ social.

Nous avons affaire à des criminels de plus en plus jeunes qui passent à l'agression physique et parfois au meurtre avec beaucoup plus de facilité que les générations précédentes, qui se limitaient à une délinquance plus traditionnelle, essentiellement des actes de vandalisme. On constate l'apparition de comportements compulsifs que nulle censure intérieure ne vient modérer.

La première remarque de quelqu'un qui vient de se faire planter un couteau dans le ventre par un gamin de quatorze ans reflète souvent plus d'étonnement que de douleur ou de colère.

Cet homme de quarante ans, allongé sur un brancard dans l'ambulance qui l'emportait toutes sirènes hurlantes vers les urgences les plus proches, ne savait que répéter : « Comme cela est allé vite... Comme cela est allé vite... »

Plus tard, il racontera son histoire : pressé, soucieux, perdu dans ses pensées, il marchait rapidement, tête baissée sur un trottoir parisien. Il ne vit pas un groupe de jeunes gens assis devant une entrée d'immeuble et percuta, sans grande violence, le dos d'un d'entre eux. Aussitôt entouré par cinq ou six gamins vociférants, il eut à peine le temps de bafouiller quelques excuses avant que l'un d'entre eux, très excité, ne sortît de sa poche un couteau automatique et ne lui en portât un coup avant de s'enfuir en hurlant des injures.

La scène avait à peine duré trente secondes et cet homme tranquille se trouvait aux portes de la mort.

Le plus préoccupant est qu'au moment de son interpellation le jeune auteur de ce coup de couteau semblait avoir du mal à réaliser la portée réelle de son acte.

Non, ce jour-là il n'avait pas bu. Non, il n'était pas drogué non plus.

Que faisait-il là ? Un de ses profs était absent et il avait une heure de battement au lycée.

Qu'avait-il fait après ? Eh bien, il était retourné au bahut pour son cours de physique.

Pourquoi avait-il fait ça ? Il ne savait pas. Il était énervé parce qu'un de ses potes le chambrait. Et puis, il y avait les autres...

Et c'était la première fois qu'il faisait ça ? Ben, en vrai, oui...

Mais c'est pas grave, m'sieur ? Faut que je parte, ma mère m'engueule si je rentre trop tard.

Une pareille inconscience laisse pantois !

Ils semblent parfois inaccessibles à tout processus rationnel pour expliquer leur acte et surtout, à toute remise en question risquant de les confronter à d'une quelconque culpabilité.

Quelques exemples.

Un jeune garçon de treize ans présenté à un juge pour enfants :

Question : – Pourquoi avez-vous violé cette jeune fille dans une « tournante » ?

Réponse : – Ben... C'était une pute, une salope ! C'était pas un viol. Chez les adultes ou les bourgeois peut-être. Chez nous, c'est pas comme ça.

Question : – Vous la connaissiez ?

Réponse : – Ben... non.

Question : – Alors ? Pourquoi ?

Réponse : – J'sais pas, moi ! Fais chier avec tes questions, s'pèce de bâtard !

Un autre, seize ans, interpellé par la gendarmerie après avoir fracassé les deux rotules d'un passant à l'aide d'une batte de base-ball :

Question : – Que faisiez-vous ce soir-là sur le champ de foire à minuit et demi ?

Réponse : – J'avais rendez-vous avec des potes. On devait aller en boîte.

Question : – Et vous allez toujours en boîte avec une batte de base-ball ?

Réponse : – Oui... Non... Enfin, j'sais pas. Tu

m'embrouilles avec tes questions à la con ! Des fois y veulent pas qu'on rentre avec.

Question : – Alors ?

Réponse : – Ben... C'est la baston. Qu'est-ce tu crois, connard, qu'on va s'laisser faire par ces pédés ?

Question : – Et ce soir ?

Réponse : – On a pas pu entrer. Et M., y s'est fait casser par un videur et ramasser par les keufs. Alors, on est revenu là, su'l'champ d'foire. C'est le seul coin où les keufs font pas chier !

Question : – Et Monsieur S, pourquoi l'avoir tabassé comme ça ?

Réponse : – J'sais pas... on avait la haine !

Question : – Vous le connaissiez ? Il vous a dit quelque chose ?

Réponse : – Ben... non... Mais y m'a mal regardé.

Question : – Il faisait nuit noire ! Et il n'y a pas d'éclairage à cet endroit, et vous lui êtes tombés dessus à quatre par-derrière !

Réponse : – J'sais plus, moi ! Et va t'faire foutre avec tes questions de merde ! Tout ça parce qu'on est des jeunes et qu'on a pas de thune !

Tout se passe comme si ces adolescents n'avaient pas intégré la différence entre le jeu et la réalité, le réel et le virtuel. Il semble que des mots leur aient manqué pour structurer leur violence et lui assigner une place bien définie entre penser, imaginer, rêver, agir.

Les scènes que je viens de décrire et qui ne sont pas des cas isolés se sont déroulées avec la rapidité et la violence d'une séquence télévisée de *mangas* ou de jeux électroniques. Ce gamin a sorti son couteau avec la même rapidité, le même manque d'hésitations et de scrupules qu'un personnage de bande dessinée. Il aurait pu en faire autant dans une cour d'école primaire avec un jouet en plastique. Son copain se serait effondré, mimant la douleur et la mort, et se serait relevé dans la seconde suivante pour reprendre le cours du jeu.

Cet autre a violé une jeune fille « avec ses potes », comme on fait une partie de foot ou de basket, totalement indifférent à ce qu'elle pouvait ressentir. Et ce troisième a agressé ce passant sans aucune raison valable, comme il l'a vu faire dans des séries américaines se déroulant à Harlem où de jeunes Noirs croient résoudre leurs problèmes d'intégration et répondre aux humiliations qu'on leur inflige par une violence aveugle et sans limite.

N'y aurait-il donc aucune différence pour lui entre une lame d'acier et un morceau de plastique, ni aucune conscience de la douleur réelle, du sang qui coule, du tort fait à autrui ?

Ces actions ne visent plus de façon exclusive le monde des adultes, des « nantis », images parentales qu'il était important de démolir pour se donner l'impression de « gagner sa place » dans l'âge adulte. Le vol, le racket, le proxénétisme, le viol et le meurtre se pratiquent désormais entre enfants et adolescents ; ils s'exercent sur fond de conquête ou de maîtrise d'un « territoire » concret ou symbolique. Des bandes plus ou moins structurées cherchent ainsi à étendre leur domination et à exercer un pouvoir discrétionnaire sur tout ce qui y vit ou demeure.

On assiste à une extension d'un mode d'organisation sociale bien connu des policiers, mais qui, jusque-là, se limitait au milieu de la prostitution et du banditisme, petit ou grand. Il s'agit d'un mode de vie tournant délibérément le dos à toute perspective d'insertion dans les structures traditionnelles de la société (école, travail, vie familiale classique), remplacée par un fonctionnement marginal dans lequel des pratiques délictueuses garantiraient une aisance immédiate et sans contrainte.

L'argument le plus souvent opposé par des prostituées que des organisations tentent de libérer du trottoir est celui-ci : « Pourquoi voulez-vous que j'aille m'éreinter trente-cinq heures par semaine dans un boulot de merde pour gagner six mille balles par mois alors que je me les fais sans problème en deux jours ? » À quoi fait écho le discours du gamin de douze ans qui vous dit : « Qu'est-ce que j'en ai à foutre de votre école qui fera de moi un chômeur comme mon père alors que mon grand frère en "faisant du bisness" (entendez trafic de drogue, de voitures volées et autres) roule en BMW, a de la thune, des fringues super et toutes les nanas qu'il veut ? Rien qu'en faisant le "chouf" (le guet) pour prévenir l'arrivée des keufs j'ai gagné cinquante soleils (euros) ! ».

Propos simplistes, porteurs d'une vision à court terme qui ne peuvent conduire qu'à une impasse... Pour la prostituée, celle de la « démonétisation » de ses charmes et la perspective d'une déchéance inévitable quand ce n'est pas à la mort par le sida. Plus il est difficile de se vendre, plus on prend de risques et accepte des demandes insensées de clients qui refusent de se protéger. Sans oublier le risque que leur fait courir la drogue, – leur compagne quasi systématique – indispensable pour supporter la violence de ce qu'elles doivent vivre... Dérive insidieuse qui les conduit à une situation dans laquelle aucune reconversion ne sera plus possible.

Pour le gamin c'est l'engrenage vers des comportements de plus en plus délictueux, l'habitude d'évoluer dans un monde où les valeurs sont inversées, le travail méprisé, le respect de soi et des autres tourné en dérision. Le principe fondateur de toute vie en société, à savoir que « la liberté individuelle s'arrête où commence celle d'autrui », n'y a plus droit de cité.

Monde hallucinant que celui de cette frange de notre jeunesse où, depuis bien longtemps, aucun discours parental n'est venu apporter un semblant de structure. Pareils en cela à certains psychotiques, ils sont capables d'intégrer à peu près n'importe quoi : il suffit que cela réponde à l'impulsion du moment et satisfasse les exigences superficielles d'un ego surdimensionné dissimulant avec peine une estime de soi plus que précaire.

Tout cela génère une économie souterraine que connaissent bien nos voisins transalpins et devant laquelle les parents ne se posent plus trop la question de la provenance du téléviseur ou du lecteur DVD rapportés par leur fils. Tel adolescent que son père, au désespoir de le voir s'engager de plus en plus dans le trafic de drogue, menace de dénoncer à la police, est capable de répondre sans complexe : « Et si je vais en tôle, comment tu vas faire pour payer le loyer et la cantine des petits sans la thune que je ramène avec la dope ? »

Il faut nous arrêter un moment sur la façon dont fonctionne le langage chez ces adolescents et ces enfants en perdition.

De tout temps, une distorsion particulière du vocabulaire a servi à un groupe, une catégorie professionnelle ou sociale, à se démarquer du reste de la société, à fortifier son sentiment d'identité et à affirmer sa différence. Formes argotiques diverses et variées, parfois poétiques ou humoristiques, elles marquent leur époque souvent de façon durable.

Héritage du XIXe siècle, le pittoresque argot des bouchers, dit « largomuche », n'est ignoré d'aucun membre de cette corporation, même des plus jeunes. Il se transmet de génération en génération en même temps que l'apprentissage des gestes techniques et seule une petite partie en émerge dans le langage commun, sans même que nous en repérions l'origine. L'argot a toujours été une langue qui sépare davantage qu'elle ne réunit, et plus une population se sent exclue de l'ensemble du corps social, plus elle cultive cette particularité.

Avec nos adolescents contemporains il semble bien que cette pratique d'un langage difficile à comprendre pour les non-initiés soit destinée à établir un fossé de communication entre eux et les générations précédentes. Mais il ne s'agit pas d'un élément isolé. Aux États-Unis où le communautarisme fonctionne à un niveau inconnu dans notre pays, on trouve des centaines d'argots locaux dont le plus célèbre est le fameux *slang* new-yorkais. Les mots s'accompagnent d'une gestuelle très ritualisée, porteuse de contenus tout aussi explicites mais hermétiques aux profanes, qu'un message verbal. Il en est de même de la tenue vestimentaire et de la couleur de certaines pièces d'habillement : *creeps*, arborant des foulards rouges et *blues* des casquettes bleues se reconnaissent sans erreur possible sur les trottoirs de Los Angeles, et malheur à l'imprudent qui s'aventurera ainsi vêtu sur le territoire de la bande adverse.

L'ensemble de ces symboles et de ces signifiants – au-delà des mots eux-mêmes martyrisés – constitue bien ce que les linguistes appellent un « corpus » langagier qui structure ces communautés marginales ou marginalisées. À travers ce langage dont la fonction essentielle est d'exclure plus que de réunir, se développe tout un mode de « non-relation » mettant à mal les efforts de cohésion sociale.

À quoi ressemble une table familiale lorsque, dans les quelques moments où l'on se réunit autour d'un repas, les adultes sont hors d'état de comprendre un traître mot des propos échangés par leurs enfants ? Et comment les messages parentaux pourraient-ils structurer le développement des plus jeunes quand les mots eux-mêmes deviennent impuissants à faire passer les messages éducatifs ?

Avec son système de transmission en panne, notre société en vient à laisser les plus faibles et les plus fragiles en prise directe avec la violence qui s'y exprime de plus en plus ouvertement.

On déplore l'invasion des petits écrans et autres médias par un déferlement de violence et de pornographie, souvent à peine déguisées, et je crois que c'est là du simple bon sens. Mais il faut surtout montrer du doigt leur réelle obscénité, qui réside bien plus dans le type de rapports interpersonnels qu'ils proposent, que dans l'exhibition plus ou moins bien filmée des différentes formes de rapports physiques.

Mais la violence réelle est autre chose que l'image et l'image violente ou obscène a un besoin impératif des mots pour se dépouiller de son potentiel déstabilisateur sur des personnalités fragiles ou en devenir.

L'enfant ou l'adolescent laissé seul face à l'image ou au message destructeur est en danger, alors qu'accompagnés d'un discours éducatif (je veux dire d'un *vrai* discours, pas d'une leçon de morale), ces mêmes messages perdent leur capacité de nuire et peuvent même acquérir une dimension éducative précieuse.

Nos enfants ne verront pas le même film éclaboussé d'hémoglobine ou cette caricature de la sexualité qu'est la pornographie suivant qu'ils y seront confrontés seuls ou accompagnés par un adulte « bien dans sa tête » qui leur fera comprendre la véritable signification de ce qu'ils voient.

Mais être capable d'expliquer le véritable fascisme des relations et le mépris insupportable de la femme et de l'être humain, en général véhiculés par un porno, et en dégager une vision équilibrée de ce que sont (ou devraient être) les relations hommes-femmes nécessitent d'être soi-même au clair avec ses propres représentations. Cela ne s'improvise pas.

Ce n'est pas quand ils ont quatorze ans qu'il faut commencer à se rendre compte que ses enfants existent et à leur parler de la vie, des choses et des gens.

Et ce n'est pas non plus lorsqu'à seize ans votre fils commencera à brûler ses premières voitures ou qu'il rentrera au commissariat entre deux flics après s'être fait coincer en plein *deal* de cocaïne qu'il faudra lever les bras au ciel en se demandant comment on a bien pu en arriver là.

On ne le répétera jamais assez : être criminel est une

position transitoire. On ne naît pas criminel, on le devient à un moment, et il y aura une période où on ne le sera plus. Le mythe du « criminel-né », conditionné par sa morphologie, sa classe sociale ou son patrimoine génétique, n'est plus pris au sérieux par personne. Il ne faudrait pas pour autant dépouiller l'individu de sa dignité et le réduire à une simple résultante des messages éducatifs qu'il a reçus ou dont il n'a pas bénéficié. On ne peut escamoter la position du sujet derrière un comportement réactionnel : il faut partir encore et toujours à sa recherche, même (et surtout) quand il s'agit de faire fonctionner une injonction thérapeutique. La seule attitude valable est celle qui consiste à considérer le sujet sous tous les angles du fonctionnement dynamique de sa personnalité. Et à ce stade, la question des messages reçus ne peut être évacuée, même si sanctionner sans comprendre, par l'enfermement ou le bannissement, peut sembler plus facile et plus efficace.

Wolfson, on l'a vu, disait être gavé de mots autant que de nourriture. Sa relation avec sa mère était telle que ça l'a terrorisé, puis rendu fou. Il semble bien, à l'inverse, qu'une certaine frange de notre jeunesse meure d'inanition faute des messages dont elle aurait grand besoin et risque de devenir obèse à coups de Mac Do...

Une telle dérive des relations interpersonnelles ne peut qu'entraîner une atténuation de l'exigence en matière de morale sexuelle et d'appréciation du poids de la vie humaine. Tout se passe comme si ce fonctionnement sur le mode de la « bande » ou de la « horde » nous renvoyait à une organisation plus archaïque de notre société, décapant de façon brutale le vernis de civilisation qui polit nos habitudes collectives.

Et je crains qu'il ne soit bien tard pour s'en alarmer.

Jusqu'à l'époque des Lumières, l'enfant est considéré comme un être malfaisant, cruel, aux pulsions inaccessibles à un discours éducatif raisonné.

Garçon ou fille, il vit ses premières années dans le monde des femmes. C'est un univers régenté par une image calquée sur le modèle de la Vierge à l'Enfant. Aucune métaphore paternelle ne vient y marquer de limite à une relation fusionnelle. Nous sommes alors dans le registre de « l'enfant merveilleux » dont Serge Leclaire[1] a décrit le paradoxe.

Seul dans son temps, et avec une avance considérable, Montaigne a porté un regard sur l'enfance d'une surprenante modernité. Avec beaucoup de finesse il relativisait cette image caricaturale si peu conforme à ce qu'il avait pu observer de l'évolution des petits enfants, garçons ou filles. Pensée d'une surprenante originalité à une époque où ces dernières étaient considérées comme quantité négligeable, tant la primauté des mâles était ancrée dans les mentalités.

Sans transition, dès qu'il atteint sa septième année, le supposé « âge de raison », le petit garçon est retiré du gynécée. Sa sœur, elle, y demeure et n'en sortira pas avant longtemps – si elle en sort un jour.

Les modèles sont imposés avec rigueur et sévérité, quelle que soit la classe sociale dans laquelle évolue la famille. L'enfant est à corriger au sens premier du terme, qui est de « rendre correct », mais aussi au sens figuré de « recevoir des corrections », c'est-à-dire de mauvais traitements physiques. Pour les éducateurs de cette époque, le principe de base est qu'un enfant est, avant toute chose, une créature malfaisante et incompétente, qu'il y a lieu de modeler en l'insérant dans un moule, de gré ou de force, puisque la cruauté et l'appétit pour le « mal » seraient chez lui une propension naturelle, impossible à faire évoluer par la parole.

Nous sommes là devant l'étymologie première du mot

1. Serge Leclaire (1924-1994). Psychanalyste français proche de Jacques Lacan, auteur de : *Psychanalyser* (1968), *Démasquer le réel* (1971), *On tue un enfant* (1975), *Rompre les charmes* (1981).

« enfant », l'*infans*, « celui qui ne parle pas ». Et, sans les mots, seuls les actes peuvent donner du sens.

Pour le reste, la culture viendra avec la répétition des savoirs anciens et l'affirmation de préceptes intangibles. Les enseignants de l'époque ne sont-ils pas nommés « précepteurs » (ceux qui énoncent des préceptes) ou « répétiteurs » (ceux qui font répéter) ?

Percevoir et traiter ainsi l'enfant revient à le cantonner dans la répétition de modèles à évolution lente. Une organisation politique aux principes figés, structurée autour d'un pouvoir regroupant entre ses mains l'exécutif, le législatif et le judiciaire, sans liberté de l'information et sanctifiée, de surcroît, par l'onction divine, s'en accommode très bien. Ce cas de figure n'est pas tout à fait obsolète, puisque nous le rencontrons encore dans certaines parties du monde où la culture de masse se limite à un rabâchage infini des sourates du Coran.

L'enfant est châtié, parfois de façon très cruelle, au nom d'une imbécillité qu'on suppose être la sienne (et qui, à mon sens, est bien plus celle de ses « éducateurs »), quelle que soit sa situation sociale. Les écrits du docteur Héroard, médecin du jeune roi Louis XIII, comportent des scènes étonnantes où l'on voit un précepteur s'adresser à son élève avec une profonde révérence et lui dire : « Votre Majesté veut-elle bien baisser ses chausses afin que je puisse lui administrer le fouet » ! À quoi le jeune monarque aurait répondu, les larmes aux yeux : « Un peu moins de révérences et un peu moins de fouet, s'il vous plaît. »

À cette époque, la cruauté de l'enfant, son pouvoir de nuisance et sa perversion « naturelle » sont un fait établi, et l'idée qu'il puisse se rendre coupable d'actes criminels n'a de quoi étonner personne. Qu'il ait à répondre de ceux-ci devant une justice qui se montrera impitoyable à son égard n'a donc rien d'extraordinaire. Avec Rousseau, le XVIIIe siècle va porter un regard différent sur l'enfance, commettant un nouveau contresens. Dans *Émile*, publié en

1762, le philosophe expose une théorie de l'organisation de la vie publique et privée, révolutionnaire pour l'époque. Il postule l'existence d'une bonté et d'une innocence originelles de la nature humaine que l'organisation sociale viendrait pervertir et dépouiller de ses qualités propres.

« L'homme est bon... la Société le corrompt. » C'est le mythe du « bon sauvage », simplification outrancière de la pensée rousseauiste qui aura toutefois le mérite « révolutionnaire » de briser cette machine à normaliser et à standardiser qu'était l'organisation de la société sous l'Ancien Régime. Postulant, désormais, que ses qualités de « bonté » naturelles suffiraient à faire de lui un être épanoui, porteur d'un ordre social harmonieux, on décidera qu'il n'est nul besoin d'autres messages éducatifs que ceux permettant à l'individu de suivre la douceur de ses penchants naturels. Nous sommes de nouveau en présence d'une forme particulière de « l'enfant merveilleux », issu non plus de la fusion mère/enfant, mais d'un développement d'harmonie spontané au sein d'une société devenue parfaite, où le bien, le beau et le juste individuels se confondent avec les exigences collectives. Naturellement bon, le sujet ne peut que développer des sentiments positifs pour une collectivité qui ne lui manifeste elle-même que de la bienveillance. Dans cette hypothèse, l'enfant (puis l'adulte) criminel est bien autre chose qu'un délinquant ou un perturbateur de l'ordre social : il est une anomalie qu'il sera impératif de soigner ou d'éliminer.

Tragique angélisme de la pensée de Jean-Jacques dont nous ne mesurerons tous les dégâts que lors de l'effondrement du système de « socialisme réel », après que Proudhon, Fourier, Enfantin, Saint-Simon et, plus près de nous, Marx, Engels et Lénine en eurent fait l'expérience désastreuse. Jamais une pensée promouvant ce que l'homme était censé avoir en lui de meilleur n'a laissé derrière elle une montagne aussi impressionnante d'injustice, de douleur et de mort. Il ne faut pas se laisser abuser par les termes : les fameux « camps de rééducation » du Goulag étaient porteurs de tout ce qu'on voudra sauf d'un projet de réinsertion sociale. Le témoignage de Soljenitsyne est, à ce sujet, sans appel : il s'agissait de machines à éliminer tous ceux qui ne correspondaient pas à la définition de l'« homme nouveau » en parfaite harmonie avec sa nouvelle organisation, ce « Contrat social » cher à Rousseau.

Dans le même temps où la pensée de Rousseau trouvait un triomphe inattendu dans le marxisme-léninisme, le monde occidental vivait une nouvelle révolution avec l'apparition de la psychanalyse. Plusieurs découvertes issues de cette science allaient modifier en profondeur la perception de l'enfance, puis de l'adolescence, par le monde des adultes.

Tout d'abord, la mise en évidence de l'existence de l'inconscient « règle son compte » à tout projet éducatif fondé sur le seul développement des processus cognitifs et logiques. Depuis Freud, on sait qu'une personnalité se structure de façon pluridirectionnelle et que ses différentes instances sont en mutuelle interaction.

On apprend aussi, à travers les découvertes de la psychologie moderne (Piaget, Wallon, Zazzo), que l'intelligence est une entité composite et que les apprentissages obéissent à des règles qui diffèrent d'un individu à l'autre. La géniale intuition de Montaigne opérant une distinction entre « la tête bien pleine » et « la tête bien faite » trouvera une spectaculaire confirmation lorsqu'on comprendra qu'un enfant peut se montrer rétif à tout apprentissage à partir du moment où son équilibre psycho-affectif est perturbé, et alors même que son potentiel intellectuel reste intact.

D'autre part, la psychanalyse a montré l'existence de « pulsions » et d'une « sexualité enfantine ». Révolution aussi importante que les découvertes de Copernic et de Darwin, celle-ci fait apparaître l'être humain comme porteur de mécanismes puissants sur lesquels les outils de l'intelligence et des sens n'ont pas ou peu de prise directe. Ces mécanismes disposeraient d'une topique (localisation), d'une dynamique (de champs de force et de puissance) et d'une économique (une économie de son énergie). Freud baptise « pulsions » ces besoins physiques et psychologiques repris par l'appareil psychique, et nous révèle leur « destin » dans un ouvrage remarquable, intitulé *Métapsychologie*, où il détermine la place des « pulsions sexuelles » (dites « pulsions de vie ») et celle de la « pulsion de mort ».

Dégageant le rôle respectif du narcissisme et du masochisme, il nous fait prendre conscience que nous pouvons être sujets de désirs entraînant notre souffrance et notre destruction, et en éprouver néanmoins une réelle jouissance. Il nous propose deux « cartes géographiques » de l'appareil psychique à travers les deux premières topiques : « le conscient, le subconscient et l'inconscient », puis « le Moi, le Surmoi et le Ça », avant que Jacques Lacan, bien des années plus tard, nous parle du « Réel, du Symbolique et de l'Imaginaire ».

Mais surtout – et cela sera capital dans la façon dont les générations futures considéreront l'éducation des enfants – il met en évidence l'importance du refoulement induit par les forces de censure parentales et sociales dans l'étiologie des névroses.

S'éloignant aussi bien des positions normatives anciennes que de « l'angélisme » de Rousseau, il définit ainsi les contours d'une évolution de la personnalité interactive et dynamique entre les exigences pulsionnelles et les interdits du champ social, et il établit les bases d'un accès thérapeutique bouleversant de manière radicale notre approche de la maladie mentale.

La psychanalyse a exercé une influence décisive sur les pratiques pédagogiques du XXe siècle, tant dans l'enseignement que dans les rapports parents/enfants, et c'est vrai aussi pour notre conception de la criminalité des mineurs, même si quelques dérives sur lesquelles nous reviendrons ont provoqué les attitudes réactionnaires dont nous percevons çà et là les effets dans l'opinion publique et les médias.

C'est à partir de l'introduction de la psychanalyse aux États-Unis et du formidable engouement dont elle y a fait l'objet que les premiers dérapages se sont produits. Freud, débarquant à New York, murmura : « Ils ne savent pas que je viens leur apporter la peste... », référence prémonitoire à Œdipe, dont l'entrée à Thèbes provoque une épidémie de peste envoyée par les dieux en châtiment de son impiété...

On y a vite confondu, outre-Atlantique, la nécessité d'une approche pleine de nuances et centrée sur l'évolution de la personne avec une obligation de « s'interdire toute possibilité d'interdire ». On a confondu la capacité d'un cadre à définir un espace indispensable à la structuration de la personnalité avec sa fonction limitative. On a oublié que l'évolution naturelle d'un enfant nécessite qu'il puisse se heurter à des interdits, les transgresser et en éprouver les effets.

Cela s'est traduit par toute une éclosion de manuels pédiatriques et pédagogiques, tous plus irresponsables les uns que les autres, dont celui du calamiteux « Docteur Spock ». Remplaçant l'expérience structurante de la liberté acquise et conquise par un « laisser faire » général, ce discours aboutit à rendre parents et enfants sinon complètement fous, du moins malheureux et incapables de s'aimer.

Croyant pourchasser les névroses, on a construit une société qui, faute d'avoir su se doter de repères, se replie de plus en plus sur un ordre moral d'un autre temps[1]. Il semble que ces dérives, inspirées d'une lecture erronée de la psychanalyse, aient provoqué des réactions excessives dans lesquelles la société américaine a grand-peine à trouver un fonctionnement collectif harmonieux, puisqu'elle cher-

1. Dans le chapitre suivant, consacré aux *serial killers*, j'émets l'hypothèse d'une corrélation existant entre cette société « déboussolée » dans ses repères et l'éclosion de cette forme particulière de criminalité.

che aujourd'hui son salut dans une politique étrangère d'une extrême agressivité et dans la désignation d'ennemis censés représenter un « axe du mal » qu'il y aurait lieu de combattre, faute de savoir identifier et réduire ses lignes de fractures internes.

Résultat : cette pratique policière et judiciaire de « tolérance zéro » remplit les prisons avec les plus démunis et les moins « racialement corrects », tandis que chacun se replie sur son identité, ses pratiques communautaires (y compris la langue : une forte proportion d'Américains ne parle pas l'anglais) et ses privilèges – quand il en a.

Parallèlement, une proportion croissante de jeunes Américains souffre d'obésité, tandis que le même pourcentage, à peu près, vit en dessous du seuil mondial de pauvreté, et l'on y emprisonne des criminels de plus en plus jeunes, envisageant même d'appliquer la peine capitale à des jeunes gens âgés de moins de seize ans au moment des faits.

Rétablir une communication constructive et efficace entre générations paraît, à l'heure actuelle, une priorité absolue si nous voulons éviter une « américanisation » de notre société dans ce que cela a de plus négatif. Prendre le problème dans sa dimension symptomatique, c'est-à-dire par le seul traitement – même intelligent – de la criminalité est sans doute rentable dans les urnes, mais ne saurait constituer une réponse au malaise profond de notre civilisation.

Il faut se rendre à l'évidence : une partie de notre population immigrée ou originaire de l'immigration à la seconde génération, soumise aux diktats politiques et économiques ultra-libéraux, est dans un état d'acculturation tel qu'elle ne peut transmettre de messages adaptateurs efficaces à ses enfants. Le mal est fait. Il est le résultat de décennies d'aveuglement et de manque de prévision, et nous n'y pouvons rien changer.

Cela me peine de l'écrire, mais il me semble bien que, pour ces jeunes gens et jeunes filles qui posent un si gros problème à notre société qu'elle ressort pour eux tout un arsenal répressif qu'on croyait à jamais oublié, il n'y ait de ressource que dans l'effet du temps qui passe.

Cette population, issue du Maghreb ou d'Afrique subsaharienne, s'intègre d'une façon lente et continue dans la mosaïque nationale par le biais de l'exogamie et de l'éducation, et ce malgré l'effet retardataire de pensées religieuses rétrogrades. Une proportion importante des jeunes filles issues de ces ethnies voit dans le choix d'un compagnon différent le remède à une condition féminine parfois indigne, et en tout cas peu conforme aux modèles véhiculés par l'éducation laïque qu'elles reçoivent.

C'est, je le crois, sur ces jeunes « sauvageons » (selon la formule célèbre d'un ancien ministre de l'Intérieur) devenus à leur tour parents, qu'il nous faudra compter pour établir avec leurs propres enfants les liens de communication dont ils n'ont pas bénéficié eux-mêmes.

C'est un défi capital pour notre civilisation. Saurons-nous faire passer ce message ?... Sauront-ils l'entendre et l'accepter ?... Toute l'évolution de la criminalité des enfants et des adolescents en dépend.

15

COMMENT DEVENIR *SERIAL KILLER* EN DIX LEÇONS

Ils fascinent et terrorisent à la fois. Ils sont devenus les tristes héros d'une non moins sinistre mythologie moderne, les stars du discours médiatique sur la criminalité de sang, alors qu'ils ne sont le plus souvent, comme le dit Daniel Zagury, que de lamentables ratés de l'existence.

Aux États-Unis, ils sont de véritables personnages publics, qui, du fond de leur cellule, entretiennent une correspondance fournie avec les médias et leurs « admirateurs ». On les rencontre partout, inévitablement accompagnés de leur compère le « profiler », dans la moindre série télévisée, dans le moindre roman policier.

Mais qui sont-ils ? D'où viennent-ils ? Constituent-ils vraiment une nouvelle « race » de criminels, ou, ne s'agit-il que d'une nouvelle appellation des assassins multirécidivistes connus de la police depuis des générations ?

Sont-ils différents de nous dans leur nature ? Et que penser des méthodes employées pour les mettre en échec ? Possédons-nous vraiment tous les moyens nécessaires ?

À moins que nous ne leur ayons confié la tâche de relayer les monstres de nos terreurs enfantines ?

À la fin des années 90, l'adaptation cinématographique du roman de l'écrivain américain Thomas Harris, *Le Silence des agneaux*, marqua l'apparition, dans le paysage médiatique et intellectuel français, de deux personnages récurrents et dialectiques : le *serial killer* et le *profiler*.

Il n'y avait là rien de très nouveau. Un assassin, des policiers, des victimes plus ou moins maltraitées. Une enquête. Un dénouement dans le genre « Arsène Lupin » ou « Sherlock Holmes » ménageant une réapparition des héros dans un prochain roman.

Deux choses, pourtant, firent une forte impression sur l'opinion publique : le type d'enquête, ou si l'on préfère le « mode de lecture » du crime et de la personnalité du criminel, et une apparition massive d'outils issus des sciences humaines et de l'informatique. Le film reposait sur deux idées fortes. La première, qu'il existerait une nouvelle « race » de criminels dont les capacités de nuisance et de dissimulation feraient courir un danger nouveau à la société et mettraient en échec les techniques classiques d'investigation policière. Ce seraient des personnages à l'intelligence hors du commun, dénués d'humanité et de tout sens moral. Leurs motivations criminelles proviendraient d'une sexualité perturbée alliée à une fascination pour le « mal », la souffrance et l'avilissement de leurs victimes. Dans la représentation la plus fréquente, ces assassins sont des hommes, leurs victimes des femmes ou des enfants.

L'autre idée était notre incapacité à les distinguer du commun des mortels. Le « monstre » peut tout aussi bien être l'inconnu que vous croisez dans la rue, l'instituteur de vos enfants, le prêtre qui célèbre l'office chaque dimanche ou ce voisin que vous côtoyez depuis plus de dix ans et dont vous n'avez jamais imaginé que le garage recelait tout un attirail de mort.

Fantasme terrifiant à plusieurs niveaux, car il plonge

tout droit dans notre irrationnel et nos terreurs les plus intimes. Ce serait tellement rassurant si l'apparence physique ou quelque autre signe irréfutable pouvait nous apporter l'assurance que « l'autre » est bien tel qu'il est ! Quelle tranquillité si on pouvait être certain que le « bourgeois » soit bien honnête et le « gitan » bien voleur, l'« Arabe » ou le « marginal » bien l'assassin de la vieille dame !

Les policiers américains définissent leurs *serial killers* d'abord par le nombre de leurs victimes : à partir de trois meurtres, ils considèrent que l'assassin peut entrer dans cette catégorie.

Ensuite, l'analyse s'affine. Les criminologues d'outre-Atlantique font une distinction entre *mass killers*, *spree killers* et *serial killers*.

Le *mass killer*, ou « tueur en masse », se caractérise par le fait que ses meurtres – toujours plus de trois – sont commis en un même endroit et en une seule fois (un même acte ou une série d'actes très rapprochés dans le temps). C'est dans cette catégorie que peuvent figurer les poseurs de bombes dans des lieux publics ou les forcenés ouvrant le feu sur une foule...

Nanterre, avril 2002. À l'issue d'une séance du conseil municipal, un certain Richard Durn ouvre le feu sur les élus, tuant huit personnes, en blessant douze autres, et en hurlant « Tuez-moi ! » tout le temps que dure la scène. Appréhendé et conduit dans les locaux de la brigade criminelle de la direction régionale de la Police judiciaire de Paris, au 36 quai des Orfèvres, il profitera d'un moment d'inattention des policiers pour se suicider, en se jetant par un vasistas du quatrième étage.

On qualifie souvent ce genre de comportement de « suicide par procuration » (les Américains disent *suicid by cops*), le forcené tentant d'amener les policiers à effectuer à sa place un geste qu'il ne se sent pas le courage ou la force de commettre.

Les *mass killers* sont, le plus souvent, des personnes

au psychisme fragile, incontrôlables, extraordinairement dangereuses pour elles-mêmes et pour les autres. Leur personnalité n'a aucun point commun avec celle des membres de groupes terroristes agissant de la même façon pour des motifs politiques ou religieux. La plupart du temps, c'est au bout d'un système de conditionnement et de manipulation mentale long et progressif qu'ils en viennent à pratiquer le meurtre de masse, accompagné ou non de leur suicide.

Le *spree killer* ou « tueur compulsif » est un meurtrier accomplissant ses crimes dans des lieux différents mais dans un temps très court. Il s'agit de ces trop fameuses randonnées meurtrières ou « cavales sanglantes » illustrées par des films tels que *Born to kill* ou *Baise-moi*, ou par le périple dément de Roberto Succo.

Le cas le plus exemplaire de ces dernières années est sans conteste celui de l'Ukrainien Onoprienko.

Personnage atypique, psychologiquement déstabilisé, dénué de tout sens moral et de toute empathie, il a sillonné la région de Kiev et une grande partie de l'Ukraine, laissant dans son sillage cinquante-deux victimes recensées à ce jour. Sans motivations particulières, agissant selon l'impulsion du moment et l'occasion, il faisait preuve d'une sauvagerie terrifiante, tuant avec la même indifférence apparente hommes, femmes ou enfants, puis reprenait sa route comme si rien ne s'était produit.

Il ne se livre à aucune perversion sexuelle ni à aucun acte de vandalisme. Le sort et la qualité de ses victimes lui inspirent une totale indifférence. Passant, affamé, devant une maison isolée d'où s'échappait une bonne odeur de cuisine, il s'approche, jette des pierres contre la porte, et, lorsque les occupants intrigués ouvrent pour voir ce qui se passe, il les abat tous (cinq personnes) au fusil à pompe, s'attable tranquillement au milieu des cadavres, engloutit leur repas, puis s'éloigne non sans avoir effacé les traces de son passage et refermé la porte avec soin.

Quelques jours plus tard, fatigué par de longues journées de marche à travers landes et forêts, il croise la route de deux automobilistes stationnés sur un parking pour satisfaire un besoin naturel. Comme il est trop près de zones habitées pour faire usage d'une arme à feu, il leur fracasse le crâne avec une bûche, les égorge et s'empare de leur voiture avec laquelle il roulera jusqu'à épuisement du carburant avant de l'abandonner sur le bas-côté, sans plus de formalité.

Arrêté par la police, il revendiquera haut et fort ses cinquante-deux meurtres, exigera qu'on lui attribue le titre de « plus grand criminel de tous les temps », regrettant toutefois qu'on l'ait interrompu de façon prématurée, l'empêchant de réaliser une performance encore plus impressionnante. À aucun moment il n'a manifesté de regret, de remords ni de compassion à l'égard de ses victimes.

Condamné à mort, il sera exécuté en 1999.

Enfin, le concept de *serial killer* ou « tueur en série » proprement dit est utilisé pour désigner un meurtrier tuant ses victimes (toujours plus de trois) en des lieux différents avec, entre chaque meurtre, un laps de temps plus ou moins important et plus ou moins régulier. C'est cette catégorie de meurtriers que les films *Seven* ou, encore plus, *Le Silence des agneaux* ont contribué à populariser.

Il semble cependant nécessaire d'affiner un peu ces concepts en examinant les motivations, le mode opératoire et la « signature » des criminels entrant dans cette dernière catégorie.

Certains d'entre eux nous sont connus depuis longtemps et sont loin de constituer une nouvelle « race » d'assassins.

À considérer les choses sous l'angle mécanique et statistique, les tueurs à gages agissant pour le compte d'organisations criminelles entreraient dans la catégorie des *serial killers*. N'ont-ils pas tué souvent bien plus de trois victimes dans des lieux différents et avec, entre chaque crime, un laps de temps plus ou moins long ? De même, certains assassins multirécidivistes bien connus comme Landru ou Marcel Petiot et, plus près de nous, Thierry Paulin ou Nadir Sedrati, pouvaient largement prétendre à ce douteux titre de gloire.

Il faut cependant établir une première distinction entre ces personnages et les *serial killers* tels que nous les présentent les Anglo-Saxons, à partir des motivations ayant présidé à leurs actes.

Dans le cas des tueurs à gages, les choses sont limpides. Il s'agit d'une sorte très particulière de « salariés » qui ne tuent que sur ordre et dans le cadre d'une stratégie mise en place par l'organisation qui les emploie. Ils agissent « sur contrat », jamais de leur propre initiative. Il arrive parfois que certains d'entre eux « dérapent » et, sans doute déstabilisés par ce que le meurtre répété peut provoquer comme stress psychologique, échappent à la logique de leur emploi et se mettent à tuer pour leur propre satisfaction. Dans ce cas, ils cessent d'être fiables pour leurs employeurs... qui savent très bien s'en débarrasser.

De même, être assassin multirécidiviste ne suffit pas automatiquement à faire de vous un authentique *serial killer*.

En 1922, Henri Désiré Landru a été condamné à mort et exécuté pour avoir assassiné dix femmes dont il avait démembré et brûlé les cadavres dans sa maison de campagne de Gambais.

Ce sont là d'horribles meurtres qui n'ont rien à envier à ceux auxquels se sont livrés, aux États-Unis, de grands criminels tels que Ed Kemper, Ottis Toole ou Ted Bundy. Pour autant, Landru n'était, au bout du compte, qu'un banal escroc au mariage, qui, après avoir obtenu la cession des biens de ses victimes, les éliminait et, dans l'obligation de se débarrasser de leurs cadavres, utilisait ce qu'il avait à sa disposition : le foyer de sa cuisinière.

Je n'exclus certes pas la possibilité que Landru ait

éprouvé, ce faisant, une jouissance particulière, mais, à cette époque, il n'était pas d'usage d'interroger les assassins sur cet aspect des choses, et nous n'en saurons donc jamais rien. Il semble toutefois évident que la motivation principale de ses actes reposait sur la spoliation de ses victimes, et que les meurtres n'obéissaient qu'à ce seul objectif.

Le cas de Marcel Petiot, qui sévissait dans les années 40 dans la région parisienne, bien que différent dans la manière d'opérer, présente de nombreuses similitudes dans la qualité des motivations.

Petiot attirait ses victimes, – des Israélites fortunés, pour la plupart – en leur faisant miroiter l'espoir d'échapper au sort que leur réservaient les occupants nazis. Puis, après s'être assuré qu'ils avaient emporté avec eux le maximum de richesses (or, bijoux, argent), il les empoisonnait avant de les enterrer. On ne peut exclure que l'œilleton pratiqué dans la porte derrière laquelle agonisaient les malheureux et d'où Petiot surveillait le bon déroulement des événements pouvait être aussi destiné à procurer à l'assassin une émotion intense. Mais là encore, nous n'en saurons jamais rien.

Sans doute en apprendrons-nous davantage avec les interrogatoires de Nadir Sedrati qui semble, parmi les multirécidivistes actuels, celui dont la « configuration » se rapproche le plus du cas Landru. N'a-t-il pas assassiné, démembré et fait disparaître ses victimes dans le canal de la Marne au Rhin pour usurper leur identité afin de s'emparer de leurs quelques richesses ?

Quant à Thierry Paulin, auteur de l'assassinat précédé de tortures de plusieurs vieilles dames à Paris et dans sa banlieue, il semble bien qu'on en soit venu à la conclusion que l'essentiel de ses motivations consistait en l'appropriation des quelques biens matériels que possédaient ces malheureuses pour donner des fêtes dont il était le héros et se procurer de la drogue. N'appelait-il pas ses victimes « ses cartes bleues » ?

La plupart des assassins multirécidivistes auxquels nous sommes confrontés peuvent être analysés sous cet angle-là.

Par-delà les aspects parfois spectaculaires de leur façon de faire, il est très rare que nous ne puissions déceler la nature exacte de leurs motivations, dans lesquelles se mêlent presque toujours des considérations matérielles autant que psychopathologiques.

De même, il est rare qu'aucune relation ne puisse être établie entre l'assassin et sa victime.

Ce n'est pas un hasard si la police et la gendarmerie françaises parviennent à un taux d'élucidation des crimes de sang de plus de 75 % (l'un des plus élevés d'Europe). On doit, bien sûr, considérer le haut niveau de professionnalisme des enquêteurs, mais c'est aussi qu'ils sont confrontés là à une criminalité dont les formes leur sont bien connues et peu évolutives.

De temps à autre, cependant, certains actes criminels, peu nombreux, font redouter une possible émergence, dans notre pays, d'une criminalité plus atypique et ressemblant davantage aux formes auxquelles nos collègues anglo-saxons sont habitués. On peut citer les cas de Guy Georges (surnommé « le tueur de l'Est parisien »), Francis Heaulme, Patrice Alègre, Émile Louis, Lastenay, Poirson ou Traoré, peut-être Sid Ahmed Rezala, et aussi l'inconnu coupable des deux assassinats de jeunes femmes dans les environs de Perpignan, qui nous orientent davantage vers le tableau clinique des *serial killers* tel que nous le décrivent avec beaucoup de minutie les criminologues anglo-saxons.

Pour l'heure, et il faut s'en réjouir, cette forme de criminalité est peu répandue en France. Je crois qu'elle n'est pas encore entrée dans notre culture. Nos assassins multirécidivistes sont plutôt les héritiers des célèbres « Chauffeurs d'Orgères » bandes d'horribles criminels qui, au début du XIXe siècle, attaquaient les fermes isolées de la Beauce. Pour faire avouer aux habitants où se trouvaient leurs écus, ils leur plaçaient les pieds sur les braises du foyer (d'où leur appellation de « chauffeurs »). Une fois que les malheureux avaient révélé où était la cachette, les bandits tuaient tout le monde avec plus ou moins de barbarie. Nous ne pouvons pas exclure que certains y prenaient plaisir, mais leur but premier et principal était bien les écus.

Il n'en va pas du tout de même pour le « grand ancêtre » des *serial killers* anglo-saxons, l'assassin non identifié connu sous le nom de « Jack l'Éventreur », qui, sous le règne de la reine Victoria, assassinait les prostituées des bas-fonds de Londres. Celui-ci n'a jamais eu pour objectif de leur voler quoi que ce soit : le but de ses crimes était bien le plaisir pervers qu'il y prenait, ainsi que la jouissance que lui procurait le fait de les revendiquer haut et fort et de faire trembler de peur et d'excitation la bonne société londonienne.

Les criminologues d'outre-Atlantique semblent avoir une certaine prédilection pour les étiquettes. Ils ont aussi le souci de ranger les choses inconnues dans des cases qui, elles, leur sont familières. Sans doute cela les rassure-t-il et leur donne-t-il l'impression de mieux maîtriser des phénomènes qui les inquiètent.

Il est vrai que cette forme de criminalité, à victimes multiples, est déconcertante. Tout d'abord, la motivation du ou des assassins n'est pas apparente. La dimension sexuelle y est presque toujours présente, mais sous des aspects souvent inhabituels et qui renvoient à des formes sauvages et archaïques inquiétantes. Devant les scènes de crimes qui leur sont présentées, et devant l'avalanche de questions qu'elles posent, les enquêteurs américains ont tenté un effort de méthodologie : ils s'efforcent de rattacher les modes opératoires (la manière de tuer) ainsi que ce qu'ils désignent sous le nom de « signature » (notion sur laquelle je reviendrai), aux particularités des criminels qu'ils sont parvenus à identifier.

Ils ont ainsi dégagé les notions de *serial killer* « organisé » et de *serial killer* « désorganisé », assignant au premier un tableau clinique de perversions psychopathiques et à l'autre celui de psychose paranoïaque ou schizophrénique, voire les deux. Autrement dit, il apparaît parfois possible de déterminer, lorsqu'on analyse une scène de crime, si ce que le criminel nous « donne à voir » de lui-même le situe davantage dans le registre de la démence et de la grande marginalité, ou si nous avons affaire à une personne dont le rapport à la réalité reste positif, les mécanismes logiques, idéatoires et intellectuels intacts et dont le délire n'a pas envahi totalement le champ de conscience.

Cette distinction, pourtant capitale pour la conduite de l'enquête, l'expérience nous montre qu'elle est parfois difficile à établir de façon catégorique. Le stéréotype du tueur dément, psychotique délirant, véritable bête fauve à la merci de pulsions anarchiques incontrôlables, par opposition au grand pervers psychopathe, d'une intelligence supérieure, esthète et cultivé, conduisant sa folie meurtrière avec un summum de sophistication qui lui permet de surclasser les pauvres bêtas de policiers bien incapables de le comprendre n'est qu'une vue de l'esprit littéraire et artistique propre à faire frissonner et fantasmer. La réalité est autrement triviale et prosaïque, et fait, la plupart du temps, fi du romantisme.

Les grands psychotiques délirants manifestent une telle incompétence dans le fonctionnement social qu'ils sont presque toujours pris en charge dans des institutions soignantes et font l'objet de soins appropriés, qui, même si la guérison totale est souvent aléatoire, atténuent leur dangerosité. Lorsqu'il leur arrive de passer à l'acte, ils échouent presque toujours dans leurs efforts pour dissimuler leurs traces, et leur culpabilité est si forte qu'ils sont assez faciles à identifier et à mettre hors d'état de nuire, à moins qu'ils ne se suicident avant.

Quant aux pervers psychopathes, il est rare que les troubles de personnalité dont ils sont atteints laissent intactes leurs facultés intellectuelles et psychologiques et leur permettent de rester dans l'anonymat, même si cela peut arriver chez certains sujets exceptionnels.

Il n'en reste pas moins vrai que, sur le plan policier, ce second tableau clinique est beaucoup plus inquiétant que le premier, dans la mesure où ces malades parviennent pendant un certain temps à maintenir une séparation, entre la partie d'eux-mêmes perturbée et celle qui préserve les mécanismes sociaux. De même, leur absence d'empathie (et donc de culpabilité) leur permet d'agir avec un cynisme total qui rend parfois la tâche difficile à ceux qui les traquent. Durant cette période, limitée dans le temps, ils sont capables de mettre en place des mécanismes de défense assez performants, qui peuvent poser des problèmes graves aux enquêteurs.

Pour les « profileurs », ainsi que pour les policiers habitués à ce genre d'enquête, la lecture de la scène de crime aide à repérer sur quel « versant » on se trouve. Elle permet surtout de repérer la présence de ce que Daniel Zagury appelle « orgie narcissique » et la manifestation de pulsions archaïques donnant une idée du type de troubles dont souffre le meurtrier.

Ce sont là des indications précieuses, mais il faut se garder comme de la peste des généralisations de la statistique ; il n'y a pas d'ennemi plus perfide pour l'enquêteur.

Toutes les fausses vérités du genre : « Les *serial killers* ne tuent que dans leur communauté » et autres fariboles ont plus pour effet de parasiter la liberté d'esprit que d'aider à la bonne marche du raisonnement. L'expérience nous enseigne qu'il n'y a jamais de situation-type ni de crime stéréotypé. Dans chaque cas, que l'on soit dans une configuration « organisée » ou « désorganisée », il n'y a que l'expression d'une tragédie de la vie et de la mort entre des individus.

Dans le concept de *serial killer*, il y a celui de « série », et cela me paraît à la fois nécessaire et suffisant en soi pour les distinguer de façon radicale des simples tueurs multirécidivistes.

Une série implique une disposition logique des éléments les uns par rapport aux autres ; elle ne se résume pas à une simple juxtaposition.

Ces assassins se caractérisent donc par la possibilité offerte à l'enquêteur de repérer dans la succession de leurs crimes la présence d'une logique, en rapport direct avec la pathologie psychologique du meurtrier et l'évolution de son état.

En République sud-africaine, le Dr Micki Pistorius a contribué à l'arrestation d'un redoutable *serial killer* qui assassinait ses victimes par strangulation, puis disposait dans la bouche de chacune d'elles une boule d'étoffe prélevée dans les vêtements de la victime précédente.

Cet homme, nommé Sipho Agmatir Twala, signifiait ainsi avec clarté que chacun de ses meurtres renvoyait au précédent – et, naturellement, annonçait le suivant – dans une série vertigineuse qu'il ne lui était pas possible d'interrompre. Pour une certaine catégorie de tueurs en série, en effet, les émotions éprouvées dans la réalité des crimes effectués restent toujours en deçà du plaisir escompté dans les fantasmes, et il devient vite nécessaire de tuer à nouveau, dans la quête démente d'une jouissance inaccessible.

Dans ce genre de cas, un profileur habile pourra suivre comme à la trace l'évolution de l'état psychologique de l'assassin en analysant à la fois les évolutions de son mode opératoire (plus d'assurance ou davantage de crainte, plus de sauvagerie ou de cruauté) à travers les modifications dans la mise en scène de la série.

Outre la présence de modes opératoires « en série », l'une des particularités de ces criminels est d'avoir souvent recours à ce que les spécialistes appellent une « signature ».

Cette signature présente une double caractéristique : d'une part, son inutilité évidente dans le mode opératoire lui-même (elle ne sert à rien dans l'accomplissement matériel du crime) ; d'autre part, son importance et sa « valeur » dans la symbolique personnelle de l'assassin.

Dans le cas du tueur au tapon d'étoffe, cette boule de tissu dans la bouche des victimes constituait bien, outre la preuve de l'existence de la série, cette signature que le talent de Micki Pistorius réussit à décrypter, ce qui permit aux enquêteurs de parvenir jusqu'au meurtrier. Inutile : l'étoffe n'était pas destinée à empêcher de crier, les victimes étant déjà mortes au moment où il l'introduisait dans leur bouche. Symbolique, puisqu'elle désignait la raison profonde pour laquelle l'homme assassinait : il fallait faire « rentrer dans la gorge » un discours féminin qui l'avait humilié à jamais.

Cette pratique consistant à « signer » son acte correspond chez ce genre d'assassin à une nécessité obéissant à des mécanismes inconscients ; son sens profond lui échappe la plupart du temps. C'est souvent au cours de son interrogatoire, ou même plus tard lorsqu'il est pris en charge par des psychothérapeutes, que l'assassin se montre quelquefois capable d'entreprendre une réflexion sur cet aspect particulier de son crime et, par là, d'en découvrir le véritable sens.

Les réflexions menées outre-Atlantique à propos de l'émergence du phénomène *serial killer* nous aiguillent vers l'idée qu'il pourrait puiser ses origines dans les contradictions d'une société écartelée entre différentes exigences antagonistes en matière de morale et de liberté.

L'acteur Jack Nicholson disait avec humour que, dans le cinéma américain, « quand on montre un sein, on coupe. Et quand on coupe un sein on montre ». Il me paraît certain qu'il y a plus d'un rapport entre cette forme de puritanisme imposant aux pulsions sexuelles un refoulement social impressionnant (au point que de simples manœuvres innocentes de séduction peuvent vous traîner devant les tribunaux !), et ce retour orgiaque et narcissique des pulsions les plus partielles et les plus archaïques.

Construire une société sur le principe du refoulement des pulsions est une catastrophe que ne semble pas être parvenu à éviter le monde anglo-saxon. Freud disait que tout ce qui n'est pas repris et organisé par l'appareil psychique, que les forces de censure refoulent dans l'inconscient, fait retour sur la scène de la réalité avec une violence épouvantable.

Alors, les *serial killers* produits du puritanisme protestant anglo-saxon ? La question mérite au moins d'être posée.

Il faut aussi considérer que le lien social ne s'établit pas dans cette communauté, par ailleurs imprégnée d'une grande violence, comme dans la nôtre. Le jacobinisme n'a certes pas que des avantages, mais du moins confère-t-il au corps social une cohésion établie sur des données simples, privilégiant le concept de Nation sur celui de communautés fondées sur des considérations ethniques et idéologiques.

Il est vrai que la France, comparée aux États-Unis, est un petit pays où les distances sont réduites et la communication facilitée entre les différentes régions, mais cela n'explique pas tout. La Grande-Bretagne n'est guère plus vaste que notre pays, et on y rencontre beaucoup plus d'assassins psychopathes. Et d'autres sociétés, plus structurées que la nôtre sur un modèle communautariste, sont également plus touchées. C'est, par exemple, le cas de la Belgique.

Il y a donc lieu de redouter que si notre société continue à s'américaniser à outrance, si elle se rigidifie et se radicalise en matière de morale (dans le sens le plus étriqué du terme), si elle se referme sur elle-même en détériorant toujours davantage la qualité du lien social, sa criminalité suivra le mouvement.

En Amérique, on ne considère comme tueur en série qu'un assassin ayant à son passif au moins trois victimes. Ce « seuil » me semble contestable.

Récemment, un service régional de Police judiciaire est parvenu à mettre hors d'état de nuire un homme encore jeune qui n'avait tué qu'une seule fois.

Sa victime, une femme d'une quarantaine d'années, avait subi de violents sévices avant d'être égorgée. La mise en scène que le meurtrier avait organisée autour d'elle, de son vivant et après sa mort, comportait une ritualisation et une accumulation de symboles délirants multiples. On en a déduit que l'on venait de mettre un terme prématuré à la carrière d'un psychopathe, prédateur social présentant un grand danger.

La typologie de Mme Négrier-Dormont, dégageant le concept de « tueur systémique » de préférence à la dénomination classique de *serial killer*, nous a paru adaptée n'étant pas réductrice à la seule notion de nombre de victimes. Il est cependant incontestable que les assassins à victimes multiples que nous rencontrons à l'heure actuelle en France affichent des « tableaux de chasse » beaucoup moins impressionnants que leurs collègues anglo-saxons. Des personnages comme Alègre, Heaulme, Sedrati, Georges, Poirson, Chanal, Louis ou Traoré n'ont pas dépassé, jusqu'à preuve du contraire, la dizaine de victimes. On est loin des séries que sont capables d'aligner certains *serial killers* étrangers, auteurs parfois de plus d'une centaine de meurtres. Est-ce pour cette raison qu'on semble peu pressé de mettre en place des structures efficaces de lutte et de prévention contre ce phénomène inquiétant qui pourrait ne pas nous épargner indéfiniment ?

Les policiers de la P.J. et de la gendarmerie française sont des enquêteurs sérieux et expérimentés, mais ce n'est pas leur faire injure ni diminuer le moins du monde leurs mérites et leur expérience professionnelle que d'affirmer que rien, ni dans leur formation ni dans leur vécu, ne leur permet d'appréhender cette forme particulière de criminalité.

Force est de constater que l'essentiel de la réflexion sur ce sujet est aujourd'hui mené dans quelques universités (Rennes 2, avec le Pr Villerbu, Montpellier, Bordeaux 2) et par des organismes privés qui, s'ils sont parfois de qualité, laissent souvent à désirer sur le plan de l'éthique et de la valeur épistémologique. On peut regretter que cet enseignement reste superficiel dans les organismes de formation initiale et continue de la police ou de la gendarmerie. Mais il ne faut pas désespérer ; les choses bougent aussi dans ce domaine, et il faut souhaiter que le rythme s'accélère.

Du côté des médias, il ne se passe pas une semaine sans que les différentes chaînes de télévision diffusent des informations épouvantables, parfois à des heures de grande écoute, au risque de les faire ingurgiter sans précautions à des enfants ou des personnalités fragiles. On a certes instauré un système permettant d'avertir le public et les parents du caractère violent de certaines images, mais il n'est pas certain que ce dispositif soit efficace. N'y a-t-il pas, dans cette accumulation de l'horreur fictive (et je ne parle même pas de l'horreur bien réelle diffusée par les journaux télévisés à l'heure des repas), de quoi déstabiliser certaines psychologies un peu tendres ou immatures ? Certains criminels, bien jeunes pour en arriver là, ont d'ailleurs déclaré avoir voulu imiter certains sinistres héros de films américains ?

Il y a là, évidemment, un danger réel, mais le vrai problème, me semble-t-il, plus que les choses en elles-mêmes, est la difficulté que rencontrent la société et la famille pour mettre des mots sur les choses. Sans aucun doute, cette saturation du « champ médiatique » par les images violentes ou pornographiques est nocive, et il est périlleux de l'imposer sans « garde-fou » à de jeunes enfants en pleine évolution et souvent seuls face à elles, mais je pense qu'il est faux de prétendre que la diffusion d'images violentes puisse, à elle seule, provoquer l'éclosion de tueurs psychopathes. Une telle affirmation tient plus d'un discours idéologique de retour à « l'ordre moral » qu'à une analyse objective de l'évolution de la criminalité de notre société.

Le nombre croissant de découvertes de cadavres dépecés et démembrés amène souvent les médias à évoquer « le spectre du *serial killer* ».

Il est vrai que certains tueurs à la personnalité perturbée se livrent parfois sur leurs victimes, vivantes ou mortes, à des pratiques barbares de type sadique, nécrophile ou nécrophage, mais la « mise en pièces » d'un corps n'implique pas nécessairement que celui qui s'y est livré ait cédé à un passage à l'acte pervers. La raison peut en être beaucoup plus prosaïque. Chacun sait que la police scientifique est aujourd'hui capable de faire « dire » beaucoup de choses à un cadavre, et d'en obtenir nombre d'informations susceptibles de constituer un réel danger pour l'assassin. Il est donc vital pour ce dernier de rendre le cadavre de sa victime le plus « muet » possible.

Pour cela, il peut utiliser deux méthodes. Celle du « maquillage » consiste à rendre le corps difficile à identifier en modifiant son aspect, pratique indispensable lorsqu'il est possible d'établir une relation entre l'assassin et sa victime. Les tueurs vont alors s'efforcer de détruire les organes permettant d'établir une identité : le visage, les traces papillaires et la dentition. Ce procédé a toutefois perdu beaucoup de son efficacité depuis les récentes avancées en matière d'identification par empreintes génétiques.

L'autre méthode est celle de la « mise à distance » dans l'espace et dans le temps. Il est de notoriété publique que le travail de l'identité judiciaire et les investigations scientifiques deviennent de plus en plus difficiles à mesure que la décomposition accomplit son œuvre. Plus le temps s'écoule entre le crime et la découverte du cadavre, plus les chances pour l'assassin d'échapper à son sort sont élevées. Cette « mise à distance » peut s'effectuer par un éloignement du cadavre du lieu du crime et le mieux semble bien être son ensevelissement dans un endroit peu fréquenté. Mais la chose n'est pas toujours possible, soit que l'assassin ne possède pas la force physique nécessaire pour effectuer seul le transport du corps, soit que le lieu de l'assassinat ne permette pas une telle manœuvre sans risque d'être découvert. Or la conservation d'un cadavre pose d'énormes problèmes liés à l'odeur qui en émane et aux liquides qui s'en écoulent en peu de temps. Le démembrement reste alors la seule solution possible pour le tueur et, bien que cette opération lui soit souvent pénible, il lui faut s'y résoudre.

Il nous livre alors un cadavre réduit en morceaux épars, qu'il est parfois très difficile et très long d'identifier, ce qui lui donne une avance appréciable. C'est le cas du célèbre « dépeceur de Mons », en Belgique, auteur de quatre assassinats de jeunes marginales. Il a dispersé les cadavres de ses victimes d'une part dans le canal de la Moselle, d'autre part dans une décharge publique, et les enquêteurs ne sont toujours pas parvenus à lui mettre la main dessus depuis quatre ans, malgré l'ampleur des moyens déployés.

Ces dépeçages, médiatisés à outrance et invariablement attribués au mythique *serial killer* qui semble bien jouer, en la circonstance, le rôle du loup-garou des terreurs enfantines, n'abusent cependant pas un enquêteur ou un profileur expérimentés. Il y a d'énormes différences entre la scène du crime d'un « maquillage » ou d'une « mise à distance » réalisée par un assassin rusé tentant de déjouer les recherches et celle que propose un pervers psychopathe exprimant sur le cadavre de sa victime toute l'étendue de ses pulsions partielles.

Ces différences sautent aux yeux et la « lecture » de la scène de crime est, en l'occurrence, limpide.

S'agissant des grands pervers psychopathes, il est impossible de faire l'économie d'un peu de réflexion sur les perspectives thérapeutiques. Car, enfin, une fois qu'on les a attrapés, il faut bien en faire quelque chose !

Deux instances se présentent alors : la justice et la psychiatrie.

Certaines sociétés agissent selon une philosophie fondée sur la répression et mettent en œuvre des systèmes d'élimination plus ou moins radicale de ce genre de prédateurs. Ils sont souvent exécutés ou enfermés à double tour, sans aucune perspective de réinsertion. On boucle la cage et on jette la clef. C'est le cas de la justice américaine. Même dans les États les moins répressifs (ceux où la chaise électrique ou son équivalent ne fonctionne pas de façon intensive), ce genre de criminels, avec le principe de non-confusion des peines, voit parfois s'accumuler sur sa tête la perspective de plusieurs siècles d'emprisonnement !

D'autres, porteuses de valeurs plus humanistes, n'abandonnent pas sans difficulté le principe fondamental de la fonction rédemptrice et réparatrice de la sanction pénale.

Ces sociétés – et c'est le cas de toutes les démocraties d'Europe occidentale – n'ont plus, dans leur arsenal répressif, la solution radicale qu'est l'élimination physique, et pour la plupart d'entre elles l'idée d'une « perpétuité réelle » paraît ingérable par les institutions pénitentiaires. Mais, dans un même temps, l'opinion publique clame haut et fort son exigence légitime d'être protégée contre ces meurtriers, dont le penchant pour la récidive est une constante.

En désespoir de cause, le système judiciaire va donc tenter de se décharger du problème sur les institutions psychiatriques. Pour ce faire il dispose d'un instrument très efficace, qui est l'article 122-1 du Code pénal (ancien article 64).

Et que dit ce fameux article 122-1 ?

Ceci : « N'est pas pénalement responsable la personne qui était atteinte, au moment des faits, d'un trouble psychique ou neuropsychique ayant aboli son discernement ou le contrôle de ses actes. » Mais le législateur ne s'arrête pas là. Plus loin, on lit : (alinéa 2 paragraphe B, où l'on énumère ces fameux « troubles psychiques ou neuropsychiques ») : « La chambre d'accusation a justifié sa décision de non-lieu à l'égard de la personne mise en examen pour homicide volontaire aggravé, tentative de viol, et viol avec menace d'une arme en relevant qu'il résultait des expertises psychiatriques que l'inculpé atteint d'une psychose dissociative de type schizophrénique a commis “à son insu” les actes qui lui sont reprochés. »

Il semble évident qu'une telle définition peut s'appliquer, sans avoir beaucoup à forcer le trait, à la majorité des assassins psychopathes multirécidivistes. À partir de là, lorsque la chambre d'accusation a décidé que cette disposition légale pouvait être appliquée, l'assassin échappe au système juridique et se trouve pris en charge par des structures médicales (services psychiatriques spécialisés) et administratives (décisions préfectorales).

Que penser de cette disposition qui tend à « dépénaliser » cette forme de criminalité et à exclure ces meurtriers des « bénéfices » d'un jugement normal ?

À première vue, sur le fond, rien que du bien. En effet, comment appliquer une sanction juste et équilibrée à quelqu'un dont l'état mental, au moment des faits, lui rendait impossible d'en apprécier les conséquences et la dimension morale ? N'est-ce pas une preuve de maturité et d'humanité de notre société, que de proposer cette « lecture » tout en nuances de certains comportements criminels ?

Je ferai cependant trois remarques.

Tout d'abord, il est faux de considérer que « l'internement » dans l'un des rares services spécialisés dans la prise en charge de ces malades à haute dangerosité représente un adoucissement du traitement auquel cette personne est soumise. Les mesures de sécurité y sont aussi contraignantes que celles d'une maison centrale, et la qualité de vie n'y est pas meilleure.

Ensuite, une telle situation ne comporte aucune perspective temporelle définie. Et les possibilités de réduction du temps d'internement sont tout à fait aléatoires.

Enfin, et surtout, une telle décision ne permet pas de recueillir les bénéfices psychologiques et moraux d'un procès.

Le procès, qui fait suite à l'enquête policière et à la phase d'instruction, parfois très longue, constitue souvent la seule occasion pour toutes les parties en présence de réintroduire ce qui s'est passé dans l'histoire personnelle (passée, présente et future) de chacun (la victime ou sa famille, l'auteur du crime) et aussi dans le tissu social.

Un procès est avant tout un *discours* porté sur ce qui fut bien souvent un épouvantable non-dit. En faire l'économie quand ce n'est pas nécessaire va contre l'intérêt de la victime. On prend donc une lourde responsabilité si on en transfère la charge à une institution médicale.

De son côté, la psychiatrie, dont l'objectif est la guérison de la personne et sa réinsertion dans la société, a tenté d'apporter un certain nombre de réponses.

L'une d'elles consiste à intervenir sur le corps, de façon chirurgicale ou médicamenteuse. Cette pratique s'inscrit dans le droit fil de la pensée positiviste du XIXe siècle, héritier de Pinel[1] qui considérait que les troubles mentaux étaient du même ordre que les maladies physiques et qu'il fallait les traiter comme telles.

Les deux grandes tendances actuelles consistent à rechercher des origines génétiques aux maladies mentales

1. Philippe Pinel (1754-1826). Premier médecin à avoir été introduit dans les asiles d'aliénés, il initie un traitement médical de la folie et contribue à l'établissement d'une nosologie des maladies mentales.

et aux comportements criminels (le fameux « chromosome du crime ») ou à intervenir sur l'équilibre hormonal des malades. À une période, on a tenté une approche chirurgicale sur certains lobes cervicaux, sièges des comportements agressifs (la célèbre lobotomie et ses prolongements plus *soft* au laser), mais il semble que des considérations éthiques aient fait tomber ces pratiques en désuétude.

On a aussi mis en place, depuis longtemps, une prise en charge médicamenteuse très efficace à base de molécules de plus en plus performantes qui « stabilisent » le sujet tant qu'il prend son traitement, mais ne le mettent pas à l'abri de rechutes si celui-ci est interrompu. Les protocoles modernes de soins sont parvenus à atténuer de façon sensible les effets secondaires néfastes de ce genre de traitement, sans tout à fait les supprimer, avec les risques divers que cela suppose pour le patient.

La seconde réponse, héritée des acquis de la psychologie cognitive, est de type cognituro-comportementaliste.

Elle est utilisée depuis plusieurs années dans les pays anglo-saxons et tout particulièrement au Canada (l'Institut Pinel à Montréal est célèbre dans ce domaine). En Europe, et notamment en Belgique, certaines unités médicales se sont lancées dans ce genre de prise en charge et, à les en croire, elles obtiendraient des résultats prometteurs.

Cette approche thérapeutique des grands pervers psychopathes, tels que les délinquants sexuels (violeurs multirécidivistes), est fondée sur deux principes de base : une responsabilisation du sujet vis-à-vis de son traitement et de ses attitudes, assortie d'un jeu de sanctions/récompenses, et la création de comportements conditionnés ou d'ancrages psychologiques, issus du concept de programmation neurolinguistique.

Nous avons affaire ici à une sorte de « dressage » amenant le sujet à des fonctionnements sociaux plus adaptés. Mais ces apprentissages sont fragiles et le taux de rechutes important. Faisant une impasse totale sur des notions aussi fondamentales que celles de l'existence de l'inconscient et du devenir des pulsions dans les stratégies du refoulement, cette approche propose une modification souvent efficace des comportements, mais en aucun cas une possibilité pour le sujet de se réapproprier un fonctionnement psychoaffectif qui le dépasse et dont il n'est pas conscient.

Le troisième type d'approche de ce genre de patients est issu des acquis et des découvertes de la psychanalyse, à travers Freud et ses successeurs. Ce travail fondamental d'exploration et de remodelage des couches profondes de la personnalité paraît à l'heure actuelle le seul susceptible d'apporter une réponse aux problèmes de ces grands malades. Mais, en pratique, la plupart des spécialistes avouent souvent leur impuissance face à ce type de pathologies car les défenses du patient cèdent rarement à ce genre d'approche.

Chez les grands pervers, en effet, l'absence totale de culpabilité et de résonance affective laisse peu de place à un travail d'analyse et de réorganisation de la personnalité. La jouissance éprouvée par le sentiment de toute-puissance dans lequel sont enfermés ces personnes est telle qu'on a l'impression de se heurter à une stratégie permanente de mise en échec du même ordre que celle opposée à toute approche thérapeutique par des toxicomanes en grande dépendance.

Il faut ajouter que ces personnages sont dangereux en raison de la capacité d'adaptation qui est la leur et de la fascination qu'ils exercent souvent sur leur environnement, surtout quand ils sont d'un bon niveau intellectuel.

Tous les fonctionnaires des prisons centrales ou des centres psychiatriques spécialisés avouent volontiers se méfier comme de la peste de ce genre de pensionnaires. Ceux-ci affectent parfois un comportement de détenus ou de malades « modèles », mais se montrent capables de saisir et d'utiliser la plus petite faille dans le système institutionnel. Ils sont habiles à endormir la méfiance, à l'affût du moindre élément susceptible de leur donner barre sur ceux qui les entourent. Rien ne plaît autant à certains d'entre eux que de découvrir des faiblesses et des particularités comportementales ou familiales chez des soignants ou des gardiens. Et l'on peut être sûr qu'ils en feront, à la première occasion, un usage dévastateur ! Ils constituent une menace permanente et d'autant plus insidieuse qu'elle se dissimule sous une apparence inoffensive, pitoyable ou séductrice. Ce sont des gens aux capacités de manipulation hors du commun, précisément du fait de leur absence complète de culpabilité, de communication affective vraie et d'empathie.

Qui aurait pu croire par exemple que Albert Fish, ce « papy » qui a fini sa triste existence sur la chaise électrique en 1935, à plus de soixante-quinze ans, cachait sous son œil larmoyant et son air débonnaire un être d'une cruauté infinie dont l'aspect inoffensif avait conduit plusieurs petits enfants à le suivre sans méfiance, pour finir torturés et dévorés ? Il a fallu que le président du tribunal fasse circuler les preuves irréfutables de ses crimes parmi les jurés pour que ceux-ci parviennent à se convaincre de la réalité de ce qu'ils avaient à juger en présence de ce pépé timide et tassé sur son siège.

En dépit de la médiatisation à outrance dont ils font l'objet, les *serial killers* tels que le modèle anglo-saxon nous les propose, sont à l'heure actuelle un phénomène marginal dans la criminalité de notre pays. Mais comme il n'est pas impossible que cet état de fait se modifie dans l'avenir, et que gouverner c'est prévoir, il me paraît prudent de nous préparer à cette éventualité en nous dotant des structures appropriées pour y faire face.

À cet égard, nous commençons seulement à raisonner en termes européens. La plupart des polices des pays de l'Europe des Quinze viennent d'adopter le logiciel de recoupement des affaires criminelles non résolues « VICLAS » (*Violent Crime Linkage Analysis System*), modèle canadien modifié du célèbre « VICAP » (*Violent Crime Apprehension Process*) du FBI américain.

Avec un long retard, la Gendarmerie nationale vient d'en faire autant, et aux dernières nouvelles la Police nationale devrait lui emboîter le pas. En janvier 2003, a été annoncée la mise en place prochaine d'un outil commun à la Gendarmerie (IRCG de Rosny-sous-Bois) et à la Direction centrale de la Police judiciaire (Sous-Direction des Affaires criminelles à Nanterre). Il portera l'appellation de SALVAC. Ce n'est ni plus ni moins qu'une adaptation du VICLAS canadien. Ainsi se réalise une évolution que j'avais réclamée en vain depuis 1998... Mais tout vient à point si on sait attendre et... si l'accumulation du nombre de victimes lié à l'inertie administrative et à l'étroitesse de vue de ceux-là mêmes qui, aujourd'hui, clament haut et fort leur intérêt pour ce nouveau système, n'empêche pas de dormir.

On peut donc espérer à court terme une montée en puissance de l'efficacité de la coopération entre les polices judiciaires européennes, qui restreindra les possibles offerts aux criminels par les différences de fonctionnements policiers.

16

LES « POUSSE-AU-JOUIR [1] » DE PATRICE ALÈGRE

D'habitude je ne parle pas des gens que je ne connais pas. Alors pourquoi consacrer quelques lignes à cette affaire-là plutôt qu'à telle autre ? C'est que Patrice Alègre nous fait vivre, depuis plusieurs mois, un véritable psychodrame collectif. La société bruit de ses actes et de ses paroles ; elle est parcourue de sentiments violents, contrastés, complexes. Tous les ingrédients d'un drame social majeur y sont réunis ; ça parle de mort, de sexe, d'argent, de pouvoir, de honte, de déshonneur et de scandale. Le fantôme du *serial killer*, avec tous les fantasmes qu'il porte, hante les colonnes des quotidiens et l'imagination des lecteurs.

Ces mouvements psychologiques ne sont pourtant pas une nouveauté. Tels de sombres météores, de grands criminels ont de tout temps traversé la voûte céleste de notre vécu collectif, déchaînant les passions, les controverses, les peurs et les haines. On a chanté Mandrin, Cartouche et Lacenaire. « Jack l'Éventreur » sous le nom de *Mack the*

1. « Pousse-au-jouir » : Terme emprunté au titre du livre de Gérard Miller : *Les pousse-au-jouir du maréchal Pétain.*

Knife a inspiré à Brecht *L'Opéra de Quat'sous* ; Jean Genet a célébré « un assassin si beau qu'il fait pâlir le jour ». Jusqu'à la veille de son exécution, Landru recevait des fleurs et des déclarations d'amour enflammées. Otis Tool, dans sa prison, recevait une correspondance importante de personnes lui demandant la recette de la sauce qu'il avait confectionnée pour assaisonner la chair de ses victimes, hommes et femmes. Le site internet d'Ed Kemper est l'un des plus visités de son État.

Mais il est rare qu'une affaire de crime de sang, même effroyable, ait un tel retentissement sur le corps social dans son ensemble. Pour cela, il faut d'autres éléments.

Il est vrai que nous sommes prompts à nous enflammer pour peu qu'on sache agiter devant nous les chiffons rouges appropriés ! Le crime provoque en nous des sentiments mêlés : effroi, colère, angoisse, compassion pour les victimes, ambiguïté des sentiments vis-à-vis des meurtriers. Le sexe nous rencontre dans les replis les plus secrets de notre intimité, avec ses ombres, ses lumières, ses refoulements. L'argent et le pouvoir attirent nos fantasmes comme la lumière le papillon, mélangeant admiration, envie, jalousie, mais aussi une sorte de jubilation iconoclaste lorsque l'un de ces puissants, que l'on imagine toujours plein de morgue et de suffisance, se voit menacé de rouler à bas de son piédestal.

Dans le cas qui nous occupe, nous sommes en présence d'une situation complexe, et d'un diagnostic difficile à poser.

S'agit-il d'un tueur « multirécidiviste », attiré tout autant par le jeu du pouvoir, l'acquisition de biens matériels ou d'un statut social que par la mise en scène de situations où les pratiques perverses sont prédominantes ? Ou bien d'un spécimen de prédateur social assez peu courant sous nos climats : le fameux *serial killer* des Anglo-Saxons, pour qui la jouissance perverse dans des « orgies narcissiques [1] » serait l'alpha et l'oméga de ses motivations criminelles ?

1. Daniel Zagury.

Les crimes d'Alègre suggèrent une pathologie psychologique où la violence pure tient plus de place que la mise en scène complexe. Les pratiques et les sévices sexuels semblent assez ordinaires et stéréotypés, et le meurtre y paraît confondu avec l'orgasme. Nulles pratiques perverses – nécrophile, scatophile ou nécrophage – en tant que compléments ou substitutions à des satisfactions sexuelles. Je n'ai pas non plus ressenti la présence de cette spirale infernale à l'œuvre chez les *serial killers* célèbres. Nous sommes loin de cette froideur glaciale et de cette absolue indifférence à la souffrance de la victime qui est bien la marque de cette « infirmité » affective rencontrée chez les grands pervers.

Il arrive qu'Alègre parle à ses victimes, et cette communication parvient parfois à infléchir ses attitudes. Un tel comportement est inconcevable chez un « tueur en série », grand pervers psychopathe. Ses modes opératoires eux aussi sont « parlants ». Ils donnent à lire dans leur logique l'architecture psychologique déséquilibrée du tueur. Mais on n'y trouve pas trace de ces « signatures » épouvantables dont des Sipho Twala, des Kemper ou des Manson paraphaient leurs scènes de crime. Alègre ne se livre pas au démembrement des cadavres ou à de pratiques humiliantes (certains diraient « chosifiantes ») sur ses victimes ou leur dépouille. Pas d'intromission d'objets dans les orifices corporels ou de disposition des cadavres dans des poses grotesques, obscènes ou dévalorisantes. Pas ou peu de traces de fétichisme, ni par soustraction de vêtements, de prélèvements d'organes ou de travestissement des victimes.

Et surtout, il n'agit pas seul. Ses actes sont inscrits dans un ensemble de relations interpersonnelles socialement adaptées où ses crimes ont valeur de transaction. Nous sommes bien loin de l'effroyable solitude (ou de la folie à deux) des tueurs en série classiques.

Le diagnostic le plus vraisemblable le définirait comme « tueur mixte ». Ses motivations criminelles sont composites. S'y mêlent de réelles tendances psychopathiques et des enjeux beaucoup plus ancrés dans la réalité du profit matériel et social. Je le situerais dans la lignée des « grands ancêtres » français tels Landru ou Petiot, et, plus près de nous, de Paulin et Sedrati. Il ne me semble pas possible de l'assimiler à l'un de ces grands pervers psychopathes, schizophrènes ou paranoïaques tel le ou les meurtriers de Mokhtaria Chaïb et de Marie-Hélène Gonzalez à Perpignan en 1997 et 1998.

Du côté de l'enquête criminelle, il y a encore beaucoup de grain à moudre. Le destin de plusieurs victimes reste obscur et les conditions de leur mort mal définies. Qu'en est-il, par exemple, de ces décès hâtivement qualifiés de « suicides » alors que beaucoup d'éléments semblaient nécessiter, pour le moins, des investigations plus approfondies ? Devons-nous nous attendre à découvrir de nouveaux meurtres ? Que penser, en l'occurrence, du fonctionnement des services de police et des organes judiciaires ? Sans parler de l'hypothétique implication dans cette affaire du monde politique et de la bourgeoisie locale ?

Mais tout cela, il appartient à l'instruction en cours de le mettre au jour.

En ce qui concerne la sanction pénale, force est de reconnaître que Patrice Alègre ne risque plus grand-chose ! Condamné à la peine maximale par une cour d'assises, cet homme encore jeune ne peut espérer sortir de prison qu'une fois entré dans la vieillesse, s'il survit jusque-là. Ce qui l'attend, ce sont des décennies d'oubli et de mort lente, enfermé nuit et jour dans quelque prison centrale de province où il sera surveillé avec une vigilance particulière. La découverte d'autres meurtres dont il serait l'auteur n'aura plus aucune incidence sur son destin ni sur son mode de vie. D'une certaine façon, on peut dire qu'au point où il en est, Patrice Alègre est devenu intouchable.

Cette situation lui confère paradoxalement une énorme puissance et une capacité de nuisance dévastatrices.

Dans son ouvrage *Les Perversions sexuelles*, Gérard Bonnet démonte avec précision les mécanismes mis en œuvre par les pervers pour atteindre à la jouissance.

Le plus fréquent consiste à emprisonner l'autre dans un système de relations où tous les paramètres sont détenus par le metteur en scène. Ainsi, dans le cas du voyeurisme, le plaisir du pervers consiste à regarder sa victime à son insu, et surtout sans qu'elle puisse rien faire pour échapper à cette situation. Le pervers, dissimulé, est seul maître du jeu. Il est seul à même de décider quand la victime sera épiée et quand elle ne le sera pas. Par le jeu classique des projections, le pervers dominera tout le processus de la jouissance, du début à la fin, prenant autant de plaisir à regarder qu'à s'identifier, psychologiquement, à celui ou à celle qu'il épie. Tout le plaisir est contenu dans ce « scénario » dont le pervers entend maîtriser avec une précision extrême tous les éléments. Lorsque, pour une raison quelconque, le scénario n'est pas respecté, sa frustration est violente et ses réactions peuvent être imprévisibles.

Sous un angle psychanalytique il s'agit d'une position profondément régressive que l'on pourrait comparer à celle d'un fœtus, protégé de toute atteinte par l'efficacité d'un utérus maternel. La forteresse qui entoure Alègre en tiendrait lieu : du fond de son repaire, il lui est possible d'adresser des messages d'autant plus violents que son impunité est totale.

Cette métaphore du fœtus *in utero* tout-puissant, agissant sur le monde extérieur peuplé d'images parentales, décrit avec assez de justesse le type de relations qu'il tente d'imposer à la société politique, médiatique et judiciaire. Dans cette position « schizo-paranoïde », il clive l'univers en deux parts antagonistes, qui ne peuvent établir l'une avec l'autre que des rapports conflictuels visant à une destruction réciproque.

Qu'Alègre, utilisant tous les moyens dont il dispose,

s'efforce de régler ses comptes avec une société qu'il ressent probablement comme inique et persécutrice, il n'y a rien là de bien étonnant. Mais que ladite société entre dans son jeu avec autant d'empressement et de bonne volonté pose davantage de questions.

Pour y comprendre quelque chose, il nous faut bien admettre qu'Alègre nous convoque à un certain type de jouissance sur laquelle il est bon que nous nous interrogions.

« La fonction essentielle du pervers, nous dit Freud, est de faire jouir le névrosé. » Nous devons donc admettre que toute cette production médiatique autour des comportements et des déclarations du tueur est de nature névrotique.

Cela repose sur une problématique œdipienne et nous y réagissons avec la jubilation violente qui est la loi du genre.

Comment schématiser cette stratégie du pervers, dont, lui-même n'est sans doute conscient que de façon partielle ?

De quoi se sert-il pour provoquer chez nous tant d'émotions, tant de sentiments ?

En d'autres termes, quels sont ses « *pousse-au-jouir* » ?

Alègre se définit sur le plan social, criminel et judiciaire par la qualité de ses rapports avec les femmes. Il en tire sa subsistance par son activité de proxénète. Il en retire un certain type de jouissance sadique dans les sévices qu'il leur fait subir. Il les utilise comme monnaie d'échange dans ses rapports avec d'autres hommes. Voilà ce que nous dit le discours médiatique et judiciaire.

Il est rarement perçu comme un fils. Pas davantage comme un père ou comme un mari.

Bien sûr, cela a été fait aux assises et lors de l'instruction, mais, à lire les journaux, il semblerait qu'il n'en soit rien.

D'où vient-il ? Quelle malédiction a présidé à sa naissance ? Quel « *destin si funeste*[1] » pèse sur lui, sur ses origines ? Comment est-il devenu ce que nous voyons ?

Les seules figures féminines qui traversent son existence (en dehors, bien sûr, de ses victimes) subissent une sorte de disqualification : leur qualité de prostituées ou de complices éventuelles leur barre toute possibilité de tenir auprès de lui une place structurante, et il est significatif que le personnage féminin qui émerge dans cette histoire ait choisi le « nom de guerre » de *Patricia*, sorte de « clone féminin » de *Patrice*.

Les relations d'Alègre avec les femmes sont associées de façon irrémédiable à la transgression. Comme l'Œdipe de la légende, il conquiert son royaume à travers des « femmes interdites » dont il utilise les trésors pour établir sa puissance et, comme lui, il apporte la peste à la cité.

Si vos pas vous mènent un jour vers Hambourg, laissez-les vous guider vers le quartier de Sanct Pauli, tout près de la Repperbahn. C'est le « quartier chaud » de cette ville portuaire où flottent encore des relents de l'Allemagne des années 20, hantés par le fantôme bleu de Marlène Dietrich. Dans les ruelles, les prostituées exercent leur activité « en vitrine », comme dans beaucoup de villes d'Europe du Nord.

L'une de ces petites rues étroites, obscures est fermée à ses deux extrémités par une chicane composée d'épais madriers. Une seule personne à la fois peut s'y aventurer – et encore, en passant de profil.

Sur les planches, un grand écriteau en lettres rouges : « Femmes indésirables ».

On veut sans doute mettre en garde des personnes sensibles contre une exhibition très crue de la prostitution – ou prévenir des actes de violence perpétrés par des mâles impécunieux et surexcités. Mais n'y a-t-il pas quelque chose de curieux dans cette manière de désigner ces femmes.

1. François Roustang.

Celles qui sont derrière la barrière et portent, en fin de compte, le poids de cet écriteau, vouées justement aux désirs des hommes, seraient donc « indésirables » ?

Hiérarchisation du désir et des désirs par un ordre social soucieux de préserver l'ordre et la morale ? Sans doute, mais n'y a-t-il pas là quelque chose de plus subtil ?

L'ordre dans lequel on inscrit Alègre est celui *des* désirs. Ceux qui n'ont pas droit de cité, qui n'ont d'existence que dans le huis-clos des rêves, des fantasmes, ou ne se réalisent que « derrière la porte verte » !

Désirs incestueux, socialement condamnés, voués au secret et au non-dit, et que cet homme, soudain, fait éclore en pleine lumière, affirmant que l'infamie à laquelle on le voue n'est pas son apanage mais nous concerne tous. Tous – et particulièrement ceux qui font profession de l'endiguer !

Porteur du scandale de l'inceste, d'une sexualité destructrice et meurtrière, fondée sur ses pulsions partielles, il prend la parole. Il affirme que le père et ses représentants dans le champ social (police, justice, monde politique) lui sont semblables, et, pis encore, partagent avec lui les mêmes perversions.

Cette attitude iconoclaste rencontre de plein fouet une société en grande incertitude, en panne de repères et où se multiplient des « affaires » impliquant des personnages considérables, et elle fait planer le doute sur l'intégrité de l'image du père.

Et c'est précisément sur ce doute, sur cette confiance qui vacille, que le pervers va bâtir ses « pousse-au-jouir ». Il va rencontrer en nous cette représentation inconsciente d'un père castré, failli, susceptible d'être déboulonné de son piédestal qui laisserait à l'enfant accès libre à la mère.

Il n'y a pas de jouissance plus grande que celle de rencontrer et de « coincer » le père ou la mère dans leur propre œdipe !

Souvenons-nous – ce n'est pas si loin – de l'affaire Markovic.

Une vaste campagne médiatique et politique a accablé l'épouse du président de la République de l'époque, l'accusant, à coups de photos truquées, de rapports homosexuels lors de pseudo-« parties fines ». Bien après que la justice eut fait son travail et que « l'innocence » de la malheureuse eut été établie sans aucun doute, les rumeurs n'ont pas cessé, et le nom de cette femme reste associé chez certains à tout un tas de fantasmes machistes.

Ainsi s'enflent les rumeurs, tant le plaisir qu'il y a à les colporter est grand ! Les gens mis en cause veulent-ils en appeler à la raison, ils sont aussitôt suspectés d'une perfidie plus grande encore, soupçonnés de faire usage d'un pouvoir (qu'on leur conteste !) pour échapper à une « juste » vindicte.

Dans le cas de Patrice Alègre, la situation est d'autant plus pernicieuse que l'auteur des accusations est totalement intouchable, à l'abri au fond de sa cellule et tirant les ficelles dans une parfaite impunité. Qui s'aventurerait à lui faire un procès pour diffamation sans courir le risque du ridicule ?

De cette position de jouissance maximale, il use avec l'habileté des pervers intelligents. Seulement, il lui faut impérativement une courroie de transmission rompue à ce genre d'exercice et qui accepte de jouer ses scénarios. Et l'honnête avocat Pierre Alfort n'est sans doute pas taillé dans ce matériau-là. Il a donc changé de défenseur. Son choix était prévisible.

Que recherche vraiment Patrice Alègre ?

Son attitude a quelque chose de pathétique dans le dérisoire. D'ici peu, le flonflon médiatique aura trouvé un autre jouet et la rumeur, telle une grosse déferlante, se retirera, insoucieuse des dégâts laissés sur son passage. Certains y auront perdu leur honorabilité, quelle que soit leur culpabilité ou leur innocence ; ils ne la retrouveront sans doute jamais tout à fait. D'autres, peut-être, y perdront davantage. Alègre, lui, s'enfoncera pour le temps qu'il lui reste à vivre, dans l'obscurité de son cachot et affrontera son destin.

Est-ce devant cette perspective qu'il renâcle ? Tout ce tapage n'est-il destiné qu'à retarder l'échéance de sa mort sociale dans le « baroud d'honneur » d'une dernière mise en scène perverse ?

S'agit-il pour lui de jouir encore une fois et en toute impunité du malheur et de la détresse dont il est l'acteur principal ?

Peut-être.

17

TERRORISME : « EN TUER UN POUR EN ÉDUQUER CENT... »

Le terrorisme a fait une entrée fracassante sur la scène nationale et internationale à la fin des années 70 et s'est développé de manière quasi exponentielle durant la décennie suivante, jusqu'à faire partie de notre réalité quotidienne. Depuis l'attentat contre les tours jumelles du World Trade Center le 11 septembre 2001, il semble avoir atteint son objectif en précipitant la planète dans un conflit à haut risque.

Que son but soit d'infléchir ou de modifier une politique intérieure ou internationale (Action Directe, Brigades Rouges, GIA, Al Quaida...) ou d'obtenir l'indépendance ou la scission d'une communauté (IRA, ETA, Parti des Travailleurs du Kurdistan, Hammas...), il demeure, selon la formule célèbre de Clausewitz appliquée à la guerre, « ... la poursuite de la politique par d'autres moyens... ».

Le terrorisme est l'arme des faibles contre les forts, des pauvres contre les riches, parfois des humiliés contre l'oppresseur. On l'appelle parfois « combat asymétrique ». Mais les moyens qu'il emploie sont terribles. Il suffit d'avoir été témoin, comme je le fus, des attentats commis aux métros Port-Royal et Saint-Michel pour ressentir jusqu'au fond de son être la violence, la peur, la colère et l'angoisse qu'il déchaîne et frémir à la perspective des réactions de défense qu'il peut entraîner.

L'assassinat politique est l'une des plus vieilles méthodes de l'action terroriste ; c'est aussi, sans doute, celle qui frappe le plus les esprits. Avec la puissance d'évocation de l'image diffusée en temps réel d'un bout à l'autre de la planète, l'impact de l'attentat terroriste est immense et possède une charge émotionnelle redoutable. C'est un lieu commun de dire qu'un homme assassiné en plein milieu de Broadway ou de Trafalgar Square remue davantage l'opinion et défraie plus la chronique qu'une centaine de morts en Cisjordanie. On peut en tirer les réflexions qu'on voudra quant à la valeur relative de l'existence humaine pour le monde médiatique, mais c'est un fait incontestable.

Certaines de ces opérations meurtrières ont des conséquences épouvantables : la mort d'un archiduc autrichien à Sarajevo en 1914, concomitante de celle de Jean Jaurès, constitue le détonateur d'un conflit mondial qui fera plusieurs millions de victimes, et l'assassinat en 1981 du chef de l'État égyptien Anouar El Sadate (prix Nobel de la Paix 1978) ruinera pour longtemps toute espérance de paix durable au Moyen-Orient.

Mais l'élimination physique de personnalités, même importantes et médiatiques, est loin de constituer le seul mode opératoire des groupes terroristes. L'assassinat de masse en est un autre.

Nul n'a oublié la vague d'attentats qui ont endeuillé Paris en 1995 et 1996. Dans les années 80, elle avait éclaboussé l'Europe tout entière. L'objectif visé par les terroristes n'avait rien à voir avec l'identité des victimes. Ce qu'on voulait détruire, à Paris comme ailleurs, c'était bel et bien la notion même d'État. À travers elle, on visait une détérioration de ses relations avec le citoyen.

L'une des constantes de toute pratique terroriste est la

rupture résolue avec la légalité. Pour des raisons diverses procédant d'une analyse politique plus ou moins approfondie, certaines personnes ou certains groupes estiment que les moyens légaux sont inadaptés pour faire entendre leurs particularités ou leurs revendications. Ils s'engagent alors dans une démarche singulière, porteuse d'énormes risques personnels. Les émotions et les sentiments violents n'en sont jamais absents, et leur engagement est tout autant affectif qu'idéologique, même si, dans leur discours, la raison seule est censée guider leurs actes.

Les relations au sein des groupes terroristes restreints, tels qu'on a pu les connaître dans les années 70, sont souvent violentes et complexes.

Le 4 février 1974, un groupuscule terroriste inconnu jusque-là, l'Armée Symbionnaise de Libération, enlève la fille du magnat de la presse américaine Patricia Hearst. Il réclame une rançon de deux millions de dollars « pour les pauvres ». Le FBI mène son enquête de façon rapide et énergique et démantèle le groupe en 1975. Les membres sont arrêtés, et la complicité de la soi-disant victime avec ses ravisseurs établie.

John Depue, agent de ce service, spécialiste du renseignement et des opérations *undercover* [1], membre par ailleurs de l'école de formation de Quantico (Virginie), a consacré une remarquable étude au mode de relations prévalant dans ce genre de groupe.

Pour qu'il y ait passage à l'acte terroriste, explique-t-il, un certain nombre d'éléments sont indispensables.

La présence d'un chef au charisme affirmé est une condition *sine qua non.* Ce leader est souvent un homme, mais ce n'est pas toujours le cas. L'Armée rouge japonaise, structure redoutable s'il en fut, était dirigée par une femme.

1. *Undercover*, littéralement « sous couverture ». Se dit des opérations d'infiltration de réseaux menées par des policiers, en immersion totale.

Il faut aussi un théoricien. Ces groupes sont bavards mais surtout, ils ne peuvent se passer d'une justification morale et logique de leur action. Le rôle de ce théoricien est de leur fournir le discours déculpabilisateur qui leur est indispensable. Ce sont souvent des personnalités plus ou moins rigides et paranoïaques, d'un niveau intellectuel supérieur à celui de leurs compagnons. Leur faible niveau d'empathie et leur apparente authenticité – qui n'est bien souvent qu'une incapacité à accorder leurs émotions avec leurs actes – leur confèrent un prestige indéniable au sein du groupe. Ce sont eux qui disposent des références historiques, politiques, morales et intellectuelles. Ils peuvent faire référence aux écrits et citations des « grands anciens » pour les mettre à la disposition du groupe. On les voit, suivant le combat qu'ils mènent, citer Bakounine, Proudhon, Marx, Trotski, Mao, Ho Chi Minh, Castro ou Guevara, Hitler, Goebbels, Gobineau ou Maurras. Ils ne se bornent pas à fournir des bases théoriques d'action, ils proposent aussi des modèles auxquels ils s'identifient, incitant de façon implicite les autres à les imiter. Cette fidélité au modèle va parfois jusqu'à l'adoption lors des réunions du groupe de ses tics de langage et de sa façon de s'habiller (le fameux béret à l'étoile rouge du « Che » ou les vareuses à col montant du « Grand Timonier »).

Ce sont eux qui orientent le groupe dans le choix de ses cibles, et de ses méthodes, et qui déterminent les règles de comportement dans son sein, y compris, parfois, jusque dans les relations affectives et sexuelles. D'une façon générale, leur mode de vie est marqué par la rigidité et par l'intolérance, et les divergences d'opinion y sont peu acceptées. Leur arrestation signe la plupart du temps la mort du groupe en tant qu'entité combattante, à moins qu'ils n'aient eu le temps de former un ou plusieurs disciples.

Le charisme du chef exige qu'il ait auprès de lui une compagne, garante de sa virilité. Ces « égéries », surtout si elles sont d'un bon niveau intellectuel, peuvent jouer un rôle prépondérant dans le fonctionnement du groupe. On se souvient de l'influence de Nathalie Menigon sur le groupe Action Directe et de celle d'Ulrike Meinhoff de la *Rote Armee Fraktion*. Il n'est pas rare que, lors de l'arrestation du chef, elles prennent, pour un temps, la direction des opérations.

Enfin, il faut un certain nombre de « soldats », personnages disciplinés, influençables mais d'une loyauté sans faille. Ce sont eux qui seront chargés de l'exécution des tâches. De leurs compétences va dépendre le niveau de « nocivité » du groupe.

Lors de la vague d'attentats attribués aux GIA [1] algériens, plusieurs tentatives ont avorté à cause de l'incompétence des artificiers, évitant ainsi de nombreuses victimes. En revanche, la « réussite » des attentats de 1995 au métro Saint-Michel et près du musée d'Orsay, et de celui de 1996 à la station Port-Royal a montré une montée en puissance de l'efficacité de techniciens formés, pour la plupart, en Afghanistan.

Ce qui relie ces organisations terroristes entre elles tient beaucoup plus à leurs objectifs qu'à leurs structures. Il s'agit de mouvements dont le but principal avoué est de modifier ou détruire le système politique du pays dans lequel ils interviennent, même si leur action se déroule en dehors des frontières de celui-ci.

Leur discours se focalise sur un aspect particulier de la vie politique, sociale ou économique. Ils décrètent l'iniquité de l'État et légitiment à partir de là leurs passages à l'acte violents. C'est sur la base de cette affirmation que les Brigate Rosse italiennes enlèveront le 16 mars 1978, puis assassineront le 9 mai de la même année, le leader de

1. GIA : Groupements Islamistes Armés. Évoluant dans toute l'Algérie et ayant, un temps, tenté d'exercer leurs actions terroristes en France. Leur chef le plus connu était le sinistre Antar Zouabri, abattu dans le maquis par les forces armées.

la Démocratie Chrétienne Aldo Moro après un simulacre de procès. À cette occasion, il est intéressant de constater que même les organisations les plus radicales ont du mal à se passer des symboles de l'État qu'elles combattent et singent ces mêmes institutions qu'elles vomissent. Les assassins d'Aldo Moro, en particulier leur chef, Mario Moretti, et le meurtrier lui-même, Prospero Gallinari, seront arrêtés et condamnés en 1984. C'est cette période que les Italiens ont appelée « les années de plomb ».

En 1981, le groupe Action Directe assassine le PDG de Renault, Georges Besse, devant son domicile du boulevard Edgar-Quinet, à Paris, et fait exploser une bombe devant la concession Rolls Royce. C'est l'antimilitarisme, autre cheval de bataille, qui justifiera plus tard l'assassinat du général Audran, et la haine de la police qui conduira à la pose d'une bombe dans les locaux de la Préfecture de police.

Les principaux membres du groupe purgent des peines de perpétuité dans les prisons françaises.

Le procès de membres de la *Rote Armee Fraktion*, appelée aussi « Bande à Baader », débute le 20 mai 1975. On leur attribue plus de cent tentatives d'assassinat, seize meurtres et quatre-vingt-huit blessés. Leur chef, Andreas Baader, est condamné à la prison à vie le 28 avril 1977. On le retrouvera suicidé dans sa cellule le 18 octobre de la même année. Jan-Karl Raspe subira le même sort, ainsi qu'Holger Meins, Gudrun Ensslin et Ulrike Meinhoff.

Sanglantes dérives dénuées du moindre espoir de succès, tentatives dérisoires pour changer l'ordre des choses, et qui ont semé un certain temps le désarroi et la mort au cœur des villes, tous voulaient abattre l'État qu'ils jugeaient impossible à réformer. Leur logique était celle de pédagogues déments, et chacun de leurs crimes poursuivait le même objectif : « En tuer un pour en éduquer cent ! »

La plupart de ceux qui s'engagent dans la voie de l'action terroriste le font, au nom d'un idéal, même si certains absolument récusent ce terme. L'enrichissement personnel et l'exercice du pouvoir ne font pas partie de leurs ambitions et ils en rejettent l'idée elle-même comme criminelle et antirévolutionnaire. Cependant, la clandestinité est un gouffre financier et les groupes terroristes ont un constant besoin d'argent lorsqu'ils ne disposent pas d'une communauté pour les soutenir. Dès lors qu'ils ne sont pas « sponsorisés » par un État dont ils constituent le bras armé ou par une organisation mafieuse qui les manipule, il leur faut donc recourir à des crimes de droit commun pour assurer leur survie. Les expédients les plus courants sont le braquage, la prise d'otages en vue d'obtenir une rançon, et le racket rebaptisé pour l'occasion « collecte de l'impôt révolutionnaire ». Les théoriciens d'Action Directe regroupaient ces actions sous le terme général de « récupération directe », avançant l'idée qu'ils ne faisaient que reprendre des biens volés au prolétariat par le capitalisme pour se procurer les armes destinées à détruire celui-ci.

Le braquage à main armée est devenu, avec le surcroît de précautions prises par les banques et les organisations de transport de fonds, une pratique peu juteuse comportant une prise de risques énorme. De plus, attaquer un guichet de banque ou un bureau de poste n'est pas rentable. On a compris depuis longtemps qu'il n'était pas nécessaire, pour les opérations financières courantes, de conserver en caisse une quantité importante d'espèces. Par ailleurs, les systèmes de surveillance vidéo et autres sont de plus en plus perfectionnés et la présence de vigiles armés sur le seuil donne à l'opération un caractère inévitablement violent nécessitant beaucoup de moyens pour un bénéfice minime. L'attaque d'un véhicule de transport de fonds représente une perspective de gains bien supérieure, mais impose une logistique et un armement lourds hors de portée d'une organisation de petite envergure. Elle nécessite un réel professionnalisme qui est plus habituel au grand banditisme. Certaines organisations tirent aussi leur subsistance du trafic de stupéfiants.

Les organisations sévissant en Europe pratiquent de moins en moins la prise d'otages avec demande de rançon, qui avait connu son heure de gloire dans les années 70 et 80. Aujourd'hui, cette technique est surtout florissante en Europe orientale, et en Amérique du Sud, où des groupes dont on ne sait pas très bien s'ils relèvent du terrorisme ou du droit commun placent des barrages sur les routes et fouillent les véhicules en espérant tomber sur de gros poissons : voyageur occidental, journaliste, diplomate, industriel ou homme politique dont on pourra tirer un bon paquet de dollars.

Le racket ou « impôt révolutionnaire » est plus répandu. Il repose sur la menace que l'on fait planer sur un individu, sa famille ou ses biens. La justification de cette pratique criminelle se trouve dans l'idée d'une répartition plus égalitaire des richesses. Par principe, le groupe terroriste travaille pour le bien de l'ensemble de la population ; il est donc normal que celle-ci assure sa subsistance et lui donne les moyens de se procurer les armes nécessaires à la poursuite de l'action. On va donc s'adresser aux individus les plus fortunés afin qu'ils contribuent de leurs deniers à la « libération » des plus pauvres. Lorsqu'ils rechignent à payer, ils se voient appliquer une sanction plus ou moins lourde (pouvant aller jusqu'à l'assassinat) par un « tribunal révolutionnaire », à la fois juge et partie.

Ces combattants de causes si particulières choisissent de vivre en rupture avec la société, leur famille et tout ce qui fut pendant de longues années leur environnement psychoaffectif – et ce n'est pas toujours facile, sans parler de conditions matérielles précaires, d'un niveau de stress important et de risques bien réels pour leur liberté ou leur vie.

Lorsqu'on parvient à dépasser un discours idéologique plaqué et artificiel, lorsqu'ils ne s'enferment pas dans leur rhétorique et acceptent de parler d'eux-mêmes (ce qui n'est pas fréquent car ils détestent cet exercice !), on rencontre des personnalités souvent immatures et peu équilibrées. En révolte contre des images parentales confuses, encombrés par des conflits œdipiens mal résolus, ils ne semblent pas être parvenus à dépasser un stade d'opposition systématique et stérile.

Cette position psychologique est génératrice d'un fort niveau d'angoisse, et il leur faut avoir recours, pour la combattre, à un discours structuré et totalitaire dont la qualité première est l'impossibilité de toute remise en question.

Autour de concepts comme « le peuple », « la révolution », « la lutte des classes », « le prolétariat » ou bien « la pureté de la race », « l'honneur », « le drapeau », « le chef », « la nation », s'organise tout un corpus de langage auquel ils ont recours en toutes circonstances. Cette « machine à penser », cette « prothèse à réfléchir » ressemble à une exacerbation du discours militant, mais frôle parfois la doctrine sectaire.

Comme dans une secte, le monde extérieur (la société) est décrit comme dangereux et hostile. Il est l'objet d'un paradoxe dans lequel le projet est de le réformer pour le conduire à un système de relations entre les individus plus harmonieux, et dans le même temps, on affirme que la communication avec lui est impossible et que seule la violence et la destruction peuvent amener les temps meilleurs dont on rêve.

Le projet qu'on a pour ce monde est bien d'ordre éducatif, mais les moyens employés sont destinés à sa perte. Et comme dans une secte encore, il y a un surinvestissement du rôle du chef, personnalité la plupart du temps non remplaçable. À ma connaissance, il n'y a, en Europe, que les groupes basques Embata et Iparretarrak (dissous l'un en 1975, l'autre en 1985) à s'être dotés d'une organisation dans laquelle le pouvoir passe sans difficulté d'un membre à l'autre si le chef est arrêté ou défaillant. Cette situation est prévue dès la constitution du groupe.

La place des symboles est également importante, tout autant dans le fonctionnement que dans le choix des cibles et la façon de communiquer avec « l'ennemi ».

Cette logique toute formelle, qui s'apparente à celle du paranoïaque, enferme les membres du groupe dans une représentation du monde faussée et qui leur donne, de leur position personnelle, une image déformée, souvent infantile, et les concepts auxquels ils font référence (peuple, révolution, etc.) relèvent le plus souvent d'une production délirante teintée d'une bonne dose de romantisme.

Leurs écrits, leurs tracts, leurs déclarations constituent des affirmations péremptoires, destinées à exprimer une foi, une conviction violente et globale, plus qu'à convaincre l'intelligence du lecteur. Pour autant, la préoccupation de légitimité est constante et les références aux « grands anciens » tiennent lieu de force argumentaire. Au Moyen-Orient, la mythologie islamiste et le culte des martyrs jouent le même rôle.

Avec le temps, s'opère un conditionnement profond de la personnalité éloignant encore davantage l'individu de son environnement familial et social et le liant de façon toujours plus étroite au groupe, ses membres et ses objectifs. Même emprisonnés, et bien des années plus tard, une de leurs revendications les plus constantes reste le regroupement dans une structure carcérale commune. Coupés des sources de leur délire, l'angoisse d'abandon leur est insupportable. Fouad Ali Saleh, seul dans sa prison, sombre peu à peu dans la démence. À mon avis, le même sort guette Illich Sanchez Ramirez (« Carlos »), et, d'après les informations que j'ai pu recueillir, l'état de santé d'Aubron, Ménigon, Frérot et des autres membres d'Action Directe n'est pas florissant.

S'ils ne s'étaient pas produits aussi peu de temps après

leur interpellation, les suicides de Baader et de ses complices n'auraient rien eu d'étonnant.

Le cas du Tunisien Fouad Ali Saleh et de ses compagnons, complices de l'attentat meurtrier de la rue de Rennes, devant le magasin de vêtements « Tati » en 1986, est, à bien des égards, exemplaire. Ce jeune homme (il a à peine dépassé la trentaine), issu d'une famille équilibrée de la région de Tunis, se convertit au chiisme à la suite de la mort de sa mère dans un hôpital parisien. Il développe alors une haine démesurée contre la France, coupable à ses yeux de ne l'avoir pas soignée comme il l'aurait fallu et de l'avoir laissé mourir.

Recruté par les services secrets iraniens, il est soumis à une formation politique et religieuse à Qom, la ville sainte des chiites, puis est infiltré en France où il exerce divers métiers qui lui servent de couverture, tout en constituant un réseau d'« agents dormants ». Au moment où Téhéran décidera de mener la série d'attentats de 1985, 1986 et 1987 en France, il sera chargé de la partie logistique des opérations. C'est son groupe qui réceptionnera les trois hommes du commando poseur de bombes, les hébergera, leur fournira armes et explosifs, les dirigera vers le lieu de leur crime, assurant leur sécurité, puis tentera (avec des fortunes diverses) de les exfiltrer vers le Moyen-Orient.

Quelques mois plus tard, l'enquête menée par les services de renseignements français et la Police judiciaire permettra de l'identifier, ainsi que ses complices, et de les « loger » dans un petit appartement qu'ils occupent à Paris, rue de la Voûte, dans le XIIe arrondissement. Les enquêteurs parviendront à infiltrer le réseau et introduire un agent au sein du groupe. Avec son aide, et l'autorisation du magistrat instructeur, ils « sonoriseront » l'appartement à l'aide de micros et d'un système d'écoute téléphonique. C'est ainsi que l'opération de surveillance rapprochée baptisée « Tapir » va permettre de recueillir de nombreuses informations sur ce réseau, ses projets et l'identité de celui qui les « contrôle ». Il s'agit d'un conseiller de l'ambassade d'Iran à qui l'immunité diplomatique évitera l'arrestation et la comparution devant les tribunaux, mais qui sera expulsé pour « activités incompatibles avec son statut diplomatique ».

Les bandes magnétiques recueillies dans un document intitulé *Les Nuits de Tapir* sont révélatrices de l'état d'esprit particulier de ces criminels.

Après l'attentat de la rue de Rennes, ils avaient formé le projet de faire exploser un engin de forte puissance dans une école maternelle du quartier du Sentier à Paris où sont accueillis une majorité d'enfants d'origine juive. Mais là se posait pour eux un problème. La religion musulmane constitue le socle sur lequel repose leur engagement. Ils agissent « au nom d'Allah, le Grand et le Miséricordieux », du moins le croient-ils de toute leur ferveur. Or le Coran est sans équivoque sur ce sujet : toute vie humaine est sacrée et il est interdit à un musulman de disposer de l'existence d'autrui, encore moins de celle de petits enfants. « Qui tue ou blesse un homme porte atteinte à l'humanité tout entière. » Et il n'est mentionné nulle part que le fait que la victime soit juive permette de déroger à ce principe.

Il leur faut donc obtenir une *fatwa* pour légitimer leur entreprise tout en restant de bons musulmans à la conscience claire. Une *fatwa* est en quelque sorte un « mot d'excuse » délivré par une autorité religieuse et par lequel Allah justifie à l'avance une activité contraire aux préceptes du Livre Saint dans la mesure où elle serait accomplie « pour Sa plus grande gloire ». On voit ici que les jésuites n'ont rien inventé.

La plus célèbre de ces curieuses entorses faites au dogme et à la morale est celle qui enjoint à tout « croyant » de mettre à mort l'écrivain iranien Salman Rushdie, coupable de blasphème envers Mahomet dans son roman *Les Versets Sataniques*. L'auteur de ce « coup d'éclat » y gagnerait richesse et honneur en ce monde, félicité éternelle dans l'autre.

Les membres de notre « groupe de la rue de la Voûte » connaissent bien ce système. Pour l'attentat chez « Tati », leur contrôleur de l'ambassade leur a transmis toutes les autorisations propres à apaiser leur conscience de la part d'un mollah de l'Université de Téhéran. Mais ils restent perplexes. Pour l'opération qu'ils projettent, et dont ils mesurent l'extrême gravité, la qualité de cette « bénédiction » est-elle bien suffisante ? Les enquêteurs, un peu abasourdis, les écouteront ratiociner et ergoter des heures durant sur la légitimité de tel ou tel dignitaire religieux à accorder ou non une telle *fatwa* et sur la nécessité d'aller quérir l'autorisation d'un ayatollah plus prestigieux.

À aucun moment, il ne leur viendra l'idée de poser le problème en d'autres termes, de se demander si leur action était le moins du monde acceptable aux yeux des hommes, de la simple morale commune. À aucun moment ils ne se risqueront à évoquer la dimension humaine de leur acte et à affronter l'énorme charge de culpabilité qu'il porte en lui. À aucun moment l'idée même de la qualité particulière de leurs victimes ne viendra effleurer leur conscience. Et jamais ils ne se situeront en tant que personnes, disposant de leur libre arbitre et sujets de leur engagement, ayant à rendre compte de leurs actes à la communauté de leurs semblables. La seule chose qui comptera jusqu'à la fin, ce sera de savoir si, dans cette effroyable administration de la terreur, ils disposeront du bon coup de tampon sur le bon formulaire, établi par le bon fonctionnaire dans la bonne sacristie !...

Lorsque les services sont intervenus pour arrêter tout ce joli monde et le mettre hors d'état de livrer son massacre, il fut difficile d'empêcher Fouad Ali Saleh et sa femme de fracasser contre un mur la tête de leur propre enfant, le petit

Rouhollah[1] Ali, âgé de quelques mois. Ils ne voulaient pas que celui-ci « tombe aux mains des infidèles... ».

Quant à Saleh lui-même, lorsque je l'ai rencontré plusieurs mois après son arrestation, tout ce que j'ai pu obtenir de cette sorte d'halluciné dont les yeux brûlaient d'une fièvre inquiétante fut : « Si vous n'étiez pas un porc, je vous aurais bouffé les couilles ! » Il ne m'a pas paru nécessaire (ni prudent !) de poursuivre plus avant cet entretien. Jugé et condamné à une très lourde peine, il croupit aujourd'hui dans une prison centrale. Privé de ses contacts avec les sources de son délire paranoïaque, il sombre, peu à peu, dans la démence...

1. Rouhollah est le prénom de l'Imam Khomeini. Ali, celui du père de Saleh.

18

LES ATRIDES

Parmi les légendes les plus effroyables de la mythologie grecque, se trouve celle des Atrides. C'est une histoire compliquée où se succèdent, dans le cadre d'une malédiction divine initiale, une série de meurtres familiaux qui s'entrecroisent avec l'histoire des nations de cette région de la Méditerranée. Ce mythe est passé dans le langage commun pour désigner ces haines inexpiables qui agitent parfois les familles et peuvent conduire à des meurtres d'une violence souvent insupportable.

Les sociétés occidentales, structurées de façon sévère autour du primat de l'image paternelle, ont toujours puni de manière intraitable le meurtre du père. Portant atteinte aux fondements mêmes du corps social, le parricide ne pouvait être compensé que par la mort du coupable et sa mise au pilori de la mémoire collective. Dans le même temps, il procédait d'un ordre des choses archaïque qui voulait que, lorsque ses forces déclinaient, un animal dominant soit écarté ou mis à mort par un autre, plus jeune, plus vigoureux, qui régénérerait la horde.

Quant au matricide, dont il va être question ici, il fonctionne, en contrepoint de l'infanticide, parmi les atteintes à la personne humaine les plus graves et les plus difficiles à supporter par la conscience et l'inconscient collectifs.

Autrefois il n'y avait guère de crime qui reçût un châtiment plus exemplaire que le parricide, si l'on excepte toutefois le sacrilège et le crime de lèse-majesté. L'assassin était exécuté avec un cérémonial tout à fait particulier, qui comportait le port d'une chemise rouge sang et l'amende honorable faite sur le seuil de l'église. Ce rituel était censé permettre la « réconciliation » du coupable avec Dieu, sans laquelle il n'y aurait pas eu de sanction édifiante. D'un coup de hache, le bourreau lui tranchait ensuite la main droite, la « main meurtrière ».

Répression sauvage et solennelle, logique, en somme, dans une société patriarcale fondée sur la toute-puissance de l'image paternelle et du pouvoir phallique.

Très tôt, pourtant, la mythologie grecque nous a fait toucher du doigt la complexité des rapports parents-enfants et au Moyen Âge, alors même que la chape de plomb du christianisme tentait d'éradiquer toute trace du polythéisme ancien et de toute civilisation antérieure à la naissance du Christ, çà et là, à petit bruit, les échos du contentieux immémorial père/fils parvenaient encore à traverser la guimauve d'un discours religieux imposant un refoulement irréaliste.

Considérons un instant le fabliau dit *De la housse partie*.

Nous y voyons un jeune noble orgueilleux qui décide de « régler son compte » à son père trop vieux, selon lui, pour continuer à tenir le fief. Mais comme les commandements divins lui interdisent de porter la main sur la tête sacrée de son géniteur, il choisit pour lui cette mort symbolique qu'est le bannissement.

Soucieux de montrer qu'il fait la chose dans les règles, il décide de faire don au vieil homme, au moment de son départ, d'une épaisse couverture destinée à protéger du froid. Comble d'un mépris, qui semble indiquer un sérieux contentieux entre les deux hommes, il lui donne celle servant à protéger son cheval (une housse), et ordonne à son propre fils aîné d'aller chercher la pièce de tissu.

Celui-ci revient, et, devant toute la maisonnée assemblée, il s'empare du glaive de son père, symbole de sa puissance, et avec application sépare l'étoffe en deux parties égales dont il tend l'une au vieillard (la « housse » est ainsi « partie », c'est-à-dire partagée).

Le nouveau seigneur, lui demande compte de ce curieux comportement.

– Père, lui répond l'enfant, je garde cette part de la housse pour le jour où, devenu vieux à votre tour, c'est moi qui vous la donnerai.

L'histoire veut que le fils indigne, frappé par la justesse de l'attitude de son propre enfant, tombe en pleurs aux pieds de son vieux père, implore son pardon et le rétablisse dans ses droits et dignités.

Dans une chute plus réaliste, ce conflit de générations n'eût pas reçu une fin aussi harmonieuse.

Les siècles passèrent et, en dépit de tous les efforts entrepris pour affermir le socle social autour du primat du pouvoir paternel, les diverses productions littéraires et théâtrales, du classicisme au romantisme, ne cessèrent pas de mettre en scène le drame œdipien. La mise en évidence de ce conflit par la psychanalyse, ainsi que celle de la nécessité impérieuse du meurtre *symbolique* du père par l'enfant s'il veut accéder à une position de sujet, a changé la façon de penser ce type d'homicide.

Mais le meurtre du père, en tant que contestation de symboles aliénants que son image véhicule, est une chose ; la mise à mort d'une personne humaine en est une autre, et il est évidemment hors de question de la dépénaliser au nom d'une compréhension plus approfondie des mécanismes psychologiques qui y conduisent. Pas plus que la mise en évidence de l'existence d'une sexualité infantile et du refoulement des pulsions archaïques ne permet d'excuser ni de tolérer la pédophilie.

Analyser un phénomène est une chose. En conclure que compréhension égalerait acceptation ou absolution en est une autre. C'est dans cet esprit qu'il nous faut lire le remarquable ouvrage de Michel Foucault, *Moi Pierre Rivière, ayant tué père et mère...*, sans doute, avec *Les Bonnes* de Jean Genet et le film de Claude Chabrol, *Violette Nozières*, le plus remarquable ouvrage sur ce sujet.

Le cas suivant est un peu particulier, puisqu'il ne s'agit pas d'un parricide mais d'un matricide.

C'est un crime peu fréquent, qu'il soit commis par le fils ou par la fille. Il ne porte pas en lui la dimension révolutionnaire et, en un sens, libératrice du meurtre du père. Il se produit le plus souvent dans un climat très pathologique où la violence est extrême et où les mécanismes archaïques de l'inconscient sont sollicités. Car si le père indique à l'enfant *comment il doit être*, lui propose des modèles, des normes et un cadre auquel il peut se référer et qu'il lui est possible de transgresser pour affirmer son indépendance, la mère, elle, lui indique *qui il est*. Elle l'installe dans son identité, l'inscrit dans un ordre de descendance incontestable et, dans certaines sociétés, elle est la seule à lui conférer l'appartenance à l'ethnie. Enfin, et peut-être surtout, c'est elle qui désigne le père et lui confère sa fonction symbolique par rapport à l'enfant.

Porter atteinte à la vie de la mère est donc un acte d'une dimension tragique incomparable, devant lequel reculent les esprits les plus affermis.

On rapporte qu'un général rebelle qui s'apprêtait à envahir Rome en franchissant le fameux Rubicon avec ses légions, et à qui la République n'avait plus aucune force à opposer, fut arrêté par un cortège de matrones conduit par sa propre mère.

Elle s'avança seule à sa rencontre et, devant tous ces guerriers bardés de fer, écarta sa tunique, offrant son corps au regard de son fils, et lui lança : « Frappe au ventre ! » Le farouche général, impitoyable sur les champs de bataille, ne put franchir ce fragile obstacle et rebroussa chemin, suivi de ses troupes.

L'allégorie politique, association de la patrie à la mère, est ici flagrante. N'a-t-on pas souvent envoyé les hommes à la boucherie pour défendre la « mère patrie » ?

Et même si le langage de certains adolescents est constellé d'expressions en apparence très irrévérencieuses à son sujet (« Nique ta mère !... Ta mère en short devant l'prisu », etc.), il n'est pas de sujet sur lequel ces « sauvageons » soient plus pointilleux que celui de l'honneur de leur mère, et par extension de leurs sœurs. Le matricide est donc bien un crime effroyable, provoquant d'instinct un mouvement de recul et de répulsion. Pourtant, notre inconscient recèle ces pulsions, par définition anarchiques, mais il faut un contexte bien particulier pour que le passage à l'acte se produise. L'inceste est une réalité psychologique d'une violence redoutable et la force des passions qu'il déchaîne est telle que le crime en est parfois l'aboutissement inéluctable.

Le 19 septembre 2000, aux environs de 20 heures 50, dans une banlieue cossue de Bruxelles, le corps sans vie de Mme Geneviève Odilon est découvert par un voisin devant le box où la victime remisait son véhicule, dans le parking souterrain de son immeuble.

Le corps était allongé sur le ventre, au milieu de l'allée centrale, et ce n'est qu'au moment de le retourner que l'homme s'est rendu compte qu'il baignait dans une mare de sang. L'imperméable que portait la morte, d'une couleur rouge assez voyante, était relevé dans son dos et disposé de façon à rendre la tête invisible.

Les secours alertés ne purent que constater le décès de Mme Odilon. Le médecin releva la présence sur le haut du corps, le cou, la tête, la nuque et le visage d'un nombre important de blessures ayant saigné abondamment, et provoquées selon toute vraisemblance par une arme blanche.

Les premiers éléments de l'enquête établirent que Mme Odilon avait quitté son lieu de travail à 20 heures 23 précises (ticket horodateur du parking et enregistrement vidéo de sécurité), pour se rendre par le chemin le plus direct à son domicile. Son trajet reconstitué dans des conditions analogues de circulation urbaine ne demande guère plus de six à sept minutes. Il était aussi évident que le corps n'avait été ni transporté ni déplacé à l'exception des premières manipulations nécessaires pour s'assurer qu'il n'y avait aucun moyen de porter secours à la victime.

Le crime a donc bien eu lieu à l'endroit même où le cadavre a été retrouvé. Il a été commis entre 20 heures 35, arrivée probable de Mme Odilon qui a dû prendre le temps d'ouvrir la porte du garage, puis de son box, de garer son véhicule en marche arrière, de sortir et de tenter de refermer la porte avant d'être agressée, et 20 heures 50, heure à laquelle M. Lenoir, lui aussi locataire d'un box, a découvert le cadavre.

Aucune trace de l'arme du crime, et pas davantage de taches de sang pouvant indiquer le trajet emprunté par l'agresseur pour quitter les lieux. Or, les coups portés nécessitaient qu'il se tienne très près de sa victime, et une importante quantité de sang devait avoir rejailli sur lui et sur ses vêtements, même en admettant que la position particulière du manteau ait pu en absorber une grande partie.

Tout portait donc à croire que l'agresseur attendait Mme Odilon à l'intérieur même du parking, ou bien il y avait pénétré à sa suite dans le court laps de temps où la porte du garage était ouverte.

Vu le nombre des coups et la façon dont ils avaient été portés, un crime de rôdeur ou de cambrioleur surpris paraissait peu envisageable. Il s'agissait plus vraisemblablement d'un guet-apens prémédité.

L'impression qui s'impose d'emblée est celle d'une grande violence provoquée par beaucoup de haine ou par une grande peur.

Les coups portés sont nombreux – entre vingt-quatre et vingt-sept d'après le légiste – mais semblent assenés de façon désordonnée, alternant perforations et lacérations. Il a fallu une grande force ou une profonde rage pour infliger certaines des blessures. Plusieurs coups ont atteint la boîte crânienne avec une violence telle qu'ils l'ont perforée, l'un d'eux parvenant même à sectionner net la colonne vertébrale au niveau des cervicales. Cela est d'autant plus impressionnant qu'ils auraient été produits par une arme blanche de petite taille, type couteau Opinel.

Interrogé pour savoir s'il pouvait, à partir de la manière et de l'oblicité des coups portés, déterminer la stature et la masse pondérale de l'agresseur, le médecin légiste n'a pas beaucoup éclairé les enquêteurs. L'angle d'attaque indique un agresseur d'une taille légèrement supérieure à celle de la victime. Mais celle-ci ne mesurait qu'un 1,65 m, et la taille supposée du meurtrier (entre 1,70 m et 1,80 m) peut correspondre aussi bien à un homme qu'à une femme de grande taille.

L'impression dominante est celle d'un tueur novice. C'est la première fois qu'il tue, et son acte porte la marque de son désarroi et de son inexpérience : il ne fallait pas autant de coups pour tuer cette femme, et cette accumulation désordonnée de blessures semble bien malhabile. Elle ne peut s'expliquer que par l'émergence d'une colère et d'une haine refoulées depuis de longues années et surgissant comme l'eau d'un barrage rompu, ou comme ce comportement bien connu de certains meurtriers occasionnels qui, une fois le premier coup assené, semblent ne plus pouvoir s'arrêter, submergés qu'ils sont par l'horreur de leur acte. À ce moment-là les coups pleuvent de façon quasi machinale, comme si chacun d'entre eux avait le pouvoir d'annuler le coup initial.

On peut également affirmer que ce crime a été commis en très peu de temps puisqu'on ne constate aucune ritualisation de l'acte ni aucune atteinte au corps ou à l'image portant la marque d'une quelconque perversion. La victime n'a été ni dénudée ni placée dans une position ridicule ou dégradante. Elle n'a subi aucune agression sexuelle avant ou après la mort. Il n'y a ni mise en scène particulière ni « signature », comme c'est presque toujours le cas avec un assassin pervers ou psychopathe.

Le vol n'est pas non plus le mobile du crime : aucun objet n'a été dérobé à Mme Odilon, ni dans son sac ni dans ses vêtements.

Le meurtre s'est produit selon le procédé dit de « l'attaque/fuite ». L'agresseur a surpris la victime alors qu'elle était en train de refermer la porte de son box, puisque le trousseau de clefs est resté dans la serrure. Il l'a assaillie avec force, et, sous l'effet de la surprise, elle n'a pas pu se défendre réellement. Elle a pourtant essayé, car ses mains et ses bras portent la marque de blessures dites « plaies de défense », montrant qu'elle a tenté de se protéger le visage contre les coups qui lui parvenaient de face.

Le fait d'avoir recouvert la tête et le visage de la victime avec les pans de l'imperméable qu'elle portait peut donner lieu à plusieurs interprétations différentes mais pas nécessairement contradictoires.

La première consiste à penser que l'auteur et la victime se connaissaient et que celui-ci a voulu, en quelque sorte, « aveugler » Geneviève pour éviter, s'il échouait, d'être reconnu et dénoncé par elle.

La deuxième cadre mal avec la fureur que ressentait apparemment l'agresseur, à moins d'imaginer une longue préméditation. Le vêtement remonté aurait alors été destiné à protéger l'assassin contre les jets de sang susceptibles de maculer ses mains, son visage ou ses habits, ce qui l'aurait désigné comme suspect en cas d'une rencontre toujours possible. La dernière, enfin, plus psychologique, serait liée à ce sentiment souvent complexe rapporté par des meurtriers « ordinaires » (je veux dire non encore endurcis) qui disent leur incapacité à supporter la vue du visage, mais surtout le regard de leur victime au moment où ils la tuent. C'est l'expression d'une sorte de sentiment de culpabilité immédiat. On peut faire un rapprochement avec le comportement de certains violeurs meurtriers, qui, après leur crime, rhabillent ou recouvrent le corps qu'ils viennent de détruire.

Mais qui était Geneviève Odilon ? Qui a pu vouloir la tuer ? *Pourquoi* a-t-on pu vouloir la tuer ?

On attribue généralement aux victimes d'agressions, suivies ou non d'homicide, ce qu'il est convenu d'appeler « un coefficient de risque ». Cette notion est à considérer en partant du point de vue d'un agresseur *extérieur* à leur environnement proche. Ainsi, une personne, rendue vulnérable par sa profession, sa personnalité, son mode de vie ou d'habitat, susceptible d'être aisément abordée ou assaillie, peu capable de se défendre ou d'obtenir du secours, se verra attribuer un « coefficient de risque faible », puisque l'agresseur pourra disposer de conditions favorables à ses desseins et ne courra que peu de risques d'échec ou d'interpellation. On classe dans cette catégorie les personnes âgées, surtout si elles vivent dans un endroit isolé, les enfants ne bénéficiant pas d'un environnement attentif, tous ceux que leur mode de vie ou leur sexualité entraînent à fréquenter des lieux à risques, les prostituées exerçant leur activité dans la rue ou en forêt, etc.

Seront dits, par contre, « à risque élevé » (toujours

pour l'agresseur) les hommes adultes en bonne santé, les personnes vivant dans un cadre sécurisé au plan professionnel et personnel, les enfants sous surveillance constante ou vivant en institution, les membres des forces armées ou de police, les couples harmonieux, etc.

S'agissant de Geneviève Odilon, on peut considérer que nous sommes en présence d'un « risque victimologique » moyen.

Au fur et à mesure que les enquêteurs avançaient dans la lecture des témoignages la concernant, se dessinait le portrait d'une personne équilibrée dans l'ensemble et bien intégrée dans la société, mais aux relations compliquées, souvent conflictuelles, et présentant parfois des comportements à la limite de la légalité. Sans parler de la morale.

Geneviève venait de dépasser la soixantaine, et, assure-t-on, ne paraissait pas son âge. Sans doute, sa profession y était-elle pour beaucoup. Directrice d'un magasin de mode, elle ne pouvait se permettre de présenter à sa clientèle un aspect défraîchi et prématurément vieilli, puisque c'est justement une sorte de réassurance contre les atteintes du temps que viennent chercher ses clientes. Elle prenait donc grand soin d'elle-même et de son apparence physique, allant jusqu'à recourir aux services de la chirurgie esthétique.

Le magasin de Geneviève, « Les Folies de Chloé », employait deux jeunes vendeuses à temps plein : Christine Charles et Véronique Lefranc. L'entreprise, à vrai dire, ne paraissait pas très florissante.

De l'avis général, les difficultés de son commerce étaient dues en grande partie au désintérêt de Geneviève et à son incapacité chronique à le gérer de façon rigoureuse. Les documents retrouvés font état de multiples problèmes avec les services de tutelle et de contrôle (impôts, banques...) et de nombreuses lettres la menaçant de saisie, dont certaines n'avaient même pas été ouvertes.

Le magasin avait cependant connu des jours meilleurs, surtout à l'époque où il était « franchisé » avec une société de haute couture. Le retrait de ce « label » avait porté un sérieux coup aux affaires de Geneviève. « Les Folies de Chloé » vivotaient. La société que Geneviève avait créée – la SARL Odilon – dont elle était à la fois la salariée et l'actionnaire majoritaire en assurait la gestion. Sur mille parts, Geneviève en possédait cinq cents ; les autres étaient réparties de façon égale entre sa mère, Georgette Lécuyer veuve Jouvenot, et un certain Bernard Raymond, qui avait apporté une grande partie des fonds.

Bref, Geneviève Odilon était toujours à court d'argent.

Depuis son divorce, Geneviève Odilon vivait seule avec sa mère, âgée de plus de quatre-vingt-dix ans, dans un immeuble moderne d'une banlieue résidentielle. Elle avait la charge entière de la vieille dame dont elle s'occupait, disait-on, d'une façon irréprochable.

Cette situation durait depuis plusieurs années, et Geneviève était peu aidée, et uniquement sur le plan financier, par son frère Jacques Jouvenot qui exerçait le métier de carreleur non loin de là.

Elle avait divorcé en 1977 (mais était séparée depuis 1973) de Louis Odilon, lequel demeurait dans le sud du pays. De leur union étaient nés Nicole en 1966, André en 1969, et Jérôme un peu plus tard.

Nicole est mariée, mais séparée et en instance de divorce avec Pierre Béranger. Elle vit en banlieue et exerce la profession de coiffeuse dans un salon de Bruxelles. Pierre et elle ont deux enfants, Anne-Marie (neuf ans) et Gérard (huit ans). Ses relations avec sa mère étaient exécrables depuis certains événements liés à la séparation d'avec Pierre et les deux femmes ne se parlaient plus depuis plus d'un an.

André est mort d'une septicémie quelques jours après sa naissance.

De Jérôme, tout ce que nous savons est qu'il vit depuis plusieurs années au Zaïre et s'y serait marié. La seule chose que nous ayons trouvé le concernant est une lettre déjà un peu ancienne où il fait état, pour les déplorer, de ses mauvaises relations avec sa mère. Il s'y inquiète aussi de la santé psychologique de Nicole.

Depuis la séparation d'avec son mari en 1973, Geneviève semblait avoir opéré une métamorphose à la fois sociale, psychologique et morale.

Louis et elle tenaient une épicerie dans un quartier populaire. Ceux qui les ont connus à cette époque disent avoir eu du mal à associer la femme élégante, distinguée qu'elle était devenue à l'épicière un peu terne et sans charme de leurs souvenirs.

Geneviève ne s'est jamais remariée, mais elle a entretenu avec les hommes des relations dans lesquelles les intérêts financiers tenaient autant de place que les sentiments. Il ne s'agit pas de prostitution au sens strict, mais du fait qu'elle bâtit son ascension professionnelle et sociale avec l'aide financière, parfois importante, d'hommes souvent plus âgés qu'elle et qui étaient ses amants.

Parmi ceux-ci, Bernard Raymond, l'un des actionnaires de la SARL avec lequel les relations se seraient interrompues en 1993, et surtout Frédéric Simon, qui semble avoir été son principal « bailleur de fonds ». Leurs relations dateraient de 1976, assez peu de temps après la séparation entre Geneviève et son mari.

Elle entretenait également une autre liaison régulière avec un certain « Victor », et un dénommé « Ramon », d'origine espagnole ou portugaise, aurait vécu un moment avec elle, à son domicile. Leur histoire aurait eu une fin assez brutale, la mère de la victime supportant mal la présence de cet homme sous son toit, et parce qu'il paraissait avoir des vues sur l'entreprise de Geneviève, par qui il se faisait plus ou moins entretenir, moyennant de menus travaux de bricolage.

Geneviève Odilon n'avait donc jamais reconstitué de couple véritable après son divorce. Les quelques relations un peu durables que nous lui connaissons ne semblent pas avoir eu une grande importance sur le plan affectif. Avec Raymond, mais surtout avec Simon, les considérations financières y tenaient beaucoup de place.

Frédéric Simon avait bâti son aisance sur la gestion, puis la revente d'un immeuble locatif d'un certain standing dans une station balnéaire près d'Ostende. Cette opération l'avait laissé à la tête d'un magot assez confortable, dont il aurait fait profiter Geneviève Odilon au moment de leur liaison.

Frédéric est plus âgé que la victime, et il est marié. Avec son épouse malade, il vit près de Namur. Au moment de la mort de Geneviève, leurs relations avaient perdu tout caractère sexuel depuis plusieurs années, Frédéric Simon étant devenu impuissant suite à une opération de la prostate. Pour autant, ils demeuraient très liés ; elle lui téléphonait souvent, chaque fois pour lui parler d'argent. Elle semblait tenir pour acquis que Simon devait la renflouer chaque fois que sa trésorerie était à sec. À des amies qui s'étonnaient un peu de cette relation un peu particulière, elle rétorquait sans se démonter que, puisque Frédéric Simon « l'avait aimée », il était parfaitement normal qu'il lui vienne en aide chaque fois qu'elle le lui demandait, et elle balayait les objections d'un revers de main, taxant ses interlocutrices de « conformisme petit-bourgeois ».

Toutefois, aux dires de plusieurs témoins, dont Christine Charles, son employée, et Renée Bijaoui, une amie de longue date, les relations entre Frédéric et Geneviève auraient connu un regain de tension peu de temps avant l'assassinat. Frédéric en avait assez de cette fonction de « vache à lait » ; il avait tenté de s'y soustraire, à plusieurs reprises, mais elle était toujours parvenue à le convaincre de lui donner à nouveau de l'argent. Il fallait bien appeler les choses par leur nom et parler de chantage, puisque Geneviève menaçait Frédéric de tout raconter à sa femme s'il refusait de la dépanner.

Geneviève avait une amie, Vera Estherazy, âgée de soixante-quatre ans, au moment des faits. Elles s'étaient connues au magasin, dont Vera était cliente, étaient rapidement devenues intimes, au point que les deux femmes partageaient leurs loisirs et partaient parfois en vacances ensemble.

L'hypothèse d'une relation homosexuelle entre Geneviève et Vera a été évoquée, mais c'est une simple conjecture. Sans doute des vacances d'été peuvent-elles être propices à une certaine équivoque, mais cela ne suffit pas pour caractériser des relations sur ce mode. Cette hypothèse n'a d'ailleurs jamais été évoquée par ses différentes employées ni par ses clientes, auxquelles une telle particularité n'aurait pas échappé !

En fin de semaine, l'après-midi ou le soir, elles allaient dans différents établissements dansants de Bruxelles et de sa banlieue.

De l'avis général, Geneviève n'était pas ce qu'il est convenu d'appeler « une femme facile », acceptant sans discernement n'importe quel partenaire. Elle allait dans ces établissements pour y danser et s'y détendre, mais si l'occasion se présentait pour elle d'une rencontre « intéressante », elle ne la laissait pas passer. Ses goûts allaient à des hommes plus jeunes qu'elle (entre quarante-cinq et cinquante-cinq ans). À quoi s'ajoutaient des rencontres de vacances. Elle entretenait également à distance un « flirt » téléphonique. Certains auraient même fait le voyage en Belgique pour lui rendre visite. Dans tous les cas, il s'agissait de relations de loisir, fondées sur la danse et le sexe, et il ne semble pas, excepté pour le dénommé Ramon, qu'aucun de ces hommes aient eu une réelle importance dans sa vie.

L'ensemble (si l'on met de côté les aspects particuliers des relations avec Simon et peut-être avec Raymond) correspond à l'image d'une femme « libérée », vivant une sexualité « normale », sans pratiques hors du commun.

Il n'y aurait donc pas de véritable drame, pas de problème majeur dans la vie de Geneviève Odilon, si ce n'est celui-ci : Nicole, sa fille.

Une haine tenace semble avoir « uni » ces deux femmes, haine que la fille exprimait sans détours et avec violence, tandis que la mère la masquait derrière un discours apitoyé et catastrophé.

Nicole déteste Geneviève à qui elle reproche à la fois son autorité, sa froideur et sa volonté de régenter son existence, sa vie de couple et ses rapports avec ses propres enfants. Elle ne supporte pas l'alliance qu'elle soupçonne (à juste titre) entre sa mère et Pierre Béranger pour la priver de la garde d'Anne-Marie et de Gérard.

Nicole elle-même était bien jeune lorsque ses parents se sont séparés en 1973. Elle avait tout juste l'âge de la petite Anne-Marie, neuf ans, et ce n'est peut-être pas un hasard si c'est maintenant que le conflit s'est amplifié entre la mère et la fille – conflit qui se cristallise autour de la séparation du couple et de la garde des enfants.

L'heure paraît être au règlement de compte. Un épisode rocambolesque qui voit Geneviève, accompagnée de la mère de Pierre, enlever les enfants de l'école privée où Nicole les a mis à Bruges et les restituer à leur père prenant ainsi parti contre sa propre fille, n'est que le point d'orgue d'une histoire beaucoup plus ancienne. Nicole ne pardonna jamais cette « trahison » à sa mère.

De son côté, Geneviève affirme que sa fille serait tombée entre les griffes d'une secte appelée « Le Pinacle » et que ce serait pour la rejoindre (ainsi que son amant, membre influent de la secte) qu'elle se serait enfuie à Bruges avec les enfants.

Nous n'avons sur ce point aucune certitude, mais lors des obsèques de Geneviève, certains témoins décrivent l'arrivée de Nicole entourée de personnages étrangement muets, tous vêtus de la même façon, et qui paraissaient monter une « garde rapprochée » autour d'elle.

D'autre part, le comportement de Nicole durant l'année écoulée laisse perplexe. On y découvre une jeune femme « paumée », dépressive, tenant des propos incohérents, perdue dans une sorte de rêverie mystique. Ceux qui l'ont connue auparavant font tous état de la profonde modification survenue dans sa façon d'être. Autrefois un peu excessive, certes, mais présente et pleine de vie, Nicole s'est transformée en une sorte de « zombie » introverti et coupé de la réalité.

La lecture d'une sorte de journal intime que tenait Nicole se révèle, elle aussi, assez édifiante. Elle s'y montre tour à tour passionnée, sentimentale, colérique et déprimée, apitoyée en permanence sur elle-même et se plaignant de tout et de tous, victime d'on ne sait quelle injustice insupportable, dont sa mère, et, dans une moindre mesure, son mari, sont désignés comme les principaux responsables. On a bien l'impression de se trouver devant une production délirante, œuvre d'une personne au psychisme déstabilisé, imprévisible et influençable.

Geneviève, de son côté, n'a visiblement pas su trouver en elle les ressources nécessaires pour venir en aide à sa fille. Manquant d'empathie et de vraie tendresse à son égard, préoccupée par ses difficultés personnelles et ses problèmes d'argent, elle n'a tenté d'apporter à la situation complexe de sa fille, que des solutions à l'emporte-pièce, et un peu surprenantes de la part d'une mère.

Ainsi, la façon qui est la sienne de se focaliser « sur le bien des petits-enfants » et de tout ramener à ce critère exclusif, sans penser un seul instant qu'elle puisse se tromper du tout au tout, masque mal une profonde rivalité mère-fille. Au nom de ces petits, ne va-t-elle pas à la fois disqualifier Nicole en tant que mère (décrétée incapable de s'en occuper et nocive pour eux), mais aussi en tant que femme et en tant que fille, se positionnant – toujours avec l'alibi des enfants – en couple parental avec Pierre Béranger ?

Il n'est pas besoin d'être grand clerc pour comprendre combien une telle situation pouvait être douloureuse pour Nicole. Cette dynamique, incomprise par les protagonistes parce qu'obéissant au fonctionnement de leur seul inconscient, est d'autant plus dévastatrice et génératrice de sentiments destructeurs qu'ils n'ont pas la possibilité de les canaliser.

L'enquête eut d'abord du mal à trouver un axe précis. Le trajet suivi par le meurtrier restait mystérieux. L'absence de traces de sang sur le sol et les murs restait difficile à comprendre. Pas de témoignage. Pas d'arme du crime. Aucun indice.

Force était de se rabattre sur la personnalité de la victime et sur son entourage. Dans une situation comme celle-ci, c'est à l'expérience et au bon sens des policiers de prendre le relais. Dans un meurtre à l'arme blanche, ils cherchent en priorité un homme. Et, dans la plupart des cas, les faits leur donnent raison. Quant au mobile, ils s'orientent vers une trilogie qui a fait ses preuves : le sexe, l'argent, la drogue.

Ce troisième terme, en l'occurrence, fut tout de suite écarté. Geneviève ne se droguait pas et l'analyse approfondie de ses comptes en banque, même si elle mit au jour quelques opérations de cavalerie et quelques escroqueries mineures, ne laissait rien apparaître pouvant indiquer une implication quelconque dans un trafic important.

En ce qui concernait le sexe, l'emploi du temps du

moindre flirt, du moindre amant de passage fut passé au crible. Les alibis étaient, la plupart du temps, solides. Quand ils ne l'étaient pas (les innocents eux aussi n'ont parfois pas d'alibi), les motivations pour exécuter un tel crime faisaient défaut et la personnalité des amoureux de Geneviève cadrait mal avec un profil de criminel. Ils furent tous entendus par les enquêteurs, mais rien ne permit de les « accrocher » de la plus petite façon. Il en fut de même de Louis Odilon, l'ancien époux, qui vit tranquille dans les Ardennes et qui n'avait eu aucun contact avec Geneviève depuis des années.

Avec l'argent, les enquêteurs eurent un moment d'espoir. Le chantage exercé sur Frédéric Simon et les témoignages concernant un conflit entre Geneviève et lui dans les dernières semaines firent un temps de ce dernier un suspect acceptable. Mais son innocence ne fit bientôt aucun doute. Il s'agissait d'un homme âgé (il approchait les quatre-vingts ans), malade, souffrant d'une invalidité du côté droit du corps (hémiplégie) qui lui rendait tout simplement impossible de se livrer à un pareil meurtre, et rien non plus ne laissait penser qu'il possédait la ressource psychologique nécessaire pour faire exécuter cet acte par un complice. De plus, la pression qu'exercèrent sur lui les enquêteurs, le menaçant d'aller révéler à sa femme sa relation avec Geneviève, suffit à le rendre très coopératif. Rien ne put être retenu contre lui et il fut mis hors de cause.

Il en fut de même pour Bernard Raymond, un temps l'associé de Geneviève et son compagnon de lit, avant de rompre avec perte et fracas devant le gouffre financier où elle l'entraînait.

L'enquête était bel et bien dans une impasse, et, petit à petit, elle commençait à moins préoccuper les esprits. C'est seulement en février 2001, soit près de six mois après les faits, que le chef de la Section de Recherches demanda une analyse psychocriminologique.

Remontant pas à pas la procédure, butant sur les mêmes impossibilités irritantes, et les premières semaines le travail ne déboucha sur rien de sérieux jusqu'à cet après-midi où, ne sachant plus trop par quel bout prendre cette affaire, la profileuse demanda à être conduite sur les lieux.

Accompagnés par le concierge, ils descendirent au sous-sol et s'arrêtèrent, une fois de plus, devant la porte du garage où se trouvait encore, à demi effacé, le dessin à la craie marquant le contour du cadavre de Geneviève.

Ils allaient de gauche à droite, énervés, impuissants à deviner le trajet accompli par le meurtrier, quand le directeur d'enquête donna un coup de pied rageur dans la porte métallique de l'un des boxes. Cette porte aurait dû être fermée, mais, surprise, elle se releva d'un seul coup, dévoilant un espace vide et obscur. Le gardien confirma que ce box était inoccupé depuis des années et servait de débarras, mais il ne l'avait pas ouvert depuis des mois. On n'y trouva rien d'extraordinaire, mais les analyses de l'Identité judiciaire révélèrent des traces minuscules de sang séché sur le sol et sur les parois : le sang de Geneviève Odilon.

Et d'un coup, tout s'éclaira. La maîtrise de ce meurtrier était stupéfiante. Son crime accompli, il s'était dissimulé dans ce box vide, et y était resté, immobile et silencieux, tout le temps qu'avaient duré les investigations, à la merci d'un réflexe des enquêteurs décidant de perquisitionner tous les boxes – ce qui n'avait pas été fait sur-le-champ devant l'impossibilité de se procurer toutes les clefs. Ensuite nul n'y avait plus pensé ! Voilà qui expliquait l'absence de traces. Le meurtrier était bel et bien resté sur place, tout au fond du garage, sans faire plus de bruit qu'une souche, attendant le départ des forces de police. Après quoi, il était sorti de sa cachette et s'était éloigné tranquillement.

Les traces que l'on venait de trouver étaient trop anciennes et ne purent apporter de renseignement sur son identité, mais cette découverte fit repartir l'enquête et la dynamisa.

On ne sait plus qui, dans le groupe, demanda soudain : « Et si le meurtrier était une meurtrière ? »

Après une phase de scepticisme (les statistiques, et tout ça...), cette hypothèse prit vite un certain poids et gagna en crédibilité.

Deux éléments plaidaient en sa faveur. L'un, assez convaincant et assez classique en matière de raisonnement policier, était : puisque la piste des hommes ne semblait mener à rien, pourquoi ne pas s'intéresser à celle des femmes ?

L'autre, qui séduisait moins les enquêteurs, reposait sur l'analyse de la profileuse. Partant de la nature des blessures en lacération, et de leur localisation, surtout à la face, elle avait émis l'hypothèse d'un assassinat « dans le miroir », œuvre d'une femme et traduction d'une haine viscérale entre personnes du même sexe.

L'hypothèse d'une liaison homosexuelle de Geneviève écartée, de même que celle d'un conflit entre elle et Vera Estherazy, les enquêteurs s'intéressèrent de près à Nicole, la fille de Geneviève. Et, très vite, les éléments recueillis furent suffisants pour obtenir du magistrat une mise en garde à vue et une perquisition domiciliaire.

Dans un premier temps, Nicole nia toute implication dans l'assassinat de sa mère, même quand les enquêteurs découvrirent son journal intime dans lequel elle exprimait sa haine et son désir de la voir morte. Mais à partir de ce moment-là, elle voulut bien s'exprimer au sujet de sa mère et de l'« enlèvement » des enfants par Geneviève et Pierre dans cette école de Bruges. Et, de fil en aiguille, on en vint à parler de l'association « Le Pinacle », répertoriée parmi les sectes « millénaristes » dangereuses, où elle s'était réfugiée avec ses enfants quand les conflits avec son mari étaient devenus trop pénibles.

Les deux jeunes enfants, entendus avec l'accord du

procureur du roi en présence d'un psychologue, parlèrent volontiers de ce séjour dont ils gardaient un excellent souvenir. Apparut alors le personnage d'un certain « Bertrand », un « chef », qui dormait dans le lit de leur maman. Quand on questionna Nicole à ce sujet, elle se referma comme une huître, refusant de prononcer un mot de plus.

Cueilli un matin à 6 heures, le dénommé « Bertrand », membre de l'association « Le Pinacle », reconnut sans peine sa liaison avec Nicole Béranger mais nia toute participation à l'assassinat de Geneviève dont il affirma ne même pas connaître l'existence. Il ne comprenait rien à cette histoire. Questionné sur son emploi du temps ce soir-là, il fournit un alibi fort convaincant, qui le situait loin de Bruxelles. Il serait allé, en voiture avec l'un de ses « frères », rendre visite à une des implantations du « Pinacle » dans les Flandres.

Malheureusement pour lui, sa belle histoire fit long feu. Les assassins les plus rusés font parfois des erreurs stupéfiantes, sans lesquelles il serait impossible de les confondre. Celui-ci avait eu l'imprudence de payer son passage d'autoroute avec sa carte bleue... et la barrière de péage se situait non loin du domicile de Geneviève, le 19 septembre 2000, à 19 heures 30.

Déstabilisé, il passa des aveux partiels, faisant reposer toute la responsabilité sur Nicole. Lui, se serait contenté de l'accompagner et de l'attendre dans sa voiture. Il ignorait son projet et avait été épouvanté quand elle lui avait raconté son crime.

La conviction des enquêteurs est tout autre. À leur avis, la secte qui avait acquis une influence importante sur cette jeune femme au psychisme fragile avait utilisé la haine œdipienne qu'elle vouait à sa mère pour la pousser au crime. Le mobile était tout simple : Nicole devait hériter d'une somme importante après la vente du fonds de commerce et de l'appartement de sa mère et cette manne devait tomber tout naturellement dans l'escarcelle de la secte. Ils ont donc

« chauffé à blanc » la malheureuse, incapable d'avoir une conscience nette de ce vers quoi on la dirigeait, et monté avec soin le guet-apens dans ses moindres détails. Nicole connaissait les lieux. L'idée de la dissimulation dans le box vide était certes risquée, mais géniale.

Nicole Béranger, prostrée, à la limite de la conscience, ne fit plus la moindre déclaration et continua à nier toute participation au meurtre de sa mère.

19

CRIMES PASSIONNELS

Le crime passionnel est un fournisseur inépuisable de situations propres à enflammer l'imagination. La passion peut être amoureuse, mais ce peut être aussi celle du pouvoir, du profit, de la puissance ou même du sacrifice dans un élan mystique.

Crimes de la passion submergeant la raison au mépris de la vie d'autrui ou de la propre sauvegarde de ceux qui les commettent, ils sont l'expression sauvage, poussée à son paroxysme, de la névrose, mais aussi une tentative désespérée de réponse à une tragédie individuelle.

Passionnels par ce qui les anime, ils sont aussi moteurs des passions à l'œuvre dans la société. Ils font frémir ou jouir, s'indigner ou compatir. Ils sont le théâtre où se mettent en scène par procuration nombre de drames intimes enfouis tout au fond du jeu mortel des amours et des haines.

La passion, le désir de possession, sexuel ou psychologique a souvent conduit au meurtre des individus que rien, apparemment, ne prédisposait à connaître un tel destin.

Être amoureux est un état merveilleux, générateur d'un

sentiment d'exaltation intense, dont la raison fait souvent les frais, et, dans leur langage sans fioriture, les policiers ont coutume d'affirmer que « sexe bandé n'a pas de cervelle » (leur formulation est encore plus crue que ça !).

« Perdre la tête » prend alors tout son sens. Passion et sagesse, on le sait, font rarement bon ménage, même si cette rencontre peut aboutir à une créativité très riche. À ceci près qu'on n'a jamais vu création artistique sans démesure de la passion, mais aussi sans rigueur de la technique raisonnée.

Un individu passionné – que sa passion soit celle du sexe en général ou qu'elle soit centrée sur un partenaire précis, que ce soit celle du jeu, des courses ou tout ce qu'on voudra, est avant tout quelqu'un de fragile, facile à déstabiliser, et qui passe, de façon cyclique, d'un état émotionnel à un autre. La mesure n'est pas son lot, et le principe de réalité (par opposition au principe de plaisir) est son ennemi personnel. Il passe sans transition par des états d'exaltation et d'abattement suivant le sort qui est fait à l'objet de sa passion.

Dans ce paroxysme de sentiments, il advient parfois que des verrous de sécurité cèdent et qu'on assiste à des comportements destructeurs, qu'ils soient dirigés vers l'individu passionné lui-même ou vers un objet identifié comme cause de sa détresse. Un tel jettera par-dessus les moulins toute une vie de stabilité conjugale et familiale, ruinant en un jour considération sociale, avenir professionnel, aisance matérielle, pour filer sans regarder en arrière aux trousses d'un joli jupon – quitte à revenir au bercail, quelques jours ou quelques mois plus tard, lorsque la réalité aura repris ses droits. Tel autre ruinera sa famille, compromettra l'avenir de ses enfants, hypothéquera sa maison pour vivre la fièvre du champ de courses ou de la table de jeu. Une autre cessera de s'alimenter, de travailler, d'avoir la moindre vie sociale pour rester collée auprès du téléphone, dans l'attente de l'éventuel message que lui adressera, entre deux rendez-vous, un amant marié, incapable de faire face à cette situation complexe.

Tous sont habituellement des personnages pacifiques. Lorsqu'ils parviennent à réfléchir, ils sont parfaitement à même de porter un regard critique sur leur propre comportement, et, la plupart du temps, ils détestent cette addiction qui les fait certes jouir, mais qui est loin de leur apporter bonheur ou plaisir.

Lequel des trois va tuer ?

Le premier, incapable de se détacher de l'objet de son désir, ou quitté par lui l'étranglera-t-il dans un moment de fureur ?

Le second arrivé au terme de sa cavale derrière les chevaux ou du vertige de la roulette se rendra-t-il compte qu'il a tout perdu – fortune, maison, femme et enfants – et qu'il n'a plus rien pour continuer à jouer ? Se pendra-t-il alors, incapable de trouver en lui les moyens de rebondir ?

La troisième, lasse de ces rapports furtifs et décevants, mais incapable de rompre, humiliée d'être aimée entre deux portes, de passer toujours après la « légitime », la famille et la vie professionnelle d'un homme, jamais avare de promesses de divorce mais toujours incapable de passer à l'acte, lui déchargera-t-elle son pistolet dans le dos ? Ou bien, retournant sa violence contre elle-même, s'éteindra-t-elle un beau soir, bourrée de barbituriques ou les veines ouvertes ?

Tous trois ont en commun un terrible destin. Leur passion les a entraînés jusqu'à un point de non-retour, au-delà duquel la remise en question de leur addiction passionnelle leur semble impossible. Seuls les individus les mieux construits semblent capables d'affronter la passion sans risquer de s'y perdre corps et âme. Freud disait que l'humour est la marque d'une castration (symbolique, bien sûr !) réussie, et Wilde que c'était la « politesse du désespoir ». Rares sont ceux qui, devant le naufrage d'une passion, sont capables de dire comme le personnage de l'opéra de Leoncavallo, *Pagliacci* : « Ris donc, Paillasse, va grimer ta face et rire de tes malheurs ! »

On lira ici les histoires de trois hommes qui se sont perdus. L'un parce que l'image qu'il se faisait de lui-même ne supportait pas que l'objet de sa passion lui préfère un autre homme que lui. Le second, parce qu'il s'était trouvé entraîné dans une situation telle qu'il pensait ne plus pouvoir continuer à vivre. Le dernier, au bout de sa logique folle, a tout dévasté autour de lui avant de se donner la mort.

Les trois ont tué.

L'un avec la violence d'un animal sauvage, l'autre avec la maladresse d'un gamin pataud, le troisième du fond de ce qui ressemblait bien à de la démence. Leur « mise hors d'état de nuire » n'a pas demandé un gros travail à la police, et la justice ne semble pas avoir fait de grands efforts pour les comprendre. On a appliqué le Code pénal, et « justice a été rendue ». Les deux survivants sont emprisonnés pour de longues années. Le premier n'en sortira que dans sa vieillesse ; le second, à peine émergé de l'adolescence au moment des faits, sera alors un homme mûr. Verront-ils vérifiée l'affirmation de Nietzsche, et reviendront-ils de cette épreuve passionnelle qui ne les a pas tués, plus forts qu'avant ? Ou bien, broyés par le rouleau compresseur de l'administration pénitentiaire, entreprendront-ils une lente dérive qui achèvera de les détruire ?

RADOVAN, OU LES LARMES DE SANG D'OTHELLO

La douceur du soir d'été vola soudain en éclats.

L'explosion provenait d'un petit immeuble de quatre étages, situé un peu à l'écart du centre ville.

La majorité des habitants du quartier avaient les yeux rivés à leur téléviseur, sur lequel ils suivaient le déroulement d'un match de football à fort enjeu national. Le bruit les précipita dehors. Une épaisse fumée noire s'échappait des fenêtres pulvérisées d'un appartement du dernier étage.

Quelques minutes plus tard, les pompiers faisaient une apparition tonitruante sur la place, accompagnés, de façon plus discrète, par un car et une voiture de police. Une fois le début d'incendie consécutif à la déflagration maîtrisé, les forces de secours purent pénétrer dans l'appartement. Elles découvrirent un carnage.

Les corps de cinq personnes – trois adultes et deux enfants – gisaient, entremêlés sur le sol. La plupart étaient nus ou avaient été partiellement dévêtus par le souffle de l'explosion. Les murs étaient tapissés de sang et de matières organiques. Il n'y avait pas un seul survivant.

La cause de l'explosion n'avait rien d'accidentel. Les victimes, Ludmilla V, âgée de quarante-cinq ans, ses deux enfants, Walter, seize ans et Karol quatorze, son ami Mokhtar O, trente-six ans, et la mère de celui-ci, Aïcha (soixante-six ans), avaient été déchiquetées par un engin explosif de puissance moyenne, une grenade quadrillée de fabrication tchèque, comme on en trouve partout dans les Balkans.

L'engin avait été disposé dans une boîte de carton semblable à celles utilisées pour offrir des bonbons ou des chocolats.

On retrouva sur place des débris végétaux laissant penser que le paquet explosif était accompagné d'un bouquet de fleurs. L'effet dévastateur avait été augmenté par l'adjonction d'un grand nombre de clous et de boulons qui avaient mitraillé toute la surface de l'appartement. Tous les occupants étaient morts sur le coup.

L'enquête policière démarra de façon parfaitement classique selon la technique dite « de l'escargot ». On commence par une analyse de la personnalité des victimes, de leur mode de vie, et par une enquête de voisinage. Puis, dans un mouvement en spirale, on élargit la recherche au fur et à mesure qu'apparaissent des éléments pouvant la faire progresser.

Il ne fallut pas longtemps aux policiers pour comprendre que, dans cette affaire, c'était Ludmilla qui était visée en premier. Rien, en effet, ne permettait d'imaginer une telle agression contre deux enfants aussi jeunes et, de surcroît, plutôt rangés, sans aucun lien avec le milieu de la drogue ou celui de la délinquance.

Quant à Mokhtar, l'ami de Ludmilla, et la mère de celui-ci, aucun élément ne permit de penser qu'ils pouvaient en être la cible.

L'enquête se concentra donc sur la jeune femme.

Serbe, originaire de Sarajevo, en Bosnie, Ludmilla vivait en France depuis une dizaine d'années. Arrivée avec ses deux jeunes enfants, sans un sou mais dotée d'un sérieux bagage universitaire, elle avait dû batailler ferme pour se faire une place dans la société, exerçant une foule d'emplois précaires plus ou moins bien rémunérés. Jamais ni elle ni ses enfants n'avaient attiré l'attention de l'administration, et ses démarches pour acquérir la nationalité française devaient connaître prochainement une issue favorable.

Très douée pour les langues, Ludmilla n'avait mis que peu de temps à maîtriser le français d'une façon étonnante. Elle le parlait sans le moindre accent deux ans à peine après son installation dans cette ville moyenne de centre de la France où résidait une importante communauté yougoslave – serbe pour la plus grande partie.

Depuis quelques années, elle avait obtenu un poste de professeur à temps partiel dans une institution privée où elle enseignait sa langue maternelle aux enfants serbes nés en France et que leurs parents ne voulaient pas voir perdre leurs racines. Ce « job », accompagné de travaux de traduction qu'elle avait trouvés par relations, lui permettait de voir la fin de ces années de « galère » et de vivre dans une certaine aisance.

Les voisins la décrivent tous comme une personne

agréable, serviable, élevant bien ses deux garçons et ne posant aucun problème à la communauté. Ils la disent aussi séduisante, toujours vêtue de couleurs vives, avec un peu de recherche, mais on ne lui connaissait pas beaucoup de liaisons masculines. Sur ce point elle se montrait discrète, et ne s'affichait jamais en public en compagnie d'hommes avec lesquels elle aurait eu une certaine intimité.

À une exception près :

Depuis quelques mois, elle semblait avoir dérogé à cette règle de conduite et elle recevait ouvertement Mokhtar O, un architecte de trente-six ans, d'origine marocaine. Il semblait même que les choses aient pris un tour plus sérieux, puisqu'elle avait présenté cet homme à ses fils et ne démentait pas lorsque certains voisins la taquinaient gentiment au sujet d'un éventuel mariage.

Un peu plus tard, les enquêteurs levèrent la piste d'un homme, jeune, aux cheveux longs plutôt sales, inconnu du voisinage, qu'on avait vu l'après-midi de l'explosion rôder dans le quartier, une grosse boîte de « chocolats » et un bouquet de fleurs à la main.

Il avait sonné chez Ludmilla, qui n'était pas encore rentrée de son travail, et s'était replié au bar-tabac voisin où il avait bu plusieurs bières et avait posé quelques questions au sujet de la jeune femme, s'enquérant de l'heure à laquelle elle regagnait son domicile. Il prétendait avoir à lui remettre ces cadeaux de la part de ses élèves du cours privé, et comme on était en fin d'année scolaire, la chose parut plausible. Toutefois, intrigués par l'insistance et l'allure de l'individu, si peu en rapport avec celle des gens que fréquentait la jeune femme, les consommateurs du café restèrent sur une certaine réserve.

Par une malheureuse coïncidence, Walter, le fils aîné de Ludmilla, entra à ce moment dans l'établissement pour acheter une plaquette de chewing-gum, et l'un des consommateurs le désigna à l'homme, qui, après une brève discussion, lui remit le paquet et le bouquet de fleurs, puis s'éclipsa. L'enfant s'engouffra dans l'entrée de l'immeuble, portant sans le savoir la mort dans ses bras.

L'enquête s'orienta naturellement vers ce personnage et le milieu interlope de la ville fut remué de fond en comble, sans succès. Le seul élément intéressant provint d'une note adressée par la Police Aux Frontières deux jours plus tard, informant qu'un individu correspondant à ce signalement avait pris, le soir même de l'explosion, un avion à destination de Belgrade. Son passeport était établi au nom de Iwo K., étudiant. Il était entré en France quinze jours auparavant muni d'un visa touristique. Il n'en fallut pas davantage pour orienter l'enquête d'une façon prioritaire vers la communauté yougoslave. Et c'est alors que l'on tomba sur Radovan B, plus connu sous le nom du « Grand Rado ».

Radovan...

Pour comprendre quelque chose à cette histoire, il faut se remettre en mémoire ce que pouvait être la vie d'un Serbe en Bosnie dans les années 80 à 90.

Durant des décennies, sous les régimes de Tito puis de Milosevic, cette communauté minoritaire, orthodoxe et communiste, avait dominé une majorité musulmane considérée comme de nature inférieure. Survint la chute du communisme, l'embrasement, la guerre, la peur, les privilèges qui s'effondrent, l'avenir incertain, la communauté internationale qui s'en mêle...

Radovan avait alors quarante ans et vivait à Mostar dans le sud du pays. Son engagement politique et militaire passionné lui rendit bientôt la vie intenable. Il dut fuir une première fois, abandonnant sur place femme et enfants. Il n'était pas inquiet pour eux : ses beaux-parents étaient des notables qui avaient de solides appuis dans les deux camps ; ils sauraient les protéger. Il partit pour Sarajevo et s'engagea d'abord dans une milice composée pour l'essentiel de supporters du club de football « Les Partisans de Belgrade ». Dans cette bande peu disciplinée et inorganisée, il prit goût au pillage, au viol et aux exactions beaucoup plus qu'à l'art de la guerre, mais son habileté au maniement des armes le fit intégrer parmi les tireurs d'élite, les fameux *snipers*.

Durant plusieurs semaines, du fond d'un appartement abandonné donnant sur un carrefour important, il tira au fusil à lunettes sur les passants, semant la mort et la terreur. Il accomplit cette mission sans aucun état d'âme, surtout lorsqu'il apprit que sa propre mère venait d'être assassinée là-bas, à Mostar, alors qu'elle était sortie chercher un peu de ravitaillement.

Mais bientôt la situation ne devint plus tenable en Bosnie, et il dut fuir à nouveau. Identifié, sa tête fut mise à prix, il lui fallut se protéger. Remarqué par un puissant chef de bande, le célèbre Arkan, Radovan continue le combat dans la brigade des Aigles, puis il s'engage dans les troupes serbes commandées par le sinistre Radovan Karadzic, éphémère président de la « République Serbe de Bosnie ». Sous les ordres de Mladic[1], il poursuit ses exactions contre la population musulmane, participant de façon très remarquée à l'épuration ethnique entreprise par les siens. Ses « exploits » d'alors lui vaudront une certaine notoriété parmi les barbares de son espèce et c'est à ce moment-là qu'il reçoit le surnom de « Grand » Rado. Il sera décoré sur le front des troupes par le président lui-même.

Au début 1995, la signature des accords de paix entre Milosevic, Tudjman et Izetbecovic, en même temps que le retrait de Karadzic, sonnent le glas des espoirs de Radovan. Il s'est trop mis en avant ; il sait que, s'il reste en Yougoslavie, sa vie ne vaudra pas cher.

1. Chef de guerre serbe s'étant livré à de nombreuses activités criminelles en Bosnie et au Kosovo. Actuellement recherché par le Tribunal Pénal International de La Haye.

Le Grand Rado parvient à passer au Monténégro, puis en Albanie. À Tirana, il négocie avec un trafiquant de cigarettes de contrebande un débarquement clandestin en Italie. Pendant le voyage, il est agressé et dépouillé par les passeurs. Il se réveille un matin, démuni de tout, dans une crique quelque part entre Brindisi et Bari.

En se cachant, en mendiant, en volant, il réussit à gagner la France, son objectif initial. Il sait qu'il est attendu dans cette ville où ses nombreux compatriotes pourront le soutenir et lui procurer une fausse identité. Ses ennemis de « là-bas », pense-t-il, ne pourront pas le poursuivre jusqu'ici.

Son douteux prestige l'a accompagné et, aux yeux de la communauté serbe bosniaque émigrée, il fait figure de héros romantique, portant le deuil de la « mère patrie ».

On le craint aussi. Alors, on le prend en charge, on lui trouve de petits boulots dans son métier d'origine – la mécanique – et surtout on l'écoute des heures et des heures parler de sa guerre, de ses meurtres et incendies, des viols collectifs auxquels il a participé. Presque plus encore que là-bas, il est le « Grand Rado », à la fois redouté et admiré.

Un jour, au cours d'une fête religieuse rassemblant la communauté serbe, il rencontre Ludmilla. Il en tombe aussitôt amoureux et déploie des efforts inouïs pour la séduire. Belle, jeune, élégante, cultivée, intelligente et... serbe, elle représente tout ce dont il rêve.

Lui, il approche la soixantaine. Droit comme un I, de belle prestance sous ses cheveux drus gris fer. Ses yeux clairs ont la candeur de ceux d'un enfant, et, lorsqu'il sourit son visage s'illumine d'une douceur incroyable. Il chante et danse à merveille les airs des montagnes et des campagnes bosniaques. Rien ne laisse supposer sa violence, son manque total de scrupules et sa cruauté.

Pour Ludmilla, il représente tout ce qu'elle a laissé là-bas, un passé sur lequel elle a tourné la page, mais dont elle garde la nostalgie. Elle ne sait rien de son passé de criminel de guerre, et elle est séduite par l'authenticité de son amour pour la Bosnie. Flattée aussi, en secret, par l'aura qui entoure cet homme dans la communauté.

C'est le début d'une liaison passionnée.

Il l'a surnommée « Ljuba », la couvre de cadeaux pour lesquels il est amené à mettre en place toute une organisation de vol, de trafic de téléphones portables et de petit matériel informatique. À l'occasion, il désosse des véhicules volés pour en expédier les pièces détachées vers les pays de l'Est ou l'Afrique noire. Il la sort partout à son bras, fier de l'arborer près de lui comme symbole de sa virilité et de sa réussite sociale.

Elle est à l'évidence très séduite par le personnage, mais reste quelque peu en retrait quand il lui expose des projets d'avenir grandiloquents et irréalistes. Mais surtout, elle commence à comprendre à qui elle a affaire.

Quelques amis de Radovan, la croyant au courant et s'imaginant qu'elle partage leur délire, n'ont pas été aussi discrets qu'ils l'auraient dû et ils ont évoqué la conduite « héroïque » de Rado, là-bas, dans les Balkans. Ludmilla a voulu en savoir plus et a questionné son amant. Devant sa colère, elle a pris peur et ne s'est plus jamais permis d'aborder le sujet. Cependant, elle a réussi à tirer les vers du nez de certains, et l'horreur de la situation lui a sauté au visage : à présent elle partageait bel et bien le lit d'un assassin, tortionnaire, violeur en série et criminel de guerre !

Dès lors, sa décision de rompre fut irrévocable, mais Radovan lui inspirait une peur panique. Elle agit alors avec la maladresse habituelle dans ce genre de situation, parlant de son besoin de « réfléchir », de « prendre du recul », de savoir comment apprendre cela à ses enfants, expliquant qu'elle ne se sentait pas prête à s'engager. Et puis un jour, au prix d'un terrible effort, elle lui demanda de cesser toute relation.

Le « Grand Rado » entra dans une rage folle, la battit,

brisa tout dans l'appartement, puis sortit en claquant la porte et en jurant de se venger. Terrorisée, elle se claquemura chez elle. Au bout de quelques jours, elle dut pourtant sortir à nouveau. Elle le croisa sur un trottoir, et il fit semblant de ne pas la voir... La vie reprit son cours, et Ludmilla put croire un instant que la page était tournée.

Quelques mois plus tard, elle fit, à son travail, la connaissance de Moksa O., architecte venu dresser les plans d'une extension du lycée où elle exerçait. De quelques années plus jeune qu'elle, libre, drôle et charmeur, il sut la faire rire et l'aida à oublier un peu la sinistre figure du criminel serbe. Il semble qu'ils soient très vite tombés amoureux l'un de l'autre, au point d'envisager une vie commune. Les enfants avaient accueilli de façon favorable ce futur beau-père qui les emmenait aux matchs de foot et les aidait à faire leurs devoirs de maths. Le bonheur semblait sourire enfin à cette famille.

C'était compter sans la colère du « Grand Rado ».

En dépit de son détachement apparent, il n'avait nullement renoncé. Pour lui, Ludmilla restait sa propriété et il n'était pas question qu'elle le quittât ou qu'un autre la touche.

Depuis des mois, il suivait ou faisait suivre la jeune femme, et un soir il la surprit à la fête foraine, riant aux bras d'un homme qui lui offrait barbe à papa et pommes d'amour.

Il retourna chez lui dans un état de grande agitation, prit une cuite mémorable et décida de se venger.

Entreprenant une filature étroite de la jeune femme, il parvint vite à découvrir l'identité de son rival. Quand il apprit qu'il s'agissait d'un Maghrébin, d'un Arabe, d'un bougnoule, sa colère ne fit que croître, et le destin des deux malheureux fut scellé.

C'était très simple : il les tuerait tous les deux.

Il ne serait pas dit que lui, le « Grand Rado », le

« héros » de Mostar, de Sarajevo et de Benja Luka se verrait dépossédé de « sa » femme par un Arabe.

Il agit avec beaucoup de minutie. L'idée de l'explosif lui était venue tout de suite ; elle satisfaisait son goût pour le spectaculaire. Il les pulvériserait sans pitié, et il ne lui vint même pas à l'idée que des innocents pourraient être blessés ou tués dans le même temps. La passion est le lieu de la démesure, et Radovan flambait comme une torche.

Se procurer l'explosif ne lui posa guère de problème, pas plus que de bricoler un engin de mort rudimentaire dont la mise à feu serait déclenchée par la détente d'un ressort lors de l'ouverture d'un couvercle. On lui avait appris tout ça et bien d'autres choses dans l'armée du général Mladic.

L'idée du camouflage dans une boîte de chocolats et du bouquet de fleurs lui fut donnée par une série policière à la télévision. Il trouva l'idée de réduire en charpie la malheureuse et son amant, pendant qu'elle aurait cet engin de mort sur les genoux, très excitante. Ne serait-ce pas un peu comme s'il lui avait introduit un bâton de dynamite dans le sexe et avait allumé la mèche ? Il était bien sûr ainsi que personne n'y pénétrerait plus, dans ce sexe qui était à lui ! Le « Grand Rado » était si content de sa trouvaille qu'il se laissa aller à quelques confidences devant des amis qu'il croyait sûrs, mais dont les langues, pour son malheur, se délieraient plus tard dans les locaux de police.

Restait à trouver le moyen et le moment de le faire parvenir aux malheureux destinataires. Radovan continua sa traque, et surprit un jour Ludmilla annonçant à l'une de ses collègues qu'elle allait bientôt faire la connaissance de sa future belle-mère qui venait d'arriver du Maroc. Mokhtar et la vieille dame viendraient dîner en famille le mercredi suivant, dans trois jours.

L'heure avait sonné.

Il était bien sûr hors de question que Radovan apportât lui-même le « cadeau » à ses victimes ! Pas question non plus d'utiliser les services d'un livreur officiel ; ce serait le meilleur moyen de se faire démasquer. Dans son bistro familier, il rencontra par hasard un jeune compatriote sur le point de regagner Belgrade à l'issue d'un séjour pendant lequel il s'était livré à on ne sait quel trafic. Rado n'eut aucun mal à le convaincre d'aller livrer, pour une petite somme, le « cadeau » à l'adresse indiquée, et de bien le remettre en mains propres à sa destinataire. Naturellement, il ne lui dit rien du contenu de la boîte, mettant son commissionnaire à la merci d'un choc ou d'une chute.

Le jeune Serbe reprenait l'avion le soir même, ce qui arrangeait bien Radovan.

C'est ainsi que, ce mercredi après-midi, le jeune Iwo K. se présenta au domicile de Ludmilla portant sa boîte de « chocolats » et son bouquet de fleurs.

C'est ainsi qu'il rencontra le jeune Walter à qui il mit la mort entre les mains.

C'est ainsi que s'accomplit la vengeance du « Grand Rado » dans une apothéose de bruit, de fureur et de flammes.

L'enquête conduisit très vite les policiers sur ses traces. À partir du moment où ils commencèrent à « remuer » le milieu yougoslave, les langues se délièrent sans peine. Il apparut très vite qu'on y craignait Rado, mais aussi qu'on le détestait. Et surtout, on ne pardonnait pas le meurtre de Ludmilla, ni le massacre des deux enfants. L'Arabe et sa mère, on s'en fichait un peu.

Les témoignages recueillis furent suffisamment précis pour convaincre un juge d'instruction de délivrer une commission rogatoire permettant de le placer en garde à vue, bien que la police ne disposât pas de preuves matérielles de sa culpabilité.

Durant ces quarante-huit heures, le Serbe fit preuve d'une énergie et d'une endurance peu communes. Assis raide sur son siège, menotté au mur, il regardait droit ses interrogateurs dans les yeux, opposant la même fin de non-recevoir à toutes leurs questions. Même les déclarations les plus accablantes, même les témoignages faisant état de sa traque obsessionnelle de sa victime ne paraissaient pas l'ébranler.

Découragés, les enquêteurs étaient sur le point de baisser les bras et d'abandonner, quand leur parvint une aide sur laquelle ils ne comptaient pas. Très loin de là, à la frontière entre la Yougoslavie et la Bulgarie, un homme venait de se faire arrêter en possession d'une importante quantité de drogue et de cigarettes de contrebande. Récidiviste, passible d'une lourde peine de prison, il tentait de négocier, prétendant détenir des informations susceptibles d'intéresser la police française. Il s'agirait, disait-il, d'un meurtre commis à l'aide d'explosifs, dans une ville du centre est de la France.

L'homme s'appelait Iwo K. et faisait l'objet d'une commission rogatoire internationale émise par un juge d'instruction français et transmise en Yougoslavie par Interpol. Il acceptait de témoigner et de révéler son rôle dans cet assassinat, ainsi que celui d'un certain Radovan, son commanditaire, si on l'extradait vers la France. Sans doute n'avait-il aucune envie de connaître les rigueurs d'une prison yougoslave. Les dates et les lieux coïncidaient. Le doute n'était plus permis, et les policiers tenaient l'élément susceptible de faire tomber le « Grand Rado ».

Mis devant cet élément nouveau, celui-ci entra dans une telle fureur que les interrogateurs durent se mettre à plusieurs pour le maîtriser. Quant il fut calmé, il passa des aveux complets et circonstanciés.

Pour Ludmilla, il éprouvait le même mépris et la même haine que pour toutes les femmes, qu'elles soient serbes, bosniaques ou autres. Le seul intérêt qu'elles présentaient pour lui tenait au prestige qu'il en retirait. Leur raison d'être était de servir la virilité et l'honneur des hommes, de subvenir à leurs besoins et de témoigner de leur puissance sexuelle. Le fait de le tromper, de lui préférer un autre homme, surtout issu de la « race » ennemie était une offense insupportable à son ego surdimensionné. Il avait le sentiment qu'il ne pourrait plus se regarder en face ni affronter sa communauté tant que la « putain infidèle » n'aurait pas reçu son châtiment. Il convint de n'avoir jamais vraiment aimé cette femme – ni aucune autre, d'ailleurs.

Aujourd'hui il est dans une cellule de prison centrale. Seul. Volcan de violence enchaînée, hurlant sa haine de tout, de tous, de toutes, et sans doute de lui-même.

L'histoire de Radovan se confond avec celle de la Bosnie ; comme elle, elle est pleine de « bruit et de fureur[1] ».

Aîné d'une famille de paysans pauvres d'un petit village des environs de Mostar, dans le sud du pays, il ne fit que quelques années d'école avant de travailler à la ferme.

Il avait dix ans lorsque son père est mort, et il lui fallut aider sa mère à subvenir aux besoins de ses cinq frères et sœurs. Le petit Radovan apprend à lire, écrire et compter, mais il nourrit surtout son esprit de tous les contes et légendes de son pays, baignant dans une idéologie marquée par la religion orthodoxe et les théories communistes. Très tôt, il développe une haine viscérale à l'égard de la communauté musulmane, largement majoritaire dans la région. Comportement et mentalité typiques de « petit blanc » confortés par cette tendance naturelle qu'a toute minorité à se replier sur elle-même dans un rejet agressif de l'autre et de refuser de façon violente toute forme de différence.

La mort précoce de son père laisse en lui une béance que rien ne vient combler. Il devient plus dur, mûrit trop vite, sans repères pour l'aider à se structurer. À l'adolescence, il a déjà adopté un comportement adulte ; il boit et maltraite sa mère, ses frères plus jeunes et ses sœurs.

1. « ... de bruit et de fureur... » Passage d'une tirade de la tragédie *Hamlet* de Shakespeare : « La vie est un spectacle rempli de bruit et de fureur, écrit par un dément et qui ne signifie rien... » William Faulkner en a fait le titre d'un de ses plus célèbres romans.

Au village, il est vite catalogué comme forte tête, prompt au défi et au coup de poing. Quand il ne traîne pas dans les cafés ou ne court pas les filles aux bals du dimanche, il va à la chasse et adore le football qu'il pratique avec une violence qui lui vaut souvent d'être expulsé du terrain. Très tôt il flirte avec la délinquance, les gendarmes l'arrêtent en flagrant délit de braconnage, et il connaît plusieurs brefs emprisonnements pour vol à main armée.

Mineur, enfermé dans un pénitencier où toutes les catégories de condamnés – parfois de grands criminels – sont mêlées, il dit avoir été l'objet de sévices sexuels répétés et d'actes de torture. Quarante-cinq ans après, la simple évocation de cette période fait trembler ses mains de colère et flamber ses yeux.

C'est un chien enragé qui sort de prison pour entrer dans l'armée. Son casier judiciaire brinquebalant à ses basques, il est vite catalogué « forte tête » et expédié dans une unité de commando où il trouve à employer son trop-plein de rage et son besoin d'action.

La fin du service militaire le renvoie dans ses foyers avec une charge de violence encore accrue, à quoi s'y ajoute une agressivité exacerbée contre son ennemi privilégié : les musulmans. Il semble que, durant son séjour en prison, il ait été en butte à des persécutions violentes de la part de membres de cette communauté qui lui avaient fait payer au prix fort ses prises de position extrémistes.

N'ayant plus aucun goût pour les travaux des champs, il laisse l'exploitation familiale à son frère cadet et à ses sœurs pour se livrer à différents trafics mêlant droit commun et activisme politique, et apprend aussi des rudiments de mécanique automobile.

Il participe à des opérations de représailles, au maintien de l'ordre lors de meetings politiques houleux et à des campagnes de collages d'affiches durant les périodes électorales. Les petites combines auxquelles il s'adonnait jusqu'alors ne lui suffisant plus pour mener le train de vie auquel il aspire, il franchit un palier en s'associant à une équipe de délinquants spécialisés dans le trafic de drogue, de cigarettes, de véhicules volés et dans le rabattage pour des réseaux de prostitution. Partout, il joue le rôle de « gros bras » et on l'apprécie pour son absence totale d'états d'âme et de scrupules, comme pour son efficacité dans les situations « chaudes ».

Les troubles qui éclatent en Bosnie vers la fin des années 80 sont pour lui l'occasion rêvée de réaliser ses fantasmes et de mettre en actes toute la violence qui parfois le déborde. C'est aussi un moyen de se mettre à l'abri après une expédition punitive qui avait mal tourné, et laissé derrière elle deux cadavres.

Telle est l'histoire du « Grand Rado », guère plus malfaisant dans la guerre que dans la paix, personnage immature et déséquilibré, ne trouvant un semblant de stabilité que dans la violence et l'hypertrophie de son ego, et dont la lamentable trajectoire finira un matin de septembre dans une cellule de sécurité d'une prison française, après avoir tué cinq fois de plus.

JEAN, OU LE DÉSESPOIR D'UN JOUEUR

Il est 17 heures. Alain Boisseuil quitte le lycée. Comme chaque soir, il va prendre le bus qui le ramènera chez lui.

Il a dix-huit ans et va passer son bac scientifique le mois prochain.

En ce mois de mai 1976, la campagne embaume. Alain est heureux. Il a réussi ses contrôles et ses notes, surtout en maths et en physique, lui promettent la mention. Après... une école d'ingénieur ou la fac. Ça ne lui déplairait pas de devenir prof.

Distrait, il chantonne durant les quelques centaines de mètres entre l'arrêt de bus et la maison. La tête tellement ailleurs qu'il ne remarque pas que le chien n'est pas venu l'accueillir, comme d'habitude.

Il pousse la porte du pied, selon cette manie qui déclenche chaque fois les protestations maternelles rituelles. « Alain, tu ne peux donc pas ouvrir la porte doucement ! Tu m'as fait peur ! J'ai failli laisser tomber une assiette !... »

Aujourd'hui, rien.

– M'man, salut, c'est moi... On mange quoi, ce soir ?

Pas de réponse.

Intrigué, le jeune homme entre dans la cuisine. Celle-ci semble vide. Tiens, les volets ont été tirés. Pourquoi donc ? La nuit est loin d'être tombée et le soleil ne tape pas fort au point de devoir s'en protéger...

Alain ne remarque pas la flaque sombre dans laquelle il patauge depuis un instant. Il cherche l'interrupteur et il trébuche sur un obstacle qu'il n'a pas vu dans l'obscurité. Il tombe à quatre pattes sur le carrelage et sent sur ses mains un liquide froid et poisseux, se relève, pousse un cri de frayeur et parvient à allumer. La première chose qu'il regarde, ce sont ses mains. Elles sont brunes d'un sang qui déjà a commencé à coaguler.

Pêle-mêle, il prend conscience du vrombissement d'un essaim de mouches dérangées dans leur repas, d'une odeur fade et douceâtre et du désordre indescriptible qui règne dans la cuisine. Tétanisé, il ne bouge pas, respiration coupée. Cloué contre le mur, il y imprime la trace sanglante de ses deux paumes ouvertes.

De l'autre côté de la table, deux jambes dépassent. Il reconnaît sans peine les chaussons d'intérieur usés jusqu'à la corde dont sa mère refuse de se séparer. Les murs sont maculés de sang et d'autres matières qu'il n'identifie pas. Sur le sol, légèrement en pente, une large flaque s'écoule vers le seuil.

Le garçon trouve le courage de s'approcher et de contourner la table. Le cadavre de sa mère est allongé sur le dos, jambes légèrement écartées. Il a le temps de remarquer que les mains sont croisées sur la poitrine, comme celles d'un gisant. Le visage et la boîte crânienne ne sont plus qu'une masse sanglante informe. Juste à côté se trouve une lourde clef à molette ensanglantée.

Alain hurle, sort de la cuisine en titubant et se rue vers les chambres, à l'étage, maculant le plancher de traces de pas. Dans celle de Jean-Pierre et de Marie-France, les deux petits, c'est la même scène de carnage. La maison semble avoir subi le passage d'une fureur démente. Dans l'esprit d'Alain, une seule idée. Obsédante. Retrouver son père. Il a un besoin irrépressible de se jeter dans ses bras, d'échapper à cette épouvante. Qu'il lui dise que tout cela n'est pas vrai, que ce cauchemar va se terminer. Que tout va redevenir comme avant...

D'une voix tremblante de tout petit enfant, chevrotante, ridicule émanant de sa carrure d'athlète, il appelle son père.

Là non plus, pas de réponse. À cette heure-ci, Jean Boisseuil aime à se retirer dans son atelier de menuiserie où il fabrique quelques meubles souvent bancals. Le sang martelant ses tempes, Alain traverse l'arrière-cour. La porte de l'atelier est fermée à clef de l'intérieur. Impossible d'ouvrir.

Paniqué, le jeune homme fait le tour de la maison et revient sur la route.

La ferme des voisins, les Payrac n'est qu'à quelques centaines de mètres. Lorsqu'ils le voient débouler chez eux, incapable d'articuler deux phrases cohérentes, leur première réaction est de le faire asseoir et de lui donner un verre d'eau. Pendant qu'il boit, le fermier, Germain Payrac, sort sans bruit et se dirige vers la maison de ses voisins. Lorsqu'il revient, il est pâle et son regard est sombre. Sans un mot, il prend le téléphone...

Quelques minutes après, les véhicules de la Gendarmerie sont sur place. On « sécurise » la maison, qui n'est plus maintenant que « la scène de crime », tandis qu'un médecin administre un calmant au jeune Alain qui s'est effondré dans les bras de Gilberte Payrac. Les enquêteurs découvrent quatre cadavres.

Sylviane Boisseuil semble avoir été tuée la première, de nombreux coups « assenés par un objet contondant » occasionnant plusieurs lésions mortelles à la boîte crânienne.

Jean-Pierre, dix ans, et Marie-France, sept, ont été tués par strangulation au moyen d'une cordelette semblable à celles utilisées pour lier les gerbes de blé. Le meurtrier l'a laissée autour du cou de la petite fille, qui a vraisemblablement été assassinée en dernier.

Dans l'atelier, le corps sans vie de Jean Boisseuil pend à la poutre maîtresse. Le cadavre de son chien, abattu d'une décharge de chevrotines, gît à ses pieds. À côté, le fusil que son maître a utilisé pour le tuer et un escabeau renversé.

Sur l'établi, un cahier d'écolier contenant le récit détaillé de ce qu'il vient de se passer : « Je suis le seul coupable, conclut Jean Boisseuil. Pardon pour tout. »

Aucun indice ne venant contredire l'hypothèse du suicide du meurtrier, il n'y eut même pas d'instruction ouverte pour les trois crimes et l'affaire fut close en un temps record.

Restait, au milieu de ce désastre, un jeune homme qui voyait son univers s'effondrer. Peu de temps après, il fut pris en charge par un oncle et une tante vivant dans la région parisienne. On vendit la maison pour rembourser ce qu'on pouvait des dettes de Jean Boisseuil.

Comme souvent, ce drame avait commencé bien des années plus tôt.

Fils de paysan, dernier enfant d'une nombreuse fratrie, il était hors de question que Jean Boisseuil demeurât à la ferme. Dans ce pays où la terre est ingrate, une exploitation suffit à peine pour faire vivre une famille. La tradition veut que ce soit l'aîné qui prenne la succession du père, à charge pour lui de faire fructifier ce qui peut l'être et de nourrir les vieux jusqu'à leur fin. Ici, dans cette France profonde et rurale, on ne place pas ses parents à l'hospice ou en « établissement de long et moyen séjour ». Ce serait un déshonneur dont on ne se relèverait pas. Chacun meurt chez soi.

Mais cela impose l'exil aux plus jeunes. Ceux qui montrent quelques aptitudes scolaires visent l'administration, ses concours et sa stabilité de l'emploi. Ceux qui sont moins doués sont « placés », c'est soit l'usine, soit une vie d'ouvrier agricole, ailleurs.

Pour le jeune Boisseuil, que tout le monde appelle « le Jeannot », c'est une place de monteur dans une fabrique de réfrigérateurs du chef-lieu de canton, à une vingtaine de kilomètres de la ferme. Pas question de rentrer tous les soirs. D'ailleurs, personne ne le souhaite, et on le lui a bien fait comprendre. Il est prié de se débrouiller avec son salaire de misère, qu'il tente d'améliorer à grand renfort d'heures supplémentaires.

Il ne pleure pas sa peine, « le Jeannot ». On ne l'a pas élevé dans le culte du loisir et de la facilité. Les vacances ? Il lui faut attendre la fin de sa première année d'embauche pour savoir ce que c'est. Encore en est-il tellement embarrassé qu'il les passe à la ferme familiale pour aider aux moissons et aux batteuses.

Petit à petit, cependant, il s'éloigne du monde paysan et prend des habitudes plus citadines. Il a découvert le syndicalisme et l'engagement politique. Il y milite avec le même sérieux qu'il met dans tout ce qu'il entreprend.

Aux réunions du Parti, il a rencontré Sylviane. Ils ont très vite vécu ensemble, et, en 1957, lorsque la jeune femme tombe enceinte, ils se marient. Leur premier enfant, Alain, vient au monde en 1958.

C'est le moment que choisissent les « événements d'Algérie », comme on disait alors, pour rattraper Jean Boisseuil. Il rejoint le camp de triage de La Courtine, dans la Creuse, puis, par étapes, est acheminé vers Marseille,

Alger et Constantine, où il est affecté à un régiment d'artillerie qui surveille la frontière tunisienne.

Victime d'un banal accident de la circulation qui l'éloigne de la ligne de front, il est transféré à Alger, où on l'affecte à une des « unités spéciales de renseignement » rattachées au 2e Bureau de l'Armée de Terre, chargée du tri et de l'interrogatoire des prisonniers FLN.

Il passe trente mois en Algérie.

De ce qu'il a vécu là-bas, il ne voudra jamais parler, mais quand il retrouve sa femme et son fils, il n'est plus le même homme. Il boit et fume beaucoup. Son humeur est devenue instable et son caractère irritable. Il se montre même parfois si violent que ses camarades du syndicat et du Parti s'en inquiètent, tentent de le raisonner, puis décident de le mettre à l'écart.

En 1963, survient un événement qui achève de faire basculer son équilibre : Jean Boisseuil a la malchance de gagner une assez forte somme à un tirage de la Loterie Nationale. Assez forte pour lui faire tourner la tête, mais insuffisante pour le rendre vraiment riche.

Comment a-t-il vécu ce signe du destin ? Sans doute comme une sorte de revanche sur une existence plus féconde en frustrations qu'en plaisirs, faite de plus de renonciations que d'espérances.

Malgré les mises en garde de ses copains et les scènes que lui fait son épouse, il abandonne son travail à l'usine et se fait construire une grande maison à l'écart du bourg. Pendant deux années ils vivent dans l'insouciance, « craquant » sans compter l'argent de la chance. Près de la maison, Jean s'est fait bâtir un atelier de menuiserie et il s'évertue à fabriquer des meubles issus de son imagination, d'une construction si maladroite qu'ils ne trouvent jamais acquéreur. La manne de la Loterie fond comme neige au soleil.

Jean est quelqu'un de simple, relativement peu intelligent. Dans son esprit, ce qui s'est produit une fois peut et doit se reproduire. Il n'avait jamais cessé de jouer de petites sommes, encaissant çà et là quelques faibles gains qui l'avaient conforté dans l'idée que sa chance ne l'abandonnerait jamais. Et, naïvement, il pensait qu'il existait une corrélation entre le montant des sommes jouées et le nombre de fois où la chance lui sourirait.

Sentant ses fonds s'épuiser, il se met à jouer de plus en plus gros, perdant de plus en plus, toujours plus acharné.

Dans le même temps, son état psychologique se détériore. Il néglige sa famille et ses enfants, multiplie les aventures extraconjugales, découche de plus en plus souvent, passe l'essentiel de son temps dans les bars et les établissements de PMU de la préfecture. Jean Boisseuil devient de plus en plus dépendant du jeu et de l'alcool.

C'est dans un rade, mi-bordel, mi-tripot, qu'il retrouve un jour Laurent, un de ses copains de régiment, l'un de ses acolytes des « sections spéciales ». Ils boivent, parlent, s'enivrent. Décident de se revoir.

Laurent est fauché ; Jean a encore un peu d'argent. Jean débute une addiction qui le conduira à sa perte, Laurent a depuis longtemps dépassé ce stade. D'Algérie, il a ramené le goût de l'opium, qui, en métropole, l'a conduit à l'héroïne. Il joue comme un dément, comme tous les « flambeurs », dans l'espoir du gros coup, ou tout simplement pour se payer sa dope. Les quelques dizaines de milliers de francs restant à son copain lui semblent une aubaine inespérée. Il n'a pas grand effort à faire pour le convaincre qu'ici, à la préfecture, on ne rencontre que de « petits joueurs ». La thune, la vraie, c'est sur la Côte, à la roulette ou aux tables de jeu, qu'on peut la rafler. Jean a du « blé » ? C'est l'essentiel ! Avec un spécialiste comme lui, l'affaire est dans la poche ! Qu'il le laisse faire ! Il n'aura qu'à se baisser pour ramasser l'oseille !

Subjugué, voyant s'ouvrir devant lui un monde auquel il n'aurait jamais espéré accéder, Boisseuil ne marche pas, il court ! Sans se soucier de sa femme et de ses trois gosses, il se lance à corps perdu dans un monde d'escrocs et de requins dont il ne connaît aucun des subtils rouages. Laurent le mène par le bout du nez et l'entraîne dans des situations de plus en plus dangereuses, le faisant accéder à un niveau de jouissance inconnu lors de parties nocturnes en soirées « privées » où se mêlent le jeu, l'alcool et le sexe. L'autre en ressort, au petit matin, effaré comme un hibou en plein soleil, de plus en plus fauché, de plus en plus accroché. Quelques heures de sommeil, puis ce sont les « bandits manchots » du Casino, et la Boule, les après-midi...

La Chance, garce jusqu'au bout, le tient comme un goujon au bout d'une ligne et le fait frétiller avec quelques gains... Mais Laurent et Jean sont prisonniers d'une spirale de plus en plus vertigineuse, et, bientôt, ce dernier n'a plus du tout d'argent...

Qu'à cela ne tienne ! Il y a la maison, là-bas, en bordure des champs. C'est un capital ! Et un capital, ça s'hypothèque ! Avec ça, c'est sûr, ils vont se refaire, et ils rembourseront ! Où est le problème ?

C'est à coups de poing, un soir, après que les gosses sont allés se coucher que Jean oblige Sylviane à signer les papiers nécessaires à la conclusion du prêt hypothécaire. Il a les yeux fiévreux, un visage halluciné, ses mains tremblent. Il crie, tempête, menace lorsqu'elle demande des explications. Quand elle veut s'opposer, il frappe. Laurent observe la scène avec un mauvais sourire.

À bout de résistance, Sylviane signe. Alors Jean, euphorique, débouche le champagne et apporte les alcools. Ils boivent, veulent la faire boire, s'excitent. Jean devient lubrique, tente de la caresser devant son pote. À un moment il lui propose un rapport sexuel à trois... Sylviane se dégage, et va s'enfermer dans la chambre. Un moment, ils essaient de la persuader d'ouvrir, puis se lassent et retournent boire...

Au matin, lorsqu'elle tente une timide sortie, la cuisine et la salle à manger sont dans un désordre indescriptible, mais les deux ivrognes ont disparu. Durant plusieurs mois, la famille n'aura plus la moindre nouvelle de Jean Boisseuil.

Tout ce que Sylviane reçoit, ce sont les relevés de banque sur lesquels elle peut suivre le naufrage de leur patrimoine.

Le banquier a bien tenté de lui conseiller de faire opposition à ces mouvements de fonds : ne sont-ils pas mariés sous un régime communautaire ? Mais elle a refusé. Le souvenir de cette nuit de violence est encore trop présent ; elle a peur.

Un jour, il n'y a plus eu d'argent du tout et Jean est revenu. Il n'a donné aucune explication, fourni aucune excuse, n'a pas demandé pardon. Il s'est réinstallé comme si rien ne s'était passé, poursuivant sa vie oisive, alors même que la famille ne subsistait plus que grâce à quelques ménages effectués par Sylviane.

Jean, apparemment, ne joue plus, mais sa femme n'a pas confiance et dissimule le peu d'argent qu'elle gagne. Il boit toujours beaucoup, mais ne s'enivre plus comme avant. Il dort très mal, n'accepte plus de faire chambre commune, ne la touche plus jamais. Ses enfants ne l'intéressent plus, il ne leur adresse même plus la parole. La nuit, il reste le plus souvent dans le salon, abruti face au téléviseur devant lequel on le retrouve souvent, au matin, endormi.

Une ou deux fois, Sylviane lui a conseillé de ne pas rester ainsi et d'aller consulter. Tout ce qu'elle a obtenu, c'est une bordée d'injures. Jean, privé de sa drogue, incapable de porter un regard un tant soit peu lucide sur son état, développe une dépression de plus en plus inquiétante.

Pendant ce temps, par le jeu des intérêts accumulés, les dettes deviennent de plus en plus difficiles à supporter et les menaces de saisie immobilière de plus en plus pressantes. Chaque fois, Jean semble se tasser sur lui-même et se renfermer un peu plus. Il fuit le regard catastrophé de sa femme et va s'enfermer dans son atelier où il reste des heures, assis sur un billot de bois à marmonner des mots sans suite.

Ce matin-là, il a reçu une lettre d'un hôpital de Marseille. Il l'a lue et s'est enfoui le visage dans les mains, les épaules secouées de sanglots. Puis il s'est levé, la laissant sur la table, et s'est enfui, titubant comme s'il était ivre.

Laurent, son copain, avait été retrouvé mort dans une chambre d'hôtel du quartier du Panier. Overdose.

Pour Sylviane, c'en est trop. Depuis des mois, son mari ne manifestait aucun sentiment, aucune tendresse, aucune émotion, et voilà que, pour ce Laurent...

Folle de rage, elle a traversé la cour et lui a parlé longtemps à travers la porte de l'atelier. C'est décidé, elle s'en ira dès demain avec les trois enfants. Sa sœur a une grande maison à Brive ; elle les hébergera le temps qu'il faudra. Une conserverie lui propose un poste d'aide-comptable assez bien payé pour faire face à ses besoins et à ceux des gosses. Dans la foulée, elle lui annonce qu'elle va demander le divorce.

Puis elle est retournée à la maison, terminer son ménage et préparer son départ. Elle a envoyé les petits dans leur chambre. Alain, elle lui expliquera quand il rentrera du lycée.

Dans l'esprit de Jean, des défenses viennent de céder. Le départ de sa femme et de ses enfants signe sa ruine et consomme sa débâcle sur toute la ligne. Immature, dépressif, il ne se sent pas capable de s'assumer seul. Mais surtout, sans elle, ses espoirs de pouvoir un jour se remettre à jouer s'envolent. Et cette idée lui est insupportable. Depuis des mois, il supporte ce « sevrage » dans l'espoir de pouvoir, un jour prochain, mettre la main sur ce qu'il croit être « son magot » et reprendre la belle vie, avec Laurent, bien sûr, son ami, son frère... peut-être son amant.

Or voilà que son pote est mort, et que cette salope de Sylviane menace de se barrer avec son argent !

Hors de lui, il saisit le premier objet qui lui tombe sous la main et se rue vers la cuisine où il l'entend s'affairer. Il tente de se calmer, de lui parler... mais Sylviane est à bout et exhale toute la violence qu'elle a accumulée durant toutes ces années... Non, elle ne reviendra pas sur sa décision...

Oui, elle partira demain... Oui, elle va divorcer et refaire sa vie si elle le peut... Oui, elle se fiche de lui et de ce qui peut lui arriver. Non, elle ne l'aime plus. Il y a longtemps qu'elle ne l'aime plus. Et elle éclate de rire quand, à genoux, désespéré, confus, il lui demande... cinquante francs pour aller faire un tiercé !...

Alors, Jean Boisseuil a frappé, de toutes ses forces, les yeux fermés. Il l'a atteinte en plein visage et elle est tombée à terre avec un hoquet. Quand il a ouvert les yeux, elle était à terre, le corps agité de faibles mouvements. Fou de terreur, il a frappé encore, frappé, frappé comme si chaque nouveau coup avait la vertu magique de réparer les dégâts occasionnés par le premier. Puis il s'est arrêté, à bout de souffle. Elle ne bougeait plus... Il ne sait pourquoi, il lui a croisé les mains sur la poitrine. Comme ça... Il avait vu faire ça quelque part, dans un film à la télé...

Un bruit. Il a relevé la tête et a vu son fils cadet apparaître en haut de l'escalier. Lâchant la clef à molette, il s'est précipité vers le petit, qu'il a rejoint dans sa chambre. Sans doute pour ne pas entendre ses cris, il a noué ses grosses pattes autour du cou de l'enfant et a serré, serré, jusqu'à ce que le petit corps cesse de s'agiter.

Puis ce fut le tour de la petite... Au point où il en était, il ne pouvait faire autrement. Dans sa poche, il avait un lien ramassé dans un champ, la veille, en promenant son chien... Quand tout fut fini, il est redescendu et s'est enfermé dans son atelier...

Plus tard, on a vendu la maison de Jean Boisseuil et cela a été à peine suffisant pour ses créanciers... Avec sa femme et ses deux enfants, il repose dans une allée du petit cimetière. Sur leur tombe, les mauvaises herbes prolifèrent. Une vieille femme, « celle de la tombe à côté », les arrache quelquefois. Geste simple, dernière manifestation de compassion pour une famille de pauvres gens que la folie des hommes et l'enfer de la dépendance au jeu ont conduite à sa fin.

Quant à Alain, il est marié, a trois grands enfants. Il semble heureux.

Le hasard, (mais est-ce vraiment le hasard ?) veut qu'il occupe des fonctions importantes à la Française des Jeux... Mais il affirme que jamais, au grand jamais, il n'aventurerait un sou dans un jeu, quel qu'il soit.

ADRIEN, OU LE POIDS IMPOSSIBLE D'UN CHAGRIN D'AMOUR

C'est un après-midi d'hiver, un samedi, que le téléphone a résonné dans la salle d'information et de commandement [1] du commissariat central. Une personne, habitant une rue calme du centre ville, signalait qu'une rigole de sang provenant de l'appartement contigu au sien se répandait dans le couloir. L'officier responsable, policier expérimenté, expédia d'urgence un car de Police Secours sur les lieux, et prévint un serrurier d'avoir à se tenir prêt à répondre à toute réquisition.

Quelques minutes plus tard, les policiers constatèrent la véracité des dires de la voisine et frappèrent à la porte, sans résultat.

En attendant la venue du serrurier, la gardienne de l'immeuble indiqua que l'appartement était loué par un certain Edouard Boulay, cadre de banque employé dans une agence proche de son domicile. Comme le laissait prévoir l'important écoulement de sang, les policiers trouvèrent le cadavre d'un homme allongé dans l'entrée.

Les premières constatations ne purent que prendre acte d'« un état de mort effective et permanente » comme dit le

1. La salle d'information et de commandement d'un commissariat est le lieu où aboutissent les appels lorsqu'une personne compose le « 17 ». Elle est chargée d'évaluer et de hiérarchiser les urgences, et de répartir les missions en fonction des services concernés.

vocabulaire administratif, qui, à force d'être suranné, devient presque poétique. Sous réserve des conclusions de l'autopsie, la mort était due à un nombre important de coups portés au moyen d'un instrument tranchant dont l'un au moins avait sectionné la carotide, provoquant l'écoulement de sang qui avait alerté la voisine. L'heure approximative de la mort était évaluée, entre 12 h 00 et 12 h 30, et il semble que la victime ait succombé immédiatement à ses blessures.

Personne ne put apporter de témoignage. On n'avait entendu ni remue-ménage, ni éclats de voix, ni bruit de lutte. Il est vrai que les voisins immédiats étaient tous absents, les uns en vacances aux sports d'hiver, les autres vaquant à leurs occupations à l'extérieur de l'immeuble. La gardienne responsable de tout l'îlot résidait à deux rues de là. La porte d'entrée était munie d'un code de sécurité, si bien qu'on ne pouvait accéder à l'escalier que si l'on connaissait celui-ci ou en profitant de l'entrée d'un des résidents habituels, à moins que l'on ne vous ouvre de l'intérieur. Or personne ne se rappela avoir remarqué un inconnu cherchant à entrer, ni avoir ouvert à une personne ne faisant passer pour un agent de l'EDF ou autre, technique souvent utilisée par les démarcheurs ou colporteurs.

Il était donc plus que probable qu'Edouard Boulay avait ouvert lui-même à son agresseur. Soit il le connaissait, soit l'autre avait trouvé un moyen de le convaincre de le laisser entrer.

Un individu pourtant sans histoire que cet Edouard Boulay, parfaitement inconnu des services de police et du STIC[1].

---

1. STIC : Système de Traitement des Infractions Constatées. Fichier dans lequel sont enregistrées toutes les infractions commises par un individu ou dans lesquelles il a été impliqué, ce qui n'implique en aucune manière qu'il en soit l'auteur ou qu'il ait été condamné. Rien à voir avec un casier judiciaire. Ce système est géré, au niveau national, par la Direction

Vingt-neuf ans, célibataire, sans charge particulière. Originaire de Vendée où ses parents tenaient commerce dans une localité proche de La Roche-sur-Yon, il y avait effectué une scolarité sans problème, obtenant un bac ES avant de poursuivre des études de Sciences économiques à l'université de Poitiers.

Jouissant d'une certaine aisance matérielle, plutôt beau garçon, sans être à proprement parler un « homme à femmes », les bonnes fortunes ne lui manquaient pas. C'était un personnage discret, recevant peu et n'organisant presque jamais de fêtes à son domicile. De nature calme et affable, sérieux et présentant bien, il semblait apprécié de son environnement, de son employeur et de ses collègues de la banque.

Titulaire d'une autorisation de détention d'armes de quatrième catégorie en tant que membre d'un club de tir, on retrouva dans l'un de ses tiroirs une arme d'assez fort calibre et plusieurs boîtes de cartouches. Une chose était claire : au moment des faits, il ne s'attendait pas à être agressé, sinon il aurait sans doute porté son arme sur lui.

La perquisition menée dans son appartement, en présence de la gardienne, révéla que rien n'avait été dérobé, ni argent (on retrouva une assez forte somme en liquide laissée en évidence sur une commode), ni objets représentant une certaine valeur : la chaîne hi-fi, le magnétoscope, le téléviseur, l'ordinateur n'avaient pas été emportés. Aucun acte de vandalisme ou dégradation volontaire n'avait été commis. Le mobile du crime ne semblait donc pas être de type crapuleux.

On s'intéressa de près à la vie professionnelle de la victime, on éplucha avec minutie les différents dossiers dont il avait la charge à la banque, pour s'assurer que le meurtre n'avait pas pour origine quelque affaire douteuse dans

---

Centrale de la Police Judiciaire, Sous-Direction de la Police Technique et Scientifique, à Ecully, près de Lyon.

laquelle Boulay aurait été impliqué. Sans résultat : de ce côté-là, tout était en ordre.

Dans le même temps, les policiers entreprirent le traditionnel travail de fourmi de l'enquête de voisinage. Un groupe commença des visites de porte à porte, tandis que l'autre épluchait le carnet personnel de la victime, et son répertoire téléphonique.

Parmi de nombreux numéros ne représentant aucun intérêt, et ceux de quelques personnes dont les relations avec la victime ainsi que l'alibi pour le jour et l'heure du crime furent vérifiés, apparut celui d'un ou d'un(e) certain(e) « R.M ». Ces mêmes initiales se retrouvaient sur le carnet de rendez-vous à intervalles de plus en plus rapprochés durant les semaines précédant les faits. Le directeur d'enquête rédigea un ordre de réquisition à France Télécom, demandant l'identification précise de l'abonné (qui était sur liste rouge), ainsi que le relevé de toutes les communications reçues et émises par le numéro de Boulay. Il en fit de même auprès de l'opérateur gérant son téléphone portable.

La titulaire de ce numéro ainsi que d'un téléphone GSM correspondant à l'un des indicatifs inscrits sur le répertoire se révéla être une certaine Rébecca Missana, demeurant dans l'une des banlieues populaires de la ville. Durant les trois derniers mois, elle et Boulay avaient entretenu une correspondance téléphonique intense, s'appelant deux ou trois fois par jour. Le carnet de rendez-vous laissait supposer qu'ils s'étaient rencontrés le soir ou à l'heure du déjeuner plusieurs fois par semaine durant cette même période. Les enquêteurs décidèrent de la convoquer.

Il s'agissait d'une jeune femme âgée de vingt-six ans, exerçant la profession de secrétaire comptable dans une entreprise de travaux publics.

Plutôt petite, et très forte, à la limite de l'obésité, elle était habillée sans élégance ; et sa coiffure négligée et son absence de maquillage ne semblaient pas traduire une grande attention portée à son apparence extérieure. Cependant son visage était très harmonieux, illuminé par deux grands yeux clairs, et, lorsqu'elle souriait, elle dégageait un charme incontestable.

Ce sont les policiers qui lui apprirent la mort d'Edouard Boulay, et elle accueillit cette nouvelle avec un calme apparent. C'est à peine si ses mains se crispèrent sur les accoudoirs du fauteuil et si son teint se colora de rouge avant de devenir d'une pâleur de cire.

L'impression des enquêteurs fut double : pour eux, elle ne s'attendait pas à cette nouvelle, mais elle n'en était pas surprise non plus.

Rébecca reconnut sans difficulté qu'elle était la maîtresse de la victime depuis trois mois. Ils s'étaient rencontrés sur les bancs du Conservatoire national des Arts et métiers, où ils suivaient l'un et l'autre une formation pour préparer le diplôme d'expert-comptable.

Le jour du crime, elle n'était pas sortie de chez elle. Juive pratiquante, elle respectait le repos du shabbat d'une façon stricte au sein de sa famille. Sa façon de parler de son judaïsme rendait d'ailleurs quelques échos intégristes. Elle arborait sur la poitrine une étoile de David qu'elle triturait lorsqu'elle se sentait en difficulté.

Lorsqu'on lui demanda si le fait d'entretenir une relation avec Edouard Boulay, qui ne pratiquait pas la même religion, ne lui posait pas de problème, elle répondit qu'en effet, c'était une difficulté à laquelle elle devait souvent faire face dans ses relations avec les hommes. Plusieurs fois, elle avait dû rompre des liaisons lorsque celles-ci dépassaient le stade de rencontres passagères et qu'elle risquait de devoir s'y impliquer davantage. Il était hors de question, pour elle, de faire sa vie avec quelqu'un qui ne fût pas d'origine juive. Avec Edouard, pourtant elle avait senti que ses convictions chancelaient, et elle appréhendait le moment où elle devrait aborder ce sujet.

Sur plusieurs pages du carnet de rendez-vous de Boulay, figurait une inscription qui intriguait les enquêteurs : « RM + ALF ». Rébecca pouvait-elle expliquer ce que signifiaient ces trois lettres, les autres étant, bien sûr, ses initiales ?

C'est à ce moment qu'apparut pour la première fois Adrien Le François.

Après bien des hésitations, Rébecca reconnut que cet homme était l'un de ses anciens flirts avec lequel elle avait rompu lorsqu'elle avait fait la connaissance d'Edouard. Leur liaison avait duré près d'une année, et, d'après elle, était demeurée platonique malgré les demandes répétées du garçon.

Pressée de questions, elle déclara qu'elle n'avait jamais voulu avoir de rapports sexuels avec lui, parce qu'il n'était pas juif et qu'elle lui avait déclaré sans détour qu'il ne devait rien attendre d'elle. Face à l'étonnement des enquêteurs devant cette apparente incohérence, elle refusa de s'expliquer, déclarant que c'était là sa vie privée et que cela ne regardait qu'elle. Elle ajouta cependant que Le François était resté pour elle un ami très cher et un confident auquel elle pouvait tout dire. Elle lui avait avoué la force de ses sentiments pour Boulay, ne lui cachant rien de la réalité de leur relation, jusque dans les détails les plus intimes. Mieux : sa confiance en lui était telle qu'elle l'avait présenté à son nouvel amant, espérant qu'ils deviendraient amis.

Lorsque les policiers lui demandèrent si elle ne craignait pas qu'Adrien souffre de cette situation, elle ouvrit de grands yeux et feignit de ne pas comprendre. Elle déclara « qu'elle avait toujours été honnête et franche avec lui et que, dans ces conditions, elle ne voyait pas de quoi il pourrait se plaindre. D'ailleurs, il n'avait jamais rien manifesté pouvant laisser penser qu'il y avait un problème, mais s'il avait voulu partir, elle ne l'aurait pas retenu ».

Elle n'avait bien sûr aucune idée concernant la personne susceptible d'avoir accompli ce meurtre.

Adrien Le François se présenta avec ponctualité, vêtu avec une correction exemplaire, à la convocation qui lui avait été adressée. Âgé de vingt-sept ans, Adrien était un métis issu de l'union d'un père métropolitain et d'une mère martiniquaise dont il portait le nom. Ce père, il ne l'avait jamais connu, le couple s'étant désuni dès que l'homme avait appris la grossesse de sa compagne. Celle-ci s'était depuis remariée avec un homme plus âgé, martiniquais lui aussi, avec lequel Adrien ne s'était jamais entendu et dont elle avait eu plusieurs enfants. Dans la population antillaise, la pigmentation de la peau est un sujet d'une grande importance, une peau claire étant considérée comme un élément valorisant (au point que les annonces matrimoniales mentionnent cette particularité parmi les critères les plus importants pour définir une personne, au même titre que la profession ou le niveau d'études).

Le jeune homme, las des quolibets de son beau-père qui l'appelait le « bounty [1] », abrégea sa scolarité en terminale et quitta le domicile familial.

Depuis deux ans, il travaillait dans une société de surveillance et de transports de fonds où son sérieux et son sang-froid lui avaient valu d'être nommé chef d'équipe. Intelligent et équilibré, il avait dépassé le stade où il s'indignait de toute allusion raciste et ne s'offusquait plus des blagues idiotes de ses collègues. Son projet immédiat, auquel il semblait tenir le plus était de passer le concours de gardien de la paix. Il avait réussi l'écrit et attendait les oraux.

Et il avait rencontré Rébecca.

Rencontre romantique, sur fond de violence, de coups de feu, d'agitation, au cours d'une tentative de hold-up à la banque dont la jeune fille était cliente, au moment d'une livraison de fonds assurée par l'équipe d'Adrien.

---

1. Allusion à une confiserie composée de chocolat à l'extérieur (noir) et de noix de coco à l'intérieur (blanc). On le traitait, en somme, de « nègre blanchi ».

Adrien est beau, séduisant, intelligent, équilibré. Elle est quelconque, presque laide, trop grosse, sans humour, empêtrée dans un judaïsme d'une autre époque.

Quelle alchimie a bien pu fonctionner entre ces deux-là ?

Pour Adrien, c'est assez facile à comprendre. Il est seul. Il a un besoin impérieux de se dévouer pour expier on ne sait quelle culpabilité – peut-être celle du départ de son père abandonnant sa mère. C'est un garçon un peu immature qui a besoin d'une image à idéaliser. Et c'est encore mieux quand c'est difficile, voire impossible.

Toujours est-il qu'il tombe amoureux de Rébecca comme on le fait à dix-sept ans. Le malheur c'est qu'il en a vingt-cinq et qu'il n'y a personne pour l'aider à comprendre et à relativiser ce qui se passe en lui. Et les refus réitérés que lui oppose la jeune fille ne font qu'exacerber son désir d'en faire toujours davantage pour la conquérir. Il accepte donc tous ses caprices et, peu à peu, il s'englue dans une relation sadomasochiste dont elle contrôle tous les leviers.

Rébecca Missana a vingt-sept ans au moment de leur rencontre et n'est jamais parvenue à établir avec un homme une relation harmonieuse. Elle se sait peu attirante, ne fait rien pour y remédier et rejette sur son entourage (les garçons surtout) la responsabilité du vide relationnel qui l'entoure.

Sa famille constitue d'ailleurs un milieu peu favorable à l'épanouissement d'une personnalité équilibrée. Son père est employé de bureau et passe le plus clair de son temps à la synagogue locale où il occupe des responsabilités auprès du rabbin. Sa mère, juive traditionnelle, borne son horizon à l'entretien de sa maison et à la confection des repas familiaux où les règles alimentaires religieuses sont suivies à la lettre.

À leur grande déception, Rébecca est leur seule enfant, sa mère étant devenue stérile à la suite d'un accouchement difficile. Toute l'attention que le père aurait désiré apporter à l'éducation d'un fils, il l'a reportée sur sa fille, l'élevant avec l'ambition de constituer un exemple vivant pour la communauté.

En apparence, il s'agit d'une jeune fille soumise et obéissante, respectueuse des volontés de son père et sans jugement quant à l'insignifiance de sa mère. L'éducation qu'elle a reçue dans une école juive visait à conforter le discours parental. Elle a passé toute son enfance en jupe longue bleu marine, grosses chaussettes blanches, chemisier boutonné jusqu'au cou, été comme hiver, les yeux baissés devant des gamins boutonneux en chapeau noir et papillotes. Le résultat était cette personnalité paradoxale, introvertie et secrète, développant des comportements pervers redoutables sous une apparence candide et innocente.

Les psychanalystes disent qu'un des pouvoirs essentiels du pervers est de faire jouir le névrosé. Dans ce registre, Adrien Le François est pour elle une proie de choix dont la fragilité et la vulnérabilité vont lui permettre toutes les audaces dans la manipulation psychologique.

Très vite, Rébecca prend un très fort ascendant sur le jeune homme. Elle lui fait pénétrer (du moins le croit-il) les zones les plus intimes de sa vie de femme, lui raconte en détail ses fantasmes sexuels, ses rencontres amoureuses et les particularités physiques de ses amants (réels ou supposés), sans lui accorder rien de plus qu'un chaste baiser sur la joue. Elle fait de lui son chevalier servant, esclave et souffre-douleur, lui laissant croire que c'est là un privilège et que si elle le traite ainsi c'est parce qu'il y aurait entre eux une relation incomparable dont l'absence de rapports sexuels serait la meilleure preuve. À l'en croire, il serait le frère qu'elle n'a jamais eu, l'homme de ses rêves impossible, celui qui lui serait nécessaire au-delà de tout et sans qui elle ne pourrait pas vivre. Quelle responsabilité il a par rapport à elle, si fragile et si vulnérable !

Lui, éprouve une intense jouissance masochiste dans

cette forme de rapports et se prête avec une apparente bonne grâce à tous ces scénarios pervers. Mais au fond de lui-même, il n'abandonne pas l'espoir de la conquérir et de la posséder physiquement un jour, d'autant que les discours de la jeune femme soufflent le chaud et le froid, entrouvrant une porte pour mieux la fermer au nez de son désir.

Elle lui raconte, par exemple, que la nuit précédente elle a rêvé qu'ils faisaient l'amour et lui détaille par le menu leurs fantaisies érotiques. Mais tout cela, c'est un rêve, bien sûr. N'est-il pas le seul capable d'entendre cela de sa part, sans adopter aussitôt un comportement vulgaire ?

Et elle le plante là, éperdu de désir, consciente du martyre qu'il endure après un baiser distrait.

Il sait bien que rien n'est possible entre eux. Il n'est pas juif, ils en ont parlé cent fois, et la foi de Rébecca est trop pure pour qu'elle accepte d'épouser un converti, comme il le lui a déjà proposé. Car ce pauvre benêt est allé jusqu'à offrir sa conversion à une religion qui lui est étrangère dans l'espoir d'entrer dans son lit !

Quelques semaines avant le meurtre, elle lui téléphone. Elle a un secret important à lui confier ; il faut qu'ils se voient d'urgence.

La rencontre a lieu dans un square de la ville, à la nuit tombée, comme pour une conspiration.

Le secret, c'est qu'elle a rencontré Edouard, et qu'Edouard est l'homme de sa vie. Elle l'aime, et elle voudrait tant que lui, Adrien, l'aimât aussi et devînt son ami. Rien ne pourrait la rendre plus heureuse que de conserver auprès d'elle les deux êtres qui lui sont les plus chers au monde !

Toutefois, s'il n'acceptait pas cette situation, elle le comprendrait. Ce serait pour elle un déchirement, mais il faudrait alors qu'ils cessent de se voir. C'est si important ce qui se passe entre Edouard et elle !

Au prix d'un effort surhumain pour ne pas montrer

son chagrin et sa rage, Adrien assure qu'il comprend. Bien sûr il rencontrera son ami. N'a-t-il pas toujours tout fait pour qu'elle soit heureuse ? Rébecca, de son côté, n'est pas dupe une seconde des sentiments réels qui bouleversent Adrien, mais elle parle à nouveau sans la moindre pudeur, mettant le malheureux à la torture.

Rendez-vous est pris pour dîner à trois au restaurant, le surlendemain. Ils se retrouveront chez Edouard, où, dit-elle, elle aura passé la nuit. Elle lui donne le nom et l'adresse, et la foudre tombe aux pieds du malheureux : il comprend qu'on se moque de lui. L'amant de Rébecca n'est pas plus juif que lui – mais lui, il n'est pas noir ! La rage au cœur, Adrien accepte d'accompagner les deux amoureux au restaurant, en promenade en forêt, de rester avec eux des soirées entières à les regarder roucouler, s'embrasser, se caresser, parfois faire l'amour. Son assujettissement est tel qu'il est dans l'incapacité de s'enfuir, de rompre cette histoire infernale et démente. Mais il va de plus en plus mal, ne dort plus, s'alimente n'importe comment et multiplie les négligences dans son travail.

C'est Boulay qui, percevant sans doute le côté malsain de cette relation triangulaire, décide le premier d'y mettre un terme. Il explique à Rébecca que les choses ne peuvent continuer ainsi et que, si elle lui impose encore son « ami » au milieu de leur intimité, il ne la verra plus.

La jeune femme va alors jouer son numéro le plus réussi. En larmes, elle va dire à Adrien qu'Edouard (ce méchant) ne veut plus de lui dans leur vie. Elle est au désespoir, mais elle est trop amoureuse. Si Edouard ne revient pas sur sa décision, c'en est fini de leur belle histoire. Il ne faudra plus se voir.

Ce soir-là, elle permet à Adrien des privautés qu'elle lui avait refusées jusque-là. Elle se laisse embrasser, dénuder, porter au plaisir par les doigts et la bouche, mais ne lui accorde elle-même aucune caresse, exige qu'il reste habillé, et se refuse à lui avec énergie quand il se fait plus pressant. Rien ne sera possible tant qu'Edouard s'opposera à leur relation. Mais elle lui fait croire qu'elle en a autant envie que lui. Si seulement, il n'y avait pas ce veto...

Pour le jeune homme, frustré au-delà du supportable, cette idée est inacceptable. À aucun moment il ne comprend qu'il n'est qu'un jouet dans un scénario pervers où ce qu'il peut ressentir, lui, n'a aucun intérêt pour celle qu'il croit sincèrement son amie, presque son amante. Pour lui, c'est « l'autre » le mauvais ; c'est « l'autre », c'est Edouard qui veut les séparer.

Et un samedi d'hiver à midi, après une nuit sans sommeil, il se rend chez celui-ci. Dans sa poche, il a le couteau Opinel à virole qui ne le quitte jamais. En aucun cas, il ne va trouver Edouard dans l'intention de se battre avec lui. Encore moins de le tuer. Ce qu'il veut, c'est qu'il *la* lui rende. Son angoisse est trop forte à l'idée de *la* perdre, alors qu'en fait il ne perdrait rien dans la réalité, mais devrait supporter la disparition d'un objet intérieur qu'il s'est lui-même fabriqué. Il est prêt à tout, jusqu'aux pires humiliations *pour que sa souffrance perdure* !

Semblable en cela à tous les maltraités du monde, Adrien a, en effet, le sentiment que souffrir de quelque chose ou de quelqu'un, c'est d'une certaine manière le posséder. C'est pour la même raison que l'enfant violé ne dénonce presque jamais le parent qui le torture, que la femme battue ne traîne presque jamais d'elle-même celui qui la frappe devant un tribunal. Éprouver la souffrance est infiniment moins terrorisant que la perspective d'affronter le vide sidéral de l'absence.

Adrien est au pied de l'immeuble. Il sonne et Edouard, un peu surpris lui ouvre. Lors de son interrogatoire, Adrien Le François rapporte que l'entrevue s'est déroulée au début dans un climat cordial, mais que les choses ont vite dégénéré quand l'autre a découvert l'objet de sa visite.

De son côté, lorsqu'il a compris que sa démarche était

vaine et que c'en était bien fini de son histoire avec Rébecca, Adrien dit s'être effondré en sanglots, se traînant aux pieds de son rival et le suppliant de ne pas exiger de lui qu'il ne la revoie pas. Il a eu la candeur de demander à Edouard de prendre en compte le chagrin qu'il allait causer à la jeune femme en la privant de leur relation.

Boulay, à ce moment-là, a éclaté de rire et lui a balancé à travers la figure toutes les confidences que la jeune femme lui avait faites à son sujet, rapportant tous les mots méprisants qu'elle avait eus à son égard, lui décrivant par le menu la scène de l'avant-veille où elle avait fait semblant de s'abandonner pour mieux le ridiculiser. Adrien dit que, sur le moment, il n'avait pas bien compris le sens exact des propos tenus par Edouard, mais qu'un sentiment de rage impossible à contenir l'avait submergé.

Ils étaient dans le couloir de l'appartement et ils se dirigeaient vers la porte. Il a senti la présence du couteau dans sa poche, l'a déployé et a lancé à l'aveuglette le bras derrière lui à l'endroit où Boulay se tenait, continuant à l'abreuver de propos railleurs et humiliants. Soudain, il n'y eut plus de bruit, et Adrien s'est retourné.

Edouard se tenait la gorge à deux mains tentant d'arrêter un jet de sang rouge vif. Fou de terreur et de rage, le meurtrier s'est rué sur sa victime et l'a criblée de coups de couteau au visage, au cou et à la poitrine jusqu'à ce qu'elle s'effondre. Puis il a refermé son arme et s'est éloigné comme un automate. Par hasard, il ne laissait pas la moindre empreinte dans l'appartement ni sur la poignée de la porte, et dans l'escalier il ne rencontra personne.

Il ne fut pas facile d'obtenir ses aveux. Adrien voulait tellement tenir tous ces événements à distance qu'il se raidissait dans un système de défense hermétique, niant tout en bloc. Et comme il avait eu la prudence de se débarrasser de l'arme du crime, les enquêteurs n'avaient aucune preuve matérielle à lui présenter.

Tout reposait donc sur les propos de Rébecca Missana qui, à chaque audition, le chargeait davantage. Mais ce témoignage ne s'appuyait sur aucun fait précis et se bornait à indiquer un mobile éventuel pour le meurtre, et puis, tous les juristes connaissent bien ce vieil axiome de droit : « *Testis unus, testis nullus*[1]. » Il n'y avait rien dans le dossier qui permette de provoquer une mise en examen chez le juge d'instruction ; il avait même fallu que les policiers insistent pour que ce dernier accepte une prolongation de garde à vue de vingt-quatre heures...

C'est au matin du deuxième jour que la situation se débloqua. Le François avait passé une nuit très agitée dans sa cellule, allant, venant, ne parvenant pas à trouver le repos. La veille au soir, les enquêteurs lui avaient répété leur conviction qu'il était le meurtrier. Ils lui avaient décrit ce qui s'était passé avec une précision telle qu'il en avait été déstabilisé. Et puis, l'un d'entre eux lui avait dit qu'il connaissait son projet de devenir policier, qu'il le respectait, mais qu'être policier supposait être un homme, un vrai. Et un homme, un vrai, ça assumait les conséquences de ses actes. Après quoi, on l'avait laissé pour la nuit.

Au matin, Adrien demanda à pouvoir prendre une douche. Il se lava, se coiffa et s'habilla avec le plus grand soin. Puis il demanda à être conduit dans le bureau du commissaire. Là, il se mit dans un garde-à-vous impeccable, commença par s'excuser d'avoir fait perdre autant de temps aux policiers et avoua son crime.

À partir de ce moment là, il passa des aveux complets et circonstanciés et fut présenté au juge d'instruction dans la journée.

Contre Rébecca Missana, rien de concret ne pouvait être retenu et elle put repartir chez elle, libre. Quant à ce que les enquêteurs pensaient d'elle, c'est tout simplement impossible à retranscrire.

---

1. « Un témoin unique est sans valeur. »

Dans cette histoire, le personnage central est sans conteste la jeune femme. Personnalité hystérique avec de fortes composantes perverses, elle était parvenue à mettre en scène une situation explosive dont elle tenait tous les leviers. Edouard Boulay et Adrien Le François en avaient fait les frais. L'un y perdit la vie, l'autre sa liberté pour de longues années. Son cas à lui est l'exemple parfait d'une aliénation psychologique dans une relation pathogène.

Il est évident qu'Adrien en était venu à ne plus avoir de rapport objectif à la réalité et à ne percevoir son rôle qu'à travers le prisme déformant que sa « partenaire » plaçait peu à peu devant ses yeux – état psychologique que l'on peut rapprocher de celui de la personne assujettie à une secte. Peu à peu, la position de sujet se dilue au profit d'une illusion à laquelle elle soumet son libre arbitre, son bien-être et son sens moral. Illusion toute-puissante qui prend progressivement la place de la vie réelle, finit par se confondre avec elle et par la supplanter dans un système de type délirant. Au moment où la réalité vient faire voler le mirage en éclats, l'épreuve est le plus souvent insupportable. Il en va de même pour les grands toxicomanes : c'est au moment où ils tentent d'introduire une distance entre eux-mêmes et leur produit qu'ils sont les plus fragiles et le plus en danger, et c'est alors que les comportements suicidaires ou paroxystiques apparaissent.

Adrien ne pouvait se libérer du piège dans lequel il s'était laissé engluer par Rébecca sans avoir le sentiment de se désintégrer. Quand il a voulu tenter de le faire, il lui restait trois solutions, pas une de plus.

S'enfuir, mettre de la distance entre eux deux, la priver de son « soumis » et la laisser à sa folie avec qui elle voudrait. Il en était incapable.

Se tuer ou la tuer. Mais c'était la perdre, et cela non plus il ne le pouvait pas.

Enfin, puisqu'il fallait bien faire quelque chose, éliminer son rival. C'est ce qu'il a fait, sans voir que cette conduite était la plus inefficace des trois. Tuer Edouard Boulay ne changeait en rien les données du problème ; Rébecca le remplacerait tôt ou tard et tout recommencerait comme auparavant, dans la même aliénation, la même dépendance.

Il y a de fortes raisons de croire que, dans la prison où il croupit, il continue à bercer ses chimères et à espérer que, dans quelques années, lorsqu'il sortira, elle sera là à l'attendre et que sa folle quête atteindra enfin son but...

Et il y a lieu de penser que Rébecca, qui a obtenu un droit de visite, l'entretient dans cette idée.

Car, elle n'en a peut-être pas conscience, mais elle non plus ne peut pas le perdre !

20

POINTS DE SUSPENSION...

Il est difficile de mettre un point final à une réflexion de cette nature. Arrive pourtant un moment où il faut bien se décider à cesser de triturer dans tous les sens le crime, les sentiments tumultueux qui l'accompagnent et les idées que l'on s'en fait, quitte à y revenir plus tard.

Nous avons voyagé ensemble dans une réalité en perpétuelle évolution.

Les formes de la criminalité varient en permanence dans une interaction constante entre les soubresauts et les lignes de fracture de la société et les manifestations du désir et des fantasmes des hommes.

Certains diront qu'elle ne se transforme pas tant que cela, et que le phénomène des *serial killers* ne serait rien d'autre qu'un nouvel habillage du monde bien connu des tueurs multirécidivistes. Ils s'étonnent donc que les méthodes employées pour mettre fin aux exploits de la « Bande à Bonnot » ou de Jacques Mesrine restent, ici, inefficaces.

Au nom de cette affirmation péremptoire, on disqualifie *a priori* toute tentative de compréhension de ces criminels, tout de même un peu particuliers, et la recherche de nouvelles méthodes pour les combattre... Sans parler du mépris à peine voilé que des juges, pourtant chevronnés, et des hauts responsables des services de sécurité affichent envers ceux qui s'y aventurent. Ce sont d'ailleurs souvent les mêmes qui soutiennent encore l'idée dérisoire de l'efficacité de la peine de mort en matière de lutte contre la criminalité.

Et ce sont les mêmes, aussi, aux yeux de qui les comportements de criminels à peine pubères, capables d'une cruauté à faire frémir, ne constituent pas quelque chose d'extraordinaire et ne mériteraient qu'un haussement d'épaules dédaigneux et l'appellation expéditive d'actes de « sauvageons », contre lesquels doit suffire un arsenal répressif d'une autre époque, tout doit issu du poème de Jacques Prévert décrivant le dernier « bagne d'enfants » de Belle-Ile-en-Mer :

« Bandit ! Voyou ! Voleur ! Chenapan !

Au-dessus de l'île on voit des oiseaux
Tout autour de l'île il y a de l'eau

Bandit ! Voyou ! Voleur ! Chenapan !

Qu'est-ce que c'est que ces hurlements ?
Bandit ! Voyou ! Voleur ! Chenapan !

C'est la meute des honnêtes gens
Qui fait la chasse à l'enfant... »

Logique d'impuissance, dans laquelle une répression accrue tient lieu de pensée philosophique et de réflexion humaniste, oubliant de prendre en compte les lignes de fractures qu'un traitement à courte vue des migrations de populations a provoquées et les phénomènes d'acculturation qui les accompagnent.

Mais si rien ne change, on ne comprend pas pourquoi les effectifs, toujours croissants, de Brigades Anti-Criminalité, de Compagnies Républicaines de Sécurité et de pelotons de Gendarmerie Mobile, ni la toute nouvelle police de proximité déjà passée de mode ne parviennent pas à faire tenir tranquilles les trublions et à leur faire jeter les couteaux à cran d'arrêt qu'ils emportent à l'école.

Regardez aux États-Unis, nous dit-on ! À New York, la « politique de tolérance zéro » a ramené le calme dans les rues et a fait diminuer le taux de criminalité. On oublie simplement de mentionner que cette doctrine n'a rien fait d'autre que déplacer la violence, concentrant en milieu carcéral tous ceux qui sont jugés incorrects au plan économique, politique, culturel ou racial.

Toute l'Histoire le prouve : une société fondant son espoir de stabilité sur une action policière et écartant tout traitement global de ses contradictions court un grave danger d'explosion – criminelle d'abord, puis, politique et sociale. On a posé un couvercle sur une marmite remplie de lave en fusion. Tant pis pour les résultats inéluctables, que cela entraîne, et que, pourtant, on connaît.

Mais non, nous répète-t-on, tout ça, c'est la faute aux médias qui exploitent politiquement les légères faiblesses de Monseigneur l'Evêque ou les turpitudes de l'instituteur de l'école laïque, c'est selon la « ligne éditoriale » du média considéré !

Des pédophiles, il y en a toujours eu, on n'en faisait pas toute une histoire ! Et on appelle à la rescousse Platon et l'amour du maître pour l'élève qu'il initiait en le sodomisant, ou le sort que réservait le berger à son apprenti pastoureau, là-haut, dans la montagne. Et puis, c'était la tradition, pas vrai ? Comme dans les écoles anglaises. La coutume excuse la barbarie des courses de taureaux, elle peut bien permettre de fermer l'œil sur cette forme d'affection, disons « éducative »... Et les charters entiers de touristes du sexe partant joyeusement pour Bangkok, les réseaux d'échanges d'enfants sur Internet n'obtiennent, eux, qu'un entrefilet un jour où l'actualité politicienne fait un peu relâche ou saturent le champ médiatique lorsqu'il y a un procès d'assises.

Les statistiques concernant la criminalité de sang s'accroissent de façon alarmante, et dans le même temps, les moyens qu'on lui oppose diminuent à mesure que les effectifs de la Direction centrale de la Police judiciaire connaissent le sort de la « peau de chagrin ».

Certes, on peut toujours se rassurer en considérant que le taux d'élucidation des crimes de sang dans notre pays (65 %) nous place en position respectable au niveau européen, mais à l'inverse, on peut estimer qu'avec les moyens que nous donnent les progrès des sciences et techniques dans tous les domaines, nos « scores » pourraient être bien supérieurs.

À l'heure actuelle, la Division Nationale pour la Répression des Crimes contre les Personnes et les Biens (la fameuse « 5 ») est devenue squelettique, et l'Office central de lutte contre le Trafic Illicite de Stupéfiants (« les STUPS »), par lequel étaient passés tous les plus grands patrons de la P.J., est devenu fantomatique. À la P.J. à l'heure où j'écris, seuls fonctionnent, à peu près normalement, l'Office Central pour la Répression du Banditisme (OCRB) et ses prolongements au sein des SRPJ (BRI et BREC). La protection des biens et la lutte contre les agresseurs de convoyeurs de fonds ont toujours été une priorité. Il en va de même de la Division Nationale Anti-Terrorisme (DNAT), politiquement très efficace, comme en témoigne son action en Corse et au Pays basque.

On peut espérer que le remaniement récent à la tête de la plus prestigieuse des Directions de notre Police nationale, ainsi que les intentions manifestées par le gouvernement, apporteront un peu d'oxygène à un service qu'une gestion incohérente et autoritaire à l'excès a rendu un temps indigne de sa réputation. Car, dans cette administration, les choses sont ainsi faites, qu'un seul personnage influent, placé à un endroit stratégique parvient à réduire au néant toute possibilité d'évolution et d'ouverture.

Dans le domaine de la sécurité publique, seules les unités chargées du maintien de l'ordre et de la protection des biens (les Compagnies Républicaines de Sécurité), quelques services de prestige (RAID, GIPN) reçoivent des moyens à la hauteur des missions qui leur sont confiées. Les autres services vivent dans un état de pénurie chronique et, bien souvent, « on déshabille Pierre pour habiller Paul... »

Pour être équitable, il faut prendre en compte l'intention affirmée des pouvoirs publics d'augmenter de façon sensible les effectifs de police et de gendarmerie. Rapprocher ces deux artisans de la sécurité intérieure devrait favoriser une plus grande synergie dans la lutte contre la criminalité. Il faudrait cependant savoir quels seront les services qui bénéficieront de cet afflux de moyens en personnel et en matériel prévu par la nouvelle loi d'orientation et de programmation de la sécurité intérieure.

Autant qu'une augmentation quantitative, les unités chargées de la lutte contre la criminalité sous toutes ses formes ont un besoin impérieux d'une « montée en puissance » qualitative. Les outils nécessaires à l'analyse et à la pensée sont tout aussi indispensables que des véhicules neufs, des bâtons à poignée perpendiculaires (tonfa), des *flash balls* ou des gilets pare-balles.

L'idée d'introduire une obligation de résultats va au-delà de l'obligation de moyens qui était jusque-là la règle, et elle peut se révéler d'une importance capitale si toute la culture de cette administration s'en imprègne et fonctionne en conséquence dans sa gestion du personnel.

On assiste aujourd'hui à l'émergence d'un dynamisme et à l'affirmation d'une volonté de changement qui, quelle que soit l'opinion politique que l'on professe, ne peuvent être que positives pour une administration dont l'inertie et la sclérose sont les plus redoutables ennemis. Nous avons connu, il n'y a pas si longtemps, des gesticulations ministérielles assorties de rodomontades du genre « Il faut terroriser les terroristes... ». Cela n'a pas apporté grand-chose de concret, à part quelques sanglantes bavures dont on aurait certainement pu faire l'économie.

Une montée en puissance de l'activité policière ne peut être qu'une mauvaise nouvelle pour les meurtriers et assassins en tout genre, et je m'en réjouis sans réserve – aussi longtemps qu'elle ne constituera pas un danger majeur pour les libertés publiques et la démocratie.

Les victimes de crimes de sang n'occupent le devant de la scène qu'un temps très bref, à moins qu'un événement exceptionnel comme l'affaire Dutroux en Belgique ne vienne braquer sur les imperfections d'un système politique et administratif un cruel projecteur. Mais, la plupart du temps, leur triste lot est de tomber très vite dans l'oubli et la mauvaise conscience collective. On voit bien comment, en ce moment, une association aussi indispensable que SOS Attentats doit se débattre pour continuer à exister !

Faites un sondage. Interrogez les gens dans la rue. Ils vous donneront assez facilement le nom d'un ou plusieurs assassins célèbres. Posez-leur la même question à propos des victimes, je serais surpris que vous receviez une seule réponse – sauf, peut-être, quelques noms d'enfants. Ne peut-on pas imaginer que le devoir de l'État soit aussi de se pencher avec un peu plus d'humanité sur ces tragédies individuelles et d'apporter un peu plus de zèle dans la façon dont justice leur est rendue ? Sans négliger, bien sûr, l'intérêt général dans lequel il trouve sa raison d'exister. Quant aux sentiments que nous pouvons éprouver à l'égard du crime, ils sont aussi mobiles que le sont les formes de celui-ci.

On n'insistera jamais assez sur le rôle des médias dans la formation des sentiments collectifs vis-à-vis de la criminalité. Dans son ensemble, la presse fait correctement son travail en matière d'information, mais qu'elle soit écrite, parlée ou audiovisuelle, elle est prisonnière de ses contradictions et d'une plus ou moins grande soumission à la loi du marché. Domaine de l'éphémère s'il en est, la presse braque des coups de projecteurs puissants et crus sur notre vie, nos travaux et nos crimes. Semblable au feu de paille, elle éclaire un instant le paysage d'une lumière vive qui s'éteint vite, mais elle ne crée pas de braises durables. On peut lui attribuer une flambée de l'opinion, mais je ne pense pas qu'elle ait une influence profonde sur nos réels sentiments par rapport au crime.

Le crime nous fait peur, nous inquiète et nous fait jouir. À la fois à cause des représentations que l'on s'en fait, mais aussi par ce qu'il éveille de profond et de refoulé dans notre inconscient et ses méandres indociles. Les représentations sont sensibles à l'influence, et la peur, l'inquiétude ou la jouissance peuvent être provoquées par une présentation habile de la réalité. Les sentiments vont fluctuer selon des critères assez prévisibles en fonction du domaine de notre sensibilité atteint par tel crime particulier.

Au sommet de nos peurs, de nos anxiétés et de nos jouissances, se place le meurtre de l'enfant.

Il n'en a pas toujours été ainsi, nous l'avons vu, mais c'est, à l'heure actuelle, le type de criminalité qui provoque les plus profonds remous dans la conscience et les émotions individuelles et collectives, s'il est accompagné de sévices sexuels.

Cette émotion où se mêlent des sentiments de peur pour nos propres enfants, de haine à l'encontre du ou des meurtrier(s), d'inquiétude pour la cohésion de la société, et

– moins aisée à reconnaître – une certaine jouissance faite de voyeurisme et de sadomasochisme plus ou moins conscients, traversent le champ social dans toutes ses couches.

Dans le monde carcéral lui-même, les tueurs et surtout les violeurs d'enfants sont l'objet de l'exécration de tous et sont la plupart du temps placés en isolement pour les protéger de l'agressivité de leurs codétenus.

Il est vrai que, dans le cas d'un meurtre d'enfant, la projection personnelle trouve un champ royal d'application, qu'on se projette en tant que parent ou adulte « ancien enfant », atteint lui ainsi dans sa sensibilité. À moins qu'il ne s'agisse de choses encore plus obscures...

Dans le même ordre de sentiments, on trouve ceux que l'on éprouve à propos du meurtre de personnes âgées. Là encore se mêlent peur, colère et haine. Peur pour le vieillard que nous sommes ou que nous deviendrons un jour. Colère à l'encontre d'un lâche capable d'agresser un être faible et supposé sans défense. Haine pour celui qui ose porter atteinte à l'image parfois sacralisée de nos ascendants. Mais aussi, parfois, réminiscence de sentiments enfouis dans notre inconscient, fruit d'une période œdipienne mal résolue.

Depuis quelques années, une forme oubliée de sentiments collectifs et individuels par rapport au « fait criminel » (au sens large) a resurgi sur le devant de la scène. Il s'agit d'un sentiment où la peur domine de façon diffuse, associée, pour la conjurer au besoin frénétique d'en trouver l'agent responsable – si possible, un coupable humain à identifier, haïr et punir.

Il n'est aucune catastrophe, aucun événement, si naturel soit-il, remettant un tant soit peu en cause un fantasme de sécurité absolue qui ne se voit repris par le pouvoir judiciaire. Des inondations se produisent-elles dans la Somme ou dans le Gard ? Aussitôt une enquête judiciaire se mettra en branle pour « rechercher les responsabilités ».

Manière de procéder typique des États-Unis où la passion procédurière semble avoir atteint un niveau inconnu jusque-là, elle fait une entrée fracassante dans notre société. Et dans cette catastrophe naturelle que sont les inondations, il est curieux de constater que la vindicte populaire a tendance à se concentrer sur l'édile municipal coupable d'avoir accordé à la légère un permis de construire, mais n'englobera pas les responsables du réchauffement climatique à l'origine du désastre. Il est vrai qu'ils sont loin, à Washington, Moscou ou ailleurs, alors que le maire du village est à notre portée, bien réel et correspondant tout à fait à notre besoin obsessionnel de coupable.

Reste à aborder les terreurs liées à l'invasion de nos sentiments collectifs par la menace d'un terrorisme aveugle. Irrationnelles autant que raisonnées, elles s'appuient sur toute notre histoire moderne, depuis la Seconde Guerre mondiale, la guerre d'Algérie (avec les attentats de l'OAS et du FLN) et le terrorisme des années de plomb. Depuis le 11 septembre 2001, ce sont elles qui gouvernent le monde, que ce soit sous la forme d'une réponse militaire aux agressions, ou à travers une exploitation insidieuse des traumatismes collectifs par des forces politiques cherchant à promouvoir un ordre social d'un autre temps. Il est plus facile de faire adopter des mesures attentatoires aux libertés publiques les plus fondamentales lorsque l'opinion vit en état de choc ou de stress permanent. Sans le World Trade Center, il est peu probable que l'opinion publique mondiale ait accepté aussi bien une expédition coloniale vers l'Irak dont l'objectif transparent n'est rien d'autre qu'une recherche d'hégémonie sur les sources d'énergie mondiales et une mise au pas d'une région turbulente.

Le dernier avatar de nos angoisses modernes plonge ses racines au plus profond de nos terreurs ancestrales : il s'agit de la peur de l'épidémie et de l'empoisonnement.

Que ce soit l'affaire dite « du sang contaminé » ou celle de « la vache folle », le sentiment collectif de peur s'est imprimé de façon durable dans notre vie quotidienne.

Remontant du fond des âges, la peur du poison dissimulé dans les éléments les plus habituels (la nourriture que l'on achète chaque jour chez le boucher) ou distillé par ceux-là mêmes dont leur fonction est de nous en protéger (les médecins), a provoqué de violentes réactions.

Au Moyen Âge, lors des grandes épidémies de peste ou de choléra, on désigna de faciles coupables – les lépreux, accusés d'empoisonner les puits et les points d'eau – et on en fit de gigantesques bûchers. Victimes bien sûr innocentes, nécessaires pour conjurer nos terreurs collectives, comme le sont les milliers d'animaux, incinérés récemment dans nos campagnes qui renouaient sans s'en rendre compte avec la pratique millénaire du sacrifice rituel destiné à apaiser la colère des dieux...

La plupart de ces bêtes étaient parfaitement saines, mais il fallait les tuer parce qu'on avait peur, et que cette peur, il nous fallait l'exorciser à la lueur et dans la puanteur des brasiers.

Ils ont appelé ça « principe de précaution ».

La même chose se produisit, de façon plus symbolique, dans les procès concernant la diffusion de produits contaminés lors de transfusions sanguines. Si, certains eurent normalement à répondre de leurs actes devant une justice que l'on a pu espérer sereine, il est impressionnant de lire les discours que cette affaire suscita. Nous étions incapables de supporter l'idée que responsabilité et culpabilité soient deux notions dissociables... La peur réclamait sa livre de chair. Et que celle-ci soit faite de l'honneur et de la réputation de personnes, dont le tort principal était d'avoir assumé d'énormes responsabilités dans une crise où les moyens nécessaires à une analyse exhaustive faisaient défaut, ne parut déranger personne.

Dans une chaîne de réactions où la peur règne en

maître, on s'embarrasse peu d'analyse objective des responsabilités. On a condamné quelques médecins, compliqué la vie de quelques hommes politiques et de quelques responsables administratifs, donné un coup d'arrêt (bien opportun pour certains) à la carrière de quelques ministres. On les a tous cloués au pilori de nos journaux, modernes bûchers de nos vanités. Et le sentiment de peur devant ce crime d'un autre âge s'apaisa peu à peu, laissant juste un vague malaise. L'oubli, pas à pas, fait son œuvre.

Nos sentiments évoluent aussi par rapport à ce qu'il est convenu d'appeler la « criminalité en col blanc ». Une presse plus vigilante nous alerte davantage et la mise en lumière des imbrications entre le monde politique et le monde des affaires contribue à fortifier des sentiments d'indignation et de colère, mais l'opinion fait parfois preuve d'une étrange indulgence, égratignant à peine certains et accablant d'autres pour les mêmes faits.

Les raisons d'une telle différence de traitement sont obscures : tel homme politique ou chevalier d'industrie traînant à ses basques de nombreuses affaires délictueuses conservera la sympathie de l'opinion, alors qu'un autre, d'une moralité irréprochable jusque-là, sera piétiné sans pitié au moindre soupçon d'incartade. Quitte à ne pas le supporter et se donner la mort.

Cruauté du jeu politique, excès des mouvements d'opinion, toute-puissance de la cabale, hurlements de haine d'une foule devant un tribunal, accusés décrétés coupables par la *vox populi* avant même le début de leurs procès... Mais aussi inquiétude de parents dont l'enfant est sorti le soir et qui attendent son retour. Désespoir de pères ou de mères devant la lente dérive d'un des leurs emprisonné dans la toxicomanie. Deuil parfois impossible du meurtre d'un être cher...

Clameurs de souffrance, de chagrin, de honte, de rage... Mouvements de répulsion et d'horreur...

Et de temps à autre, le soulagement que justice ait été rendue et – bien que l'oubli soit impossible – la paix retrouvée.

BIBLIOGRAPHIE

ABGRALL Jean-François : *Dans la tête du tueur – Sur les traces de Francis Heaulmes* (Albin Michel)
AGRAPPART-DELMAS Michèle : *De l'expertise criminelle au profilage* (Favre)
AMOUROUX Henri : *La Grande Histoire des Français sous l'Occupation* (Robert Laffont)
ANCEL Marc : *La Défense sociale nouvelle* (Cujas)
BENTHAM Jeremy : *Panoptique* (Mille et Une Nuits)
BETTELHEIM Bruno : *Psychanalyse des contes de fées* (Robert Laffont) ;
—, *La Forteresse vide* (Robert Laffont)
BADINTER Robert : *L'Abolition* (LGF)
BARBEY D'AUREVILLY Jules : *Le Bonheur dans le crime* (Maxi-Livre)
BECCARIA Cesare : *Des délits et des peines* (Flammarion)
BERNE Eric : *Analyse transactionnelle* (Payot)
—, *Des jeux et des hommes* (Stock)
—, *Que dites-vous après avoir dit bonjour ?* (Tchou)
BUKOWSKI Charles : *Nouveaux contes de la folie ordinaire* (LGF)
—, *Au sud de nulle part* (Grasset)

COMBAZ Christian : *Enfants sans foi ni loi* (Le Rocher)
BOSSARD André (en collaboration avec Lygia NEGRIER-DORMONT et Ronald NOSSINTCHOUK) : *Le Criminel de l'extrême* (Chlorofeuilles)
BINSWANGER Ludwig : *Discours, parcours et Freud* (Gallimard)
BOURGOIN Stéphane : *Le Nouvel Almanach du Crime et des faits divers* (e/dite)
—, *Serial Killers. Enquête sur les tueurs en série* (Grasset)
—, *Femmes tueuses* (Fleuve Noir)
—, *Le Livre rouge de Jack l'Éventreur* (Grasset)
—, *Une Femme sur les traces des serial killers, Micky Pistorius* (Editions N° 1)
—, *Les Tueurs en série sont parmi nous* (Albin Michel)
BRAUDEL Fernand : *L'Histoire au quotidien* (Éditions de Fallois)
BRUSSEL James : *Psychanalyse du crime* (Tchou)
DELEUZE Gilles : *Nietzsche* (PUF)
—, *L'Anti-Œdipe* (Minuit)
DELOUX Jean-Pierre : *Vacher l'éventreur* (e/dite)
DOLTO Françoise : *La Cause des adolescents* (Robert Laffont)
DOUGLAS John et OLSHAKER Mark : *Agent spécial du FBI. Enquêtes sur les serial killers* (Le Rocher)
FONTENEAU-DEHENNAULT Françoise : *Une Psy chez les flics* (e/dite)
FORRESTER Viviane : *L'Horreur économique* (LGF)
FOUCAULT Michel : *Surveiller et punir* (Gallimard)
—, *Moi, Pierre Rivière, ayant tué père et mère...* (Gallimard)
FREUD Sigmund : *Metapsychologie. Pulsions et destin des pulsions* (Gallimard)
—, *Malaise dans la culture* (Payot)
—, *Psychopathologie de la vie quotidienne* (Gallimard)
—, *Introduction à la psychanalyse* (Payot)
—, *L'Homme, Moïse et la religion monothéiste* (Gallimard)
GOMEZ ARCOS Agustin : *L'Enfant-pain* (Seuil)
—, *L'Agneau carnivore*, (Seuil)
GRODDECK Georg : *Ça et Moi* ; *Nasamecu* ; *La maladie, l'art et le symbole* (Gallimard)

GUIRAND Félix, et SCHMIDT Joël : *Mythes et mythologies* (Larousse)
HARRIS Thomas : *Le Silence des agneaux, Black Sunday, Hannibal* (Albin Michel),
—, *Dragon Rouge* (Mazarine)
HIRIGOYEN Marie France : *Le Harcèlement moral* (Syros)
—, *Malaise dans le travail – Harcèlement moral* (Syros)
HOMÈRE : *L'Odyssée* (Hatier)
—, *L'Iliade* (Gallimard)
HURNI Maurice et STOLL Giovanni : *Saccages psychiques ou quotidiens* et *La haine de l'amour – la perversion du lien* (L'Harmattan)
IRISH William : *La Sirène du Mississipi* (Gallimard)
LABORIT Henri : *Les Comportements sociaux* (Fides)
LECLAIRE Serge : *Psychanalyser, On tue un enfant, Démasquer le réel, Rompre les charmes* (Seuil)
LOMBROSO Cesare : *La femme criminelle et la prostituée* (J. Millon)
MAJOR René : *Le Désir et le féminin* (Flammarion)
—, *La logique freudienne* (Aubier)
MONTAIGNE Michel de : *Essais* (Flammarion)
MUSSET Alfred de : *Lorenzaccio* (Magnard)
NIETZSCHE : *Ainsi parlait Zarathoustra* (LGF)
PROPP Vladimir : *Morphologie du conte* (Seuil)
RESSLER Robert et SCHACHTMAN Tom : *Chasseurs de tueurs* (Presses de la Cité)
ROUSSEAU Jean-Jacques : *Du contrat social* (Flammarion)
—, *Émile ou de l'éducation* (Larousse)
RUSHDIE Salman : *Les Versets sataniques* (Plon)
SEARLES Ronald : *L'Effort pour rendre l'autre fou* (Gallimard)
SHAKESPEARE William : *La Tragédie de Macbeth* (La Fontaine)
—, *Hamlet* (Librio)
TOUTIN Thierry : *Le Profilage criminel* (La Documentation Française)
VERCORS *Les Animaux dénaturés* (Albin Michel)
VEZARD Frédéric : *La France des Tueurs en série* (Flammarion)

VOLTAIRE : *Le Prix de la justice et de l'humanité* (Arche Éditeur),
—, *Dithyrambes et outrages* (L'Escampette)
—, *Traité sur la tolérance* (Voltaire)
WINICOTT D. W : *La Consultation thérapeutique et l'enfant* (Gallimard)
—, *De la pédiatrie à la psychanalyse* (Payot)
—, *La petite Piggle* (Payot)
—, *Jeu et réalité* (Gallimard)
—, *L'Enfant et le monde extérieur* (Payot)
—, *L'Enfant et sa famille* (Payot)
WOLFSON Louis : *Le Schizo et les langues* (Gallimard)
ZAGURY Daniel : *Entre psychose et perversion narcissique : une clinique de l'horreur* (L'Évolution Psychiatrique)

TABLE DES MATIÈRES

Achevé d'imprimer en octobre 2003
sur presse Cameron
par ***Bussière Camedan Imprimeries***
à Saint-Amand-Montrond (Cher)

N° d'édition : 44025. – N° d'impression : 034624/4.
Dépôt légal : octobre 2003.

Imprimé en France

ISBN : 2-7096-2479-6